国家级精品课程系列教材
高等学校“十二五”经济管理类规划教材

会计信息化实验教程

——会计软件应用（金算盘）

陈 旭 毛华扬 邱 杰 主编

電子工業出版社
Publishing House of Electronics Industry
北京 • BEIJING

内 容 简 介

本书是与《会计信息化》相配套的实验教程，是国家精品课程“会计信息”系列教材之一。

本书基于金算盘 eERP-B 产品软件，通过一套完整的实验案例数据，贯穿 16 个实验，完成整套账的实验操作内容。实验内容主要包括系统准备、账务系统、固定资产管理、工资管理、采购销售库存管理和电子报表管理六个部分。按照本书提供的实验操作步骤可掌握会计软件的操作技能，理解会计软件的处理流程，具备会计软件的应用能力。本书附光盘 1 张，内含账套实验的相关数据及资源等。

本书适合用作大学会计、财务管理、审计、信息管理类专业的会计信息化实验课程的指导书，也可供高职、高专会计电算化专业以及会计电算化上岗培训、社会培训和自学使用。

图书在版编目(CIP)数据

会计信息化实验教程. 会计软件应用：金算盘 / 陈旭，毛华扬，邱杰主编. —北京：电子工业出版社，2011.8
（高等学校“十二五”经济管理类规划教材）
ISBN 978-7-121-13846-1

Ⅰ. ①会… Ⅱ. ①陈… ②毛… ③邱… Ⅲ. ①会计—管理信息系统—高等学校—教材 Ⅳ. ①F232

中国版本图书馆 CIP 数据核字（2011）第 113960 号

策划编辑：章海涛
责任编辑：陈晓莉
印　　刷：北京京师印务有限公司
装　　订：北京京师印务有限公司
出版发行：电子工业出版社
　　　　　北京市海淀区万寿路 173 信箱　邮编 100036
开　　本：787×1 092　1/16　印张：12.5　字数：320 千字
版　　次：2011 年 8 月第 1 版
印　　次：2020 年 1 月第 6 次印刷
定　　价：30.00 元（含光盘 1 张）

凡所购买电子工业出版社图书有缺损问题，请向购买书店调换。若书店售缺，请与本社发行部联系，联系电话：（010）88254888。

质量投诉请发邮件至 zlts@phei.com.cn，盗版侵权举报请发邮件至 dbqq@phei.com.cn。

服务热线：（010）88258888。

前　言

本书通过一个完整的实验案例数据，采用金算盘 eERP-B 产品软件，以完成整套账的实验操作。本书贯穿 16 个实验，包括 6 部分：第 1 部分系统准备，第 2 部分账务系统，第 3 部分固定资产管理，第 4 部分工资管理，第 5 部分采购、销售、库存管理，第 6 部分电子报表管理。

本书涉及新建账套、账套备份与恢复、账套初始化（财务分工、 账套属性设置、 凭证类型设置、币种汇率设置、部门及职员设置、会计科目设置、科目期初设置、往来单位与往来期初设置、固定资产初始设置、商品劳务与商品期初设置）；日常业务处理（记账凭证输入、记账凭证复核、凭证记账、账表的查询、期末结账）；现金银行（现金银行业务功能与流程、其他收款与其他付款、收支凭证、银行对账）；固定资产管理（固定资产管理模块的基础设置、固定资产日常业务、固定资产报表与查询）；工资管理（工资管理基础设置、工资表处理）；采购管理（采购订单、商品采购、直运采购、受托入库、采购业务处理中涉及的其他功能、采购发票、采购凭证）；库存管理（自制入库与入库成本、其他入库与其他出库、领用出库、商品调拨、商品调价、组装拆卸、商品盘点、库存凭证）；销售管理（商品销售、直运销售、分期出库与分期结算、委托出库与委托结算、委托调拨、销售发票、销售凭证）；成本计算与结转（成本计算方法、自动调整成本、成本结转）；购销业务收付款处理（购销业务收付款业务流程与基本功能、销售收款、采购付款、其他收款和其他付款、收支凭证）；电子报表（根据模板自动编制报表、自定义报表编制）等实验内容。实验中使用的案例，其公司名、人名均属虚构。

本书适合用作大学会计、财务管理、审计、信息管理类专业的会计信息化实验课程的指导书，同时也可供高职、高专会计电算化专业以及会计电算化上岗培训、社会培训和自学使用。本书可与《会计信息》系列教材配套使用，同时又自成体系，也可独立应用于操作培训。

本书附光盘 1 张，内含账套实验的相关数据及资源等。

本书由重庆理工大学陈旭、毛华扬、邱杰、傅樵等编写。其中陈旭编写第 1 章、第 2 章（实验 1、实验 2、实验 3、实验 4、实验 5、实验 6、实验 7），邱杰编写第 3 章、第 4 章（实验 8、实验 9），傅樵编写第 5 章（实验 10、实验 11、实验 12、实验 13、实验 14），毛华扬编写第 6 章（实验 15、实验 16）并提供了实验案例。张志恒、朱谱熠、黄娇丹、杨晓等参与了教材的前期准备工作，李莲、张懿婷、袁磊磊、刘卫等参与了教材的实验案例操作工作。最后由陈旭总纂定稿。

在本书的编写过程中，我们得到许多单位的支持，在此表示衷心的感谢。对于书中不妥的地方和出现的错误，敬请读者提出，我们将在下一版中进一步完善和改正。

对本书的有关意见和建议，请发邮件至 cx@cqut.edu.cn。

作　者

前　言

[illegible]

作　者

目　录

第 1 章　系统准备

实验 1　运行环境与系统安装

1．运行环境

金算盘 eERP-B 产品软件的运行环境要求如下。

（1）硬件环境：586/166 以上微机，128 MB 以上内存，VGA 以上显示器，500 MB 以上硬盘剩余空间。

（2）软件环境：中/英文 Windows 2000 及以上操作系统，IE 6.0 及以上浏览器；Microsoft Office Access 2003。

2．安装

将光盘放入驱动器，安装程序自动运行（也可运行光盘根目录下的 Setup.exe 文件），出现“安装金算盘软件”窗口，如图 1-1 所示。

图 1-1　“安装金算盘软件”窗口

窗口中有 6 个选项，单击这些选项可安装软件、查看光盘、访问 Web 站点、联系金算盘、查看产品信息和部分荣誉，以及退出安装窗口。各选项功能如下。

① 安装软件：选择此项安装光盘上的金算盘 eERP-B 产品。

② 查看光盘：选择此项查看光盘上的内容。

③ 访问 Web 站点：选择此项可立即进入金算盘公司的 Web 站点。

④ 联系金算盘：选择此项可查看金算盘软件有限公司的联系地址、电话、传真、电子邮件等相关信息。

⑤ 产品及部分荣誉：选择此项可查看金算盘公司获得的部分荣誉。

⑥ 退出：退出当前窗口。

〈1〉单击“安装软件”选项，出现“欢迎”对话框。

〈2〉单击【下一步】按钮，出现“安装协议”对话框，如图 1-2 所示。

〈3〉单击【是】按钮，并在“用户信息”对话框中输入用户姓名和公司名称；然后单击【下一步】按钮，出现“选择安装类型”对话框，如图 1-3 所示。一般用户可按系统默认提示，选择“全部”安装，系统将自动在默认路径安装金算盘软件的全部组件；如果用户只想安装金算盘软件的部分组件，可选择“定制”进行安装。

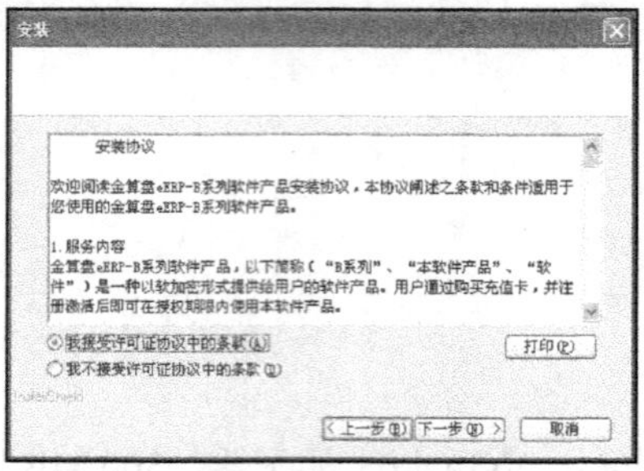

图 1-2 “安装协议”对话框

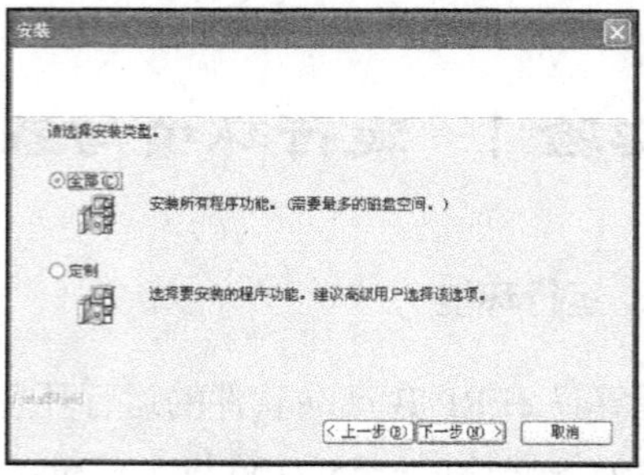

图 1-3 “选择安装类型”对话框

〈4〉若要更改安装路径，则选择“定制”。单击【下一步】按钮，进行安装路径的设置，如图 1-4 所示。

〈5〉单击【更改】按钮，可以选择新的驱动器和路径。

〈6〉单击【下一步】按钮，安装程序出现“选择安装功能”对话框，在此对话框中可以自行决定需要安装的金算盘软件的组件。然后单击【下一步】按钮，在出现的页面中单击【安装】按钮，安装程序开始复制系统文件，直到整个金算盘财务系统全部安装完毕。此时，桌面上将会出现金算盘 eERP-B、金算盘电子表格的图标，如图 1-5 所示。

图 1-4 安装路径设置对话框

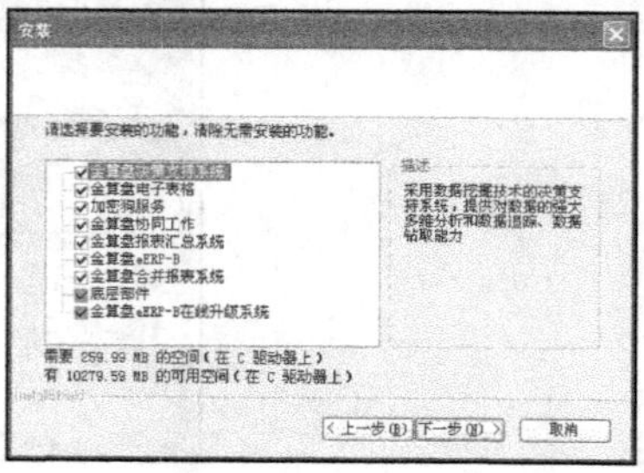

图 1-5 金算盘软件组件安装选择对话框

实验 2 系统启动与退出

1. 启动

可以选择多种方法启动金算盘财务软件。

（1）双击屏幕上的金算盘 eERP-B 快捷方式图标。

（2）在“开始”菜单中选择“金算盘软件”菜单项来启动金算盘 eERP-B 软件。

（3）在“我的电脑”或“资源管理器”中启动金算盘软件。

如果是首次使用金算盘软件，系统启动后，将出现“打开账套”对话框，如图 2-1 所示。

选择账套，进入“系统登录”对话框，如图 2-2 所示。

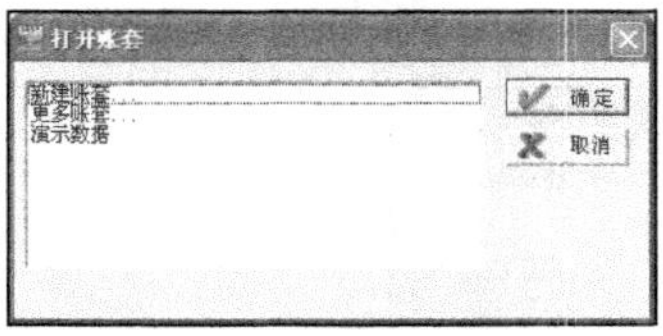

图 2-1 “打开账套”对话框

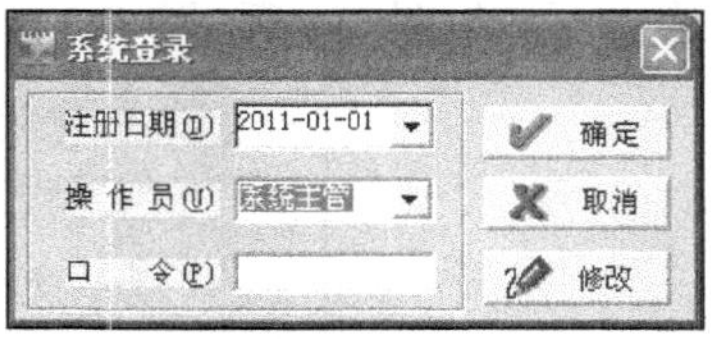

图 2-2 “系统登录”对话框

注意：如果曾经使用过金算盘财务软件，系统启动后，将会直接出现系统登录窗口，此时系统会默认打开上一次退出系统时打开的账套。

只有以合法的日期、操作员和口令注册，才能进入系统。登录系统时，系统会把机器时间默认为注册日期，而安装完成后首次使用系统时，操作员也只有系统主管一个，且没有口令。因此，单击【确定】按钮就可登录。

2. 退出

有多种方式可以退出金算盘软件系统。

（1）单击主窗口标题栏右上角的窗口【关闭】按钮。

（2）单击主窗口标题栏左边的图标，选择“关闭”菜单项。

（3）按 Alt+F4 键。

（4）双击主窗口标题栏左边的图标。

（5）打开主窗口中的“文件”菜单，选择“退出”菜单项。

需要特别注意的是，在关掉计算机之前，一定要确保金算盘软件已经正常退出，否则可能会破坏或丢失一些尚未保存的数据。

实验 3 新建账套

【实验预习】

金算盘财务软件属于通用型商品化财务软件，系统中并没有任何与使用单位相关的信息，因此，要使用计算机进行账务处理工作，首先必须进行账套文件设置，以存放企业开展会计工作的全部信息。账套中存放的内容包括会计科目、记账凭证、账簿、会计报表等。建立账套通常是在建账向导的指引下进行的，主要确定账套文件名、账套名称、企业所属行业、记账本位币、会计科目体系结构、会计期间的划分和设置账套启用期间。这一过程，在财务软件中称为新建账套。

账套建立好以后，使用单位的一切财务核算工作都将在这一账套中进行。在金算盘软件中，这是一个后缀名为.gdb 的文件，文件名通常是企业单位的名字或能识别其内容的其他名称。一套金算盘财务软件可以为多个单位记账，不同的使用单位只需要在财务系统中建立各自不同名称的账套，就可以共同使用金算盘财务软件提供的各项功能。

启动系统后，如果出现“系统登录”窗口，单击【取消】按钮，系统将显示如图 2-1 所示的“打开账套”对话框。在“打开账套”对话框中，选择“新建账套”菜单项，系统将弹出新建账套向导界面，如图 3-1 所示。

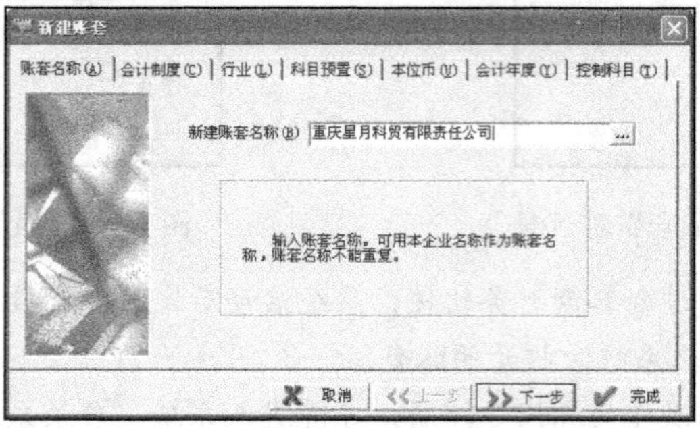

图 3-1　“账套名称”设置

单击“新建账套”菜单项中的选项就可以进行相应的设置。

（1）账套名称

该参数用于设置账套名称，单击账套名称后面的按钮…，系统弹出“保存账套”窗口，可以重新设置账套存放路径及账套名称，否则系统将把账套保存在系统的安装路径下。

需要注意的是：在这里设置的“账套名称”参数，其实是保存在计算机磁盘上的一个文件名称，实际上应称为“账套文件名称”，与账套名称（即核算主体名称）在内涵上是不一样的。因此，在此处设置的“账套名称”参数可以与使用单位（核算主体）的名称一致，也可以不一致。如果账套文件名称与账套名称不一致，那么在账套建好之后，可以在“账套属性”中重新设置核算单位的名称参数，因为账套名称将出现在该账套的所有输出资料（账簿、报表等）中。

（2）会计制度及行业

在“会计制度”页面，选择使用单位实际采用的会计制度，系统提供了不同的会计制度以供选择，如图 3-2 所示。

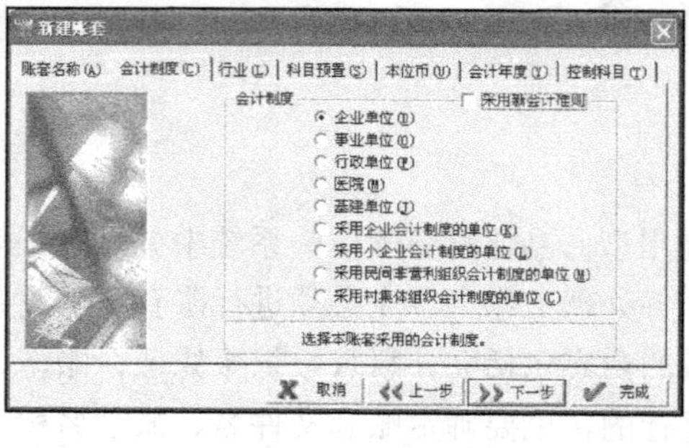

图 3-2　“会计制度”选择

在这里选择不同的会计制度，将会影响到下一个“行业”页面中的选择。例如，在这里选择“企业单位”会计制度，那么“行业”页面中将会出现“商品流通”、“工业企业”、“保险企业”等多种行业选项，如图 3-3 所示。

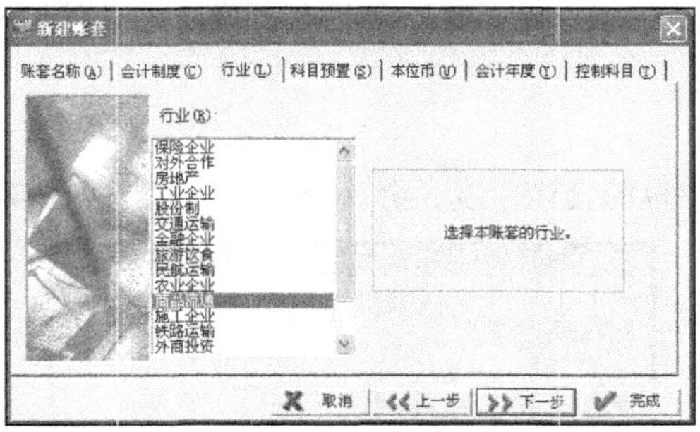

图 3-3　选择“企业单位”会计制度后的行业选项

如果选择的是“企业单位”或“采用企业会计制度的单位”，则还可以进一步选择是否采用新会计准则。

（3）科目预置

此项是选择是否按选择的会计制度和行业生成预设科目。系统默认选中“生成预设科目”复选框，这样就会将默认的科目体系生成到新建的账套中，可以减少后来的对科目进行初始化的工作，只需对一些科目进行修改即可，而不必重建整个科目体系。单击【详细信息】按钮，系统弹出预设的“科目信息”窗口，如图 3-4 所示。

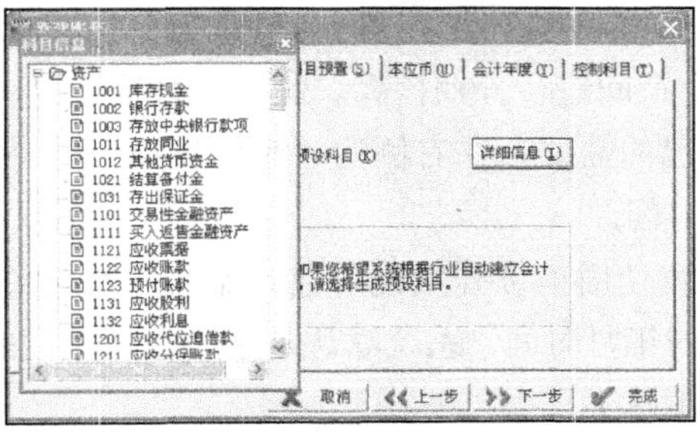

图 3-4　“科目信息”窗口

（4）本位币

此项设置是确认记账本位币。本位币是指账套记账时所使用的货币，每一种货币都有一个名称。在金算盘财务软件中通过货币编号与相应的名称来指定本位币，系统默认人民币为记账本位币，如图 3-5 所示。

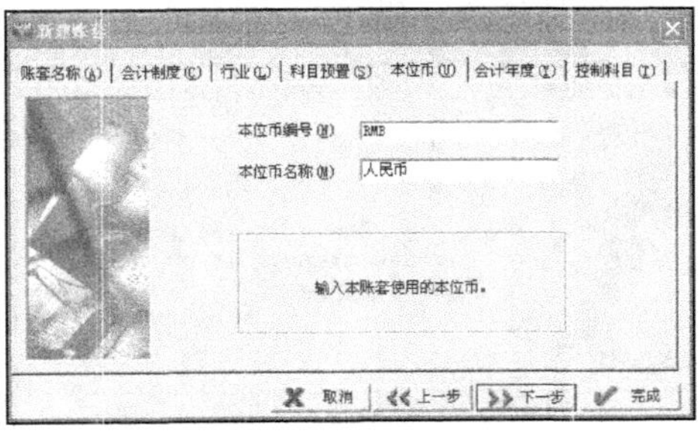

图 3-5　“本位币”设置窗口

如果想改变记账本位币，可以在“本位币编号”与“本位币名称”栏中输入记账时所使用的本位币编码与名称。本位币编号一般为 3 个英文字符，无特别要求，但要利于识别，本位币名称一般为货币的汉字名称。

（5）会计年度

此项设置是确认使用单位的会计年度、会计分期等参数，如图 3-6 所示。

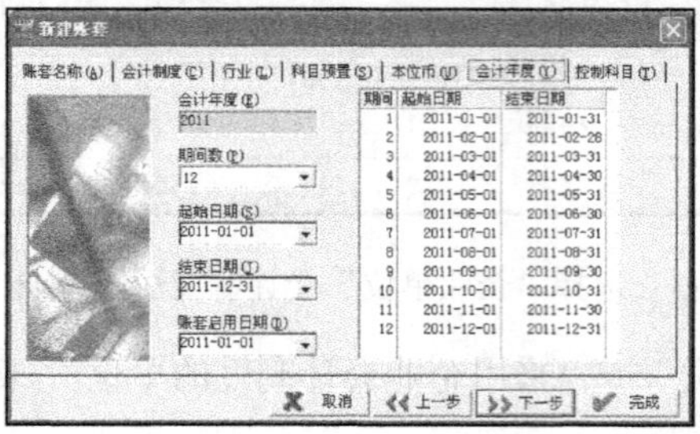

图 3-6　“会计年度”设置窗口

会计年度：按照我国会计制度的规定，企业会计年度是以公历年作为企业的会计年度。因此，金算盘软件默认的会计年度是以建立账套时的计算机系统时间中的年份作为账套的会计年度。

如果使用单位的会计核算资料与计算机系统中的年份不符，那么可以在左侧的“起始日期”与“结束日期”两个下拉列表框中，分别设置起始日期与结束日期，以确定本单位的会计年度。

会计分期：我国的会计制度规定企业以自然月份作为会计期间的划分，金算盘系统默认也是在一个会计年度内按 12 个期间进行分期核算。此外，系统还提供了 13 个期间的划分选择，而且使用单位还可以根据自己的需要，在右侧的“起始日期”与“结束日期”中自行设置各个会计期间的开始时间与结束时间。

账套启用日期：这是设置使用单位开始使用金算盘软件处理账务数据的会计期间，也就是使用单位开始输入财务数据的年月时间。系统默认是某个会计年度的第一个会计期间的第一天，如图 3-6 中所示的“2011 年 1 月 1 日”。

但是，如果使用单位不是从第一个会计期间开始使用财务软件来处理财务数据，就应该按照使用单位的实际会计期间进行设置。比如，使用单位从 2011 年 10 月开始使用软件处理财务数据，而使用单位的会计年度按公历年度，会计分期按自然月份分为 12 个期间，那么启用日期就应该设为“2011 年 10 月 1 日”。

（6）控制科目

该项是对是否使用控制科目进行设置，如图 3-7 所示。

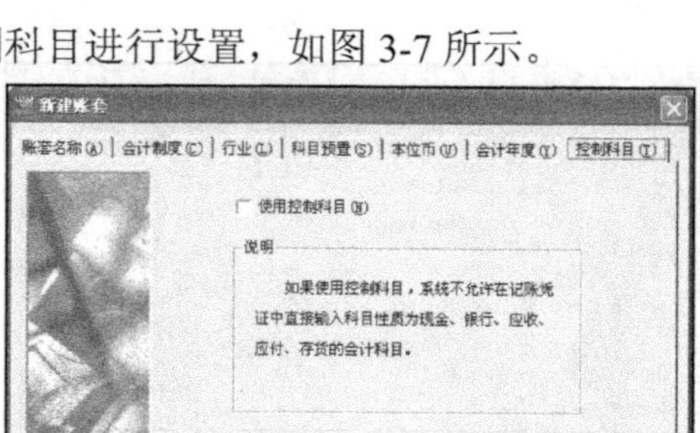

图 3-7　“控制科目”设置窗口

使用单位是否使用控制科目，要视单位自身对业务的要求而定。因为在金算盘财务软件中，会计科目的属性除了有资产、负债、权益、成本、损益五大类外，每个会计科目还有科目性质的划分。系统设置了现金、银行、应收、应付、存货、其他等科目性质。如果选择使用控制科目，那么企业在经营过程中有关现金、银行、应收、应付、存货的业务，就不能直接手工填写记账凭证。这些业务必须先填写相关业务单据，如“收款单”、“付款单”、“采购发票”、“销售发票”等，然后由这些业务单据自动生成对应的记账凭证。使用控制科目后，系统区分了出纳和会计、账务和业务的不同工作重点，核算更加详细，控制更加严密，并且保证了财务数据和业务数据的一致性。

设置完成后，单击【完成】按钮即可完成建账过程。这里需要注意的是，建账过程设置各项参数，就是对今后进行会计业务处理进行环境设置，一旦单击【完成】按钮结束建账过程，那么在这个过程中设置的大部分参数就不能被修改。因此，如果这个账套环境与使用单位的实际情况不符，就只能重新设立新的账套。

账套建立完成以后，系统会弹出“系统登录”窗口，在注册时间框中修正该账套的业务处理时间，然后选择操作员（此时只有“系统管理员”），输入登录口令（首次登录账套，口令为空），单击【确定】按钮，进入系统导航图的“流程图”界面，如图 3-8 所示。

图 3-8　金算盘财务软件导航图之“流程图”

【新建账套实验】

1. 实验目的

（1）熟练掌握账套建立的流程。

（2）熟练掌握账套参数的设置。

2. 实验内容

根据实验案例，利用金算盘财务软件的新建账套功能，完成新账套的建立。

3. 实验案例

单位名称：重庆星月科贸有限责任公司

会计制度：采用新会计准则

行　　业：采用企业会计制度的行业

记账本位币：RMB 人民币

会计年度：2011 年 1 月 1 日—2011 年 12 月 31 日，账套启用日期为 2011 年 1 月 1 日，会计分期按自然月份划分为 12 个期间。

控制科目：不使用控制科目

4. 实验步骤

（1）启动系统后，如果出现“系统登录”窗口，单击【取消】按钮，系统将显示图 2-1 所示的“打开账套”对话框。在“打开账套”对话框中，选择“新建账套”菜单项，系统弹出新建账套向导界面，在“新建账套名称”框中输入“重庆星月科贸有限责任公司”并确定账套保存路径，如图 3-9 所示。

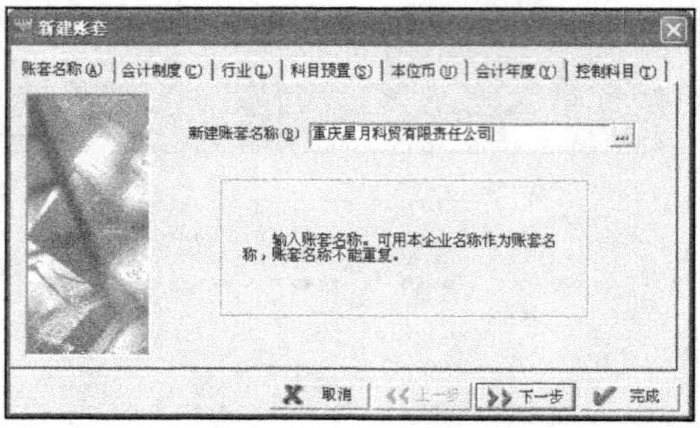

图 3-9　“账套名称”设置窗口

（2）会计制度及行业。单击“会计制度”标签页，选择“采用企业会计制度的单位”，并选择“采用新会计准则”，如图 3-10 所示。

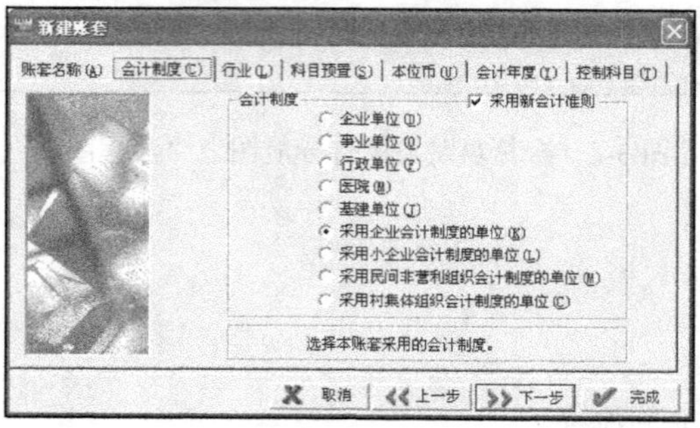

图 3-10　“会计制度”选择窗口

然后单击“行业”标签页，此时只有唯一的行业“新会计准则”，如图 3-11 所示。

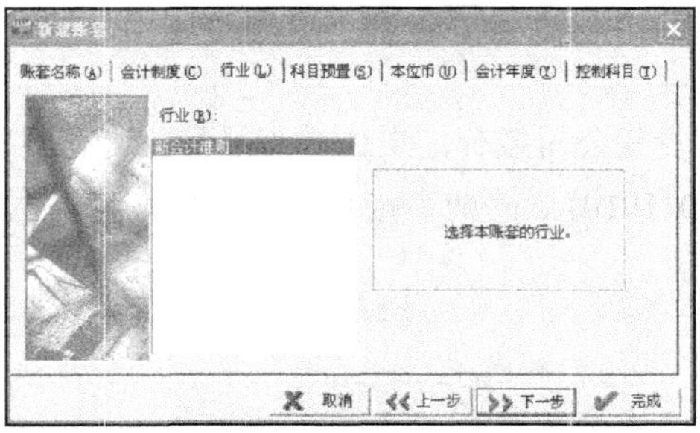

图 3-11　选择“采用企业会计制度的单位”后的行业选择

（3）科目预置。单击“科目预置”标签页，系统默认选中“生成预设科目”复选框，系统将按前面所选择的会计制度和行业，预先生成相关的会计科目表。

（4）本位币。此项设置是确认记账本位币。系统默认人民币为记账本位币。

（5）会计年度。单击“会计年度”标签页，将“期间数”确定为“12”，“起始日期”改为“2011-01-01”，“结束日期”改为“2011-12-31”，“账套启用日期”改为“2011-01-01”，如图 3-12 所示。

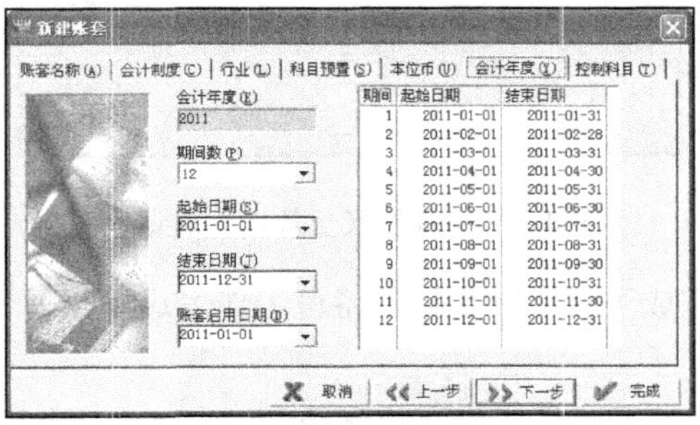

图 3-12　“会计年度”设置窗口

（6）控制科目。在“控制科目”标签页内，不选择“使用控制科目”复选框。

（7）单击【完成】按钮，结束账套的建立及账套参数的设置。

实验 4　账套备份与恢复

【账套备份与恢复实验】

1. 实验目的

（1）了解账套备份流程。

（2）了解账套恢复流程。

2. 实验内容

（1）备份重庆星月科贸有限责任公司账套。

（2）恢复重庆星月科贸有限责任公司账套。

3. 实验案例

备份重庆星月科贸有限责任公司账套，生成重庆星月科贸有限责任公司 20110101.gac 和重庆星月科贸有限责任公司 20110101.cfg 两个账套备份文件，利用上述账套备份文件，恢复重庆星月科贸有限责任公司账套。

4. 实验步骤

（1）账套备份

在系统主界面中，单击“文件”菜单，选择“数据备份”菜单项，系统弹出“备份账套数据”对话框，如图 4-1 所示。

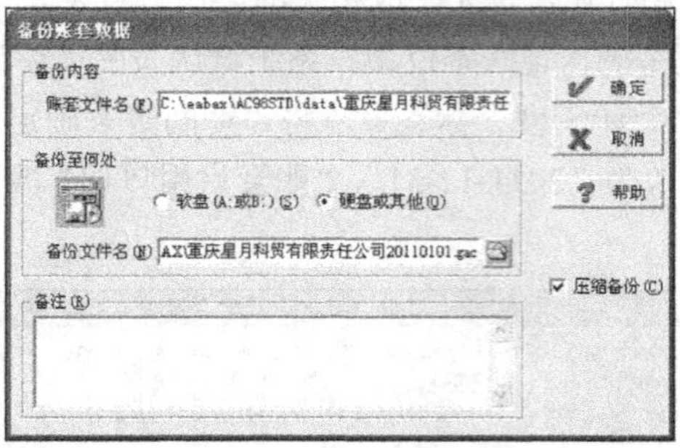

图 4-1　“备份账套数据”对话框

单击【确定】按钮便完成了对账套数据的备份工作。这一数据备份工作，可以在会计业务处理过程中根据需要随时进行。

系统会在系统默认安装路径或用户指定的路径中，生成以“账套文件名称+备份年月日”为名、后缀为.gac 和.cfg 的两个备份文件，其中后缀名为.gac 的文件是系统备份主文件，后缀名为.cfg 的文件为备份配置文件。这两个文件必须放在同一目录下，才能进行数据的恢复工作。

（2）账套恢复

账套恢复操作与账套备份操作是个互逆的过程。单击“文件”菜单，选择“数据恢复”菜单项，系统弹出“账套恢复”对话框，如图 4-2 所示。

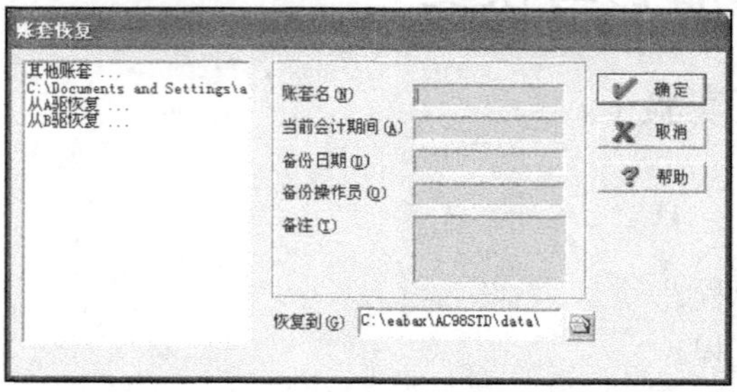

图 4-2　“账套恢复”对话框

在左侧窗口中如果没有所想要恢复的备份文件列表，可以通过单击“其他账套”菜单项，在“恢复账套”对话框中查找并选择所要恢复的备份文件，如图 4-3 所示。

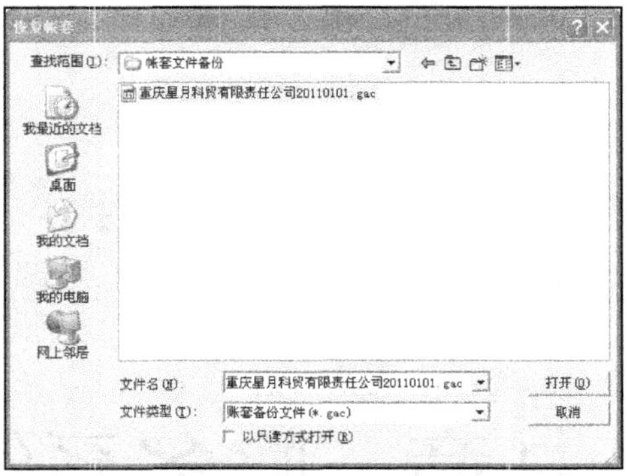

图 4-3 “恢复账套”对话框

选定欲恢复的账套后，在“账套恢复”对话框中单击【确定】按钮，系统将按指定的“恢复到”路径恢复账套数据。

思考题

1. 新建账套的主要内容有哪些？
2. 如何实现账套的备份与恢复？

第2章　账务系统

账务系统的基本处理流程如下：

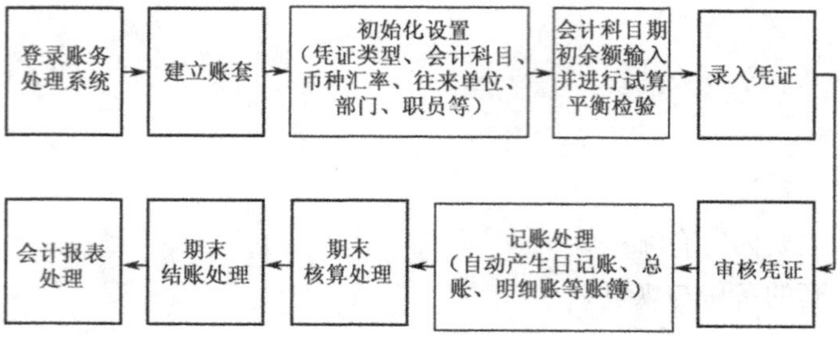

（1）建立账套，并进行初始化设置。在系统启用时，由相关人员将本单位的基础会计信息（如企业基本信息、会计科目编码和名称、期初余额、往来单位信息、部门信息、职员信息、仓库信息等）通过初始模块输入计算机。当会计科目期初余额输入完毕后需要进行试算平衡检验，如果试算不平衡，需要进一步检查修改期初余额，直到平衡为止。初始设置模块在整个系统中的作用非常重要，如会计科目表的编码设置，直接影响到凭证的录入、存储、查询效率；凭证类型的设置直接影响到账务处理中企业所使用的凭证类型等。

（2）凭证录入。新增了录入人员岗位，负责录入原始凭证或记账凭证，这一部分工作直接关系到整个账务系统数据处理的及时性与准确性。此外，凭证录入人员也可以操作计算机账务系统，可以根据预先设置的凭证模板自动生成相关的记账凭证，如期末调汇凭证、结转损益凭证等。

（3）凭证审核。审核人员对未审核的记账凭证进行审核。审核通过，则对记账凭证做“已审核”标记，以便系统进行下一步的记账处理；审核未通过的凭证，将由录入人员进行检查更正后再进行审核。

（4）记账处理。通过记账人员操作，计算机账务系统自动将已通过审核的凭证做“已记账”标记，完成记账工作。

（5）期末核算与结账处理。在会计期间期末，当所有凭证都记账完毕，并进行期末核算后，由结账人员进行结账操作，由计算机自动计算出相关会计科目数据，并将本期末的数据自动结转到下一个会计期间的期初数据中。

（6）会计报表处理。通过定义好的报表格式和取数计算方法，计算机自动从会计科目中获取数据进行加工，生成相应的会计报表。

实验 5 账套初始化

【实验预习】

对于新建的账套，一定要经过账套初始化后才能进行日常会计业务处理。账套初始化一是设置操作人员，并规定其操作权限；二是设置会计业务处理的相关基础信息，如明细会计科目、外币设置、往来单位设置等；三是将以前的手工会计资料录入系统，形成电子账务系统的期初业务数据。

金算盘财务软件中的账套初始化工作在基础设置中完成，主要功能如图 5-1 所示。

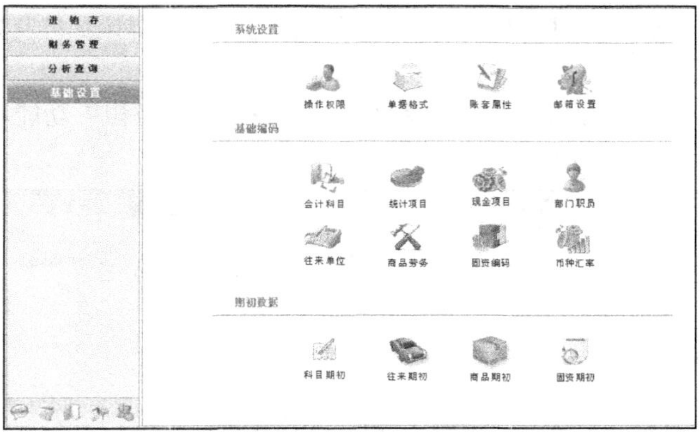

图 5-1 账套基础设置

一般都在金算盘财务软件的“导航图”→“流程图”中的“基础设置”中进行有关的初始化参数设置。但有一些参数在“流程图”上没有标注出来，因此，还需要通过选择“窗口”菜单下的“导航图”→“菜单树”功能项，将金算盘财务软件的所有功能以菜单树的形式显示出来，如图 5-2 所示。也可通过单击右上角的流程图、菜单树图标来实现切换。

图 5-2 金算盘财务软件导航图之“菜单树”

在左侧的窗口中，金算盘财务软件的所有功能均以菜单项的格式在不同的功能模块中进行列示，此时就可以在相关模块中找到“流程图”中没有标注出来的功能参数，进行相关设置。

在下面的叙述中，分别以“流程图”和“菜单树”来指明操作设置的界面窗口。

1. 财务分工

根据企业会计工作要求，企业电算化会计系统岗位中，不同的人员有不同的分工与职责，在不同的岗位上发挥不同的作用。

在金算盘财务软件中，通过“操作权限”进行会计岗位职责的划分。在“操作权限”中通过增加软件操作员，并使每个操作员拥有相应的软件使用权限。操作员及权限设置功能十分重要，使用时应严格按照会计电算化岗位划分，按会计电算化制度的要求进行设置，区分各操作员间的相互牵制原则，防止计算机舞弊的可能性。在新建账套后，系统有一个默认的操作员“系统主管”，口令为空，拥有所有权限。系统主管的职能是负责协调计算机及会计软件系统的运行工作，因此，利用系统主管进行财务分工设置。

选择“流程图”→“基础设置”→“系统设置”→“操作权限”功能项，系统弹出“操作员权限列表”窗口，如图 5-3 所示。

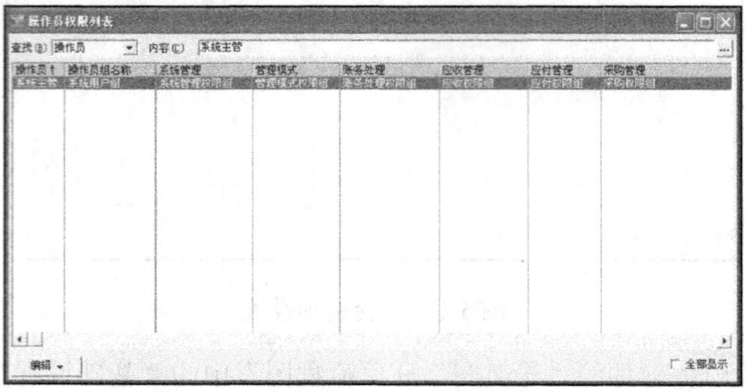

图 5-3　“操作员权限列表”窗口

单击【编辑】按钮或者在“操作员权限列表”窗口中的空白处，右击鼠标，在弹出的快捷菜单中选择“新增操作员”菜单项，进行操作员的添加，如图 5-4 所示。

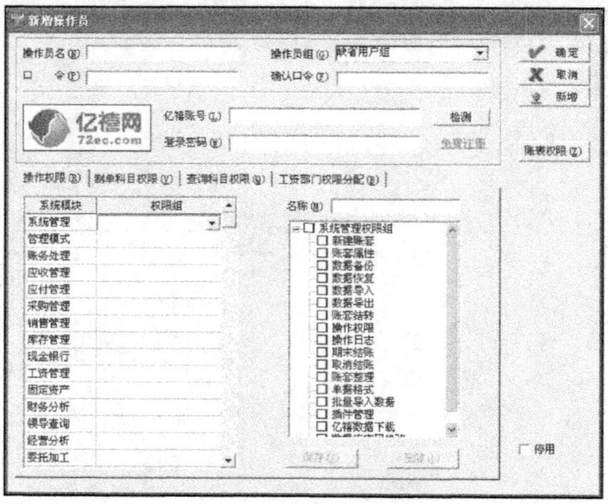

图 5-4　“新增操作员”对话框

在“新增操作员”对话框中，根据实际要求，输入操作员名称，并设立相应的操作员组。操作员组可以在其下拉列表框中选择“新增”菜单项添加新的操作员组。操作员口令默认为空，需要操作员今后自己进行修改。

在对话框的下部，是各项权限的设置。在金算盘财务软件中，所有的功能分为“操作权限”、“制单科目权限”等 6 大类，使用单位应根据自身的业务规定，对具体操作员的有关权限进行设置。

在“操作权限”的分类中，要求进行权限组的设置。要注意的是，权限组与操作员组是不同的两个概念。简而言之，操作员组相当于部门小组的范围，即哪些操作员属于一个部门或工作小组。而权限组则是针对具体的操作岗位与职责而言，比如，某单位的凭证录入岗位的操作员都进行相同的软件操作，那么添加第一个凭证录入员，在设置有关的操作权限时，把该权限以“录入员权限组”命名保存，然后添加后续的凭证录入员时，直接在系统模块对应的权限组下拉列表框中选择“录入员权限组”，这样所有的录入员的权限就能快速地设为一样。而且，当修改了某个录入员在某个系统模块中的权限后，仍以“录入员权限组”的名字保存，那么其他已被授予了该模块“录入员权限组”的操作员，其权限也会发生同样的改变。

设置完操作权限以后，后续的日常经济业务处理就应该由相关的会计业务操作人员来进行了。切换软件操作人员，可以通过单击“文件”菜单中的“系统登录”菜单项，在出现的“系统登录”窗口中选择具有相关操作权限的操作员，进行后续的业务工作处理。

关于操作权限有两点需要注意：

（1）操作员密码是进入账务处理系统的钥匙，是防止他人非法进入的保障。实行会计电算化后，使用操作员密码进入软件就像是手工会计核算下使用私人印章一样，如果被别人知道了操作员密码，就可能被其他人员以你的名义进入软件进行操作。因此，操作员设置完后，所有操作人员应使用自己的操作员名和初始密码注册进入软件，进入后首先应使用“修改密码”功能修改初始密码，并且随着工作的开展，还需定期修改密码，以便更好地保护操作安全。

（2）对由于遗忘密码而无法进入系统的操作员，应要求系统管理人员通过使用“设置操作员”功能删除该操作员，然后可以使用刚删除的操作员名重新增加一个操作员，这时，新增的操作员密码就被初始化成默认密码。当然，对新增的操作员还要设置其操作权限后才能使用。但是，如果该操作员已经进行了相关的业务操作，此时系统管理人员不能执行删除功能，只能在“修改操作员”对话框中，选中右下角的“停用”框，将操作员停用，然后另外新增操作员，如图 5-5 所示。

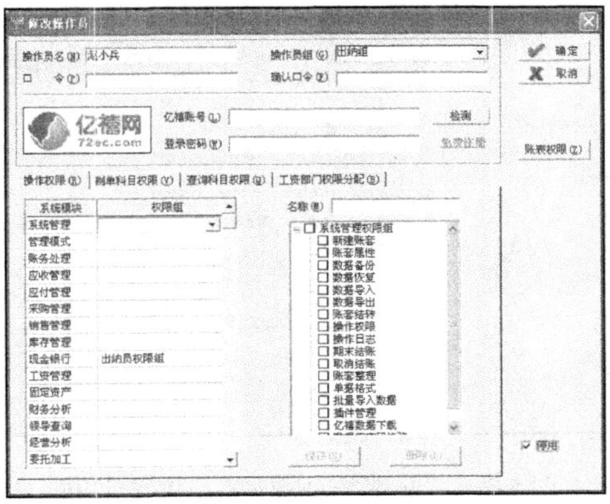

图 5-5　在“修改操作员”对话框选择“停用”

2. 账套属性设置

在“流程图”→“基础设置”→“系统设置”窗口中，双击“账套属性”，打开“账套属性”对话框，如图5-6所示。

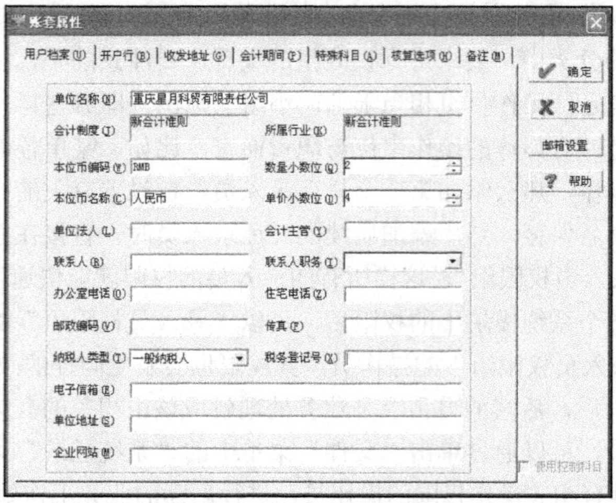

图5-6 “账套属性”对话框

在“用户档案”标签页中的“单位名称”栏，将出现新建账套时设置的账套文件名称，如果与单位名称不一致，可以在这里进行修改。其他各项参数可以根据企业的实际情况进行补充完善。

3. 凭证类型设置

对凭证进行分类管理是一种良好的习惯，也是会计电算化的基本要求。系统预设了4种常见的类型供用户选择，当然，用户也可根据自身的需要定义。

凭证类型可以通过选择“菜单树”下的“管理模式”→“凭证类型”功能进行预先设置，此时系统弹出“记账凭证类型”对话框，如图5-7所示。

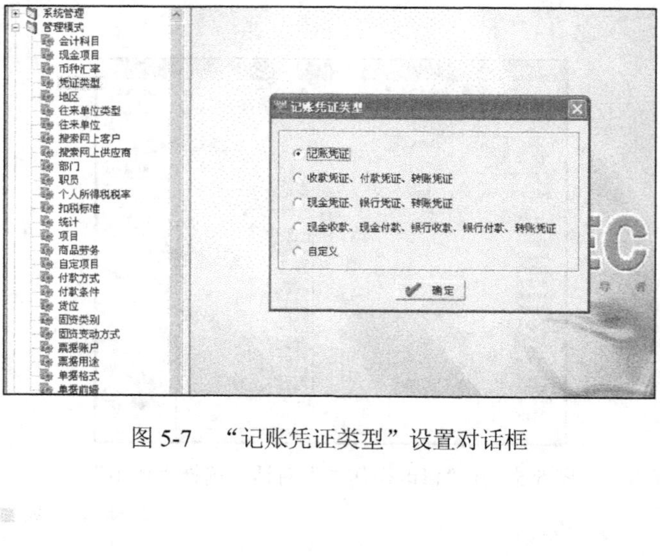

图5-7 “记账凭证类型”设置对话框

使用单位根据本单位会计业务核算的要求，选择所要使用的记账凭证类型。

需要说明的是，如果没有预先设置凭证类型，那么在后续的业务处理中，当第一次需要进行有关凭证的操作时，系统也会自动弹出“记账凭证类型”对话框，要求操作员进行凭证类型的设置。

选择了所需要的记账凭证类型后，系统出现“凭证类型列表”对话框，选择相应的凭证类型，再选择“编辑”菜单中的“修改”菜单项，可以对选中的凭证类型的参数进行设置，如图5-8所示。

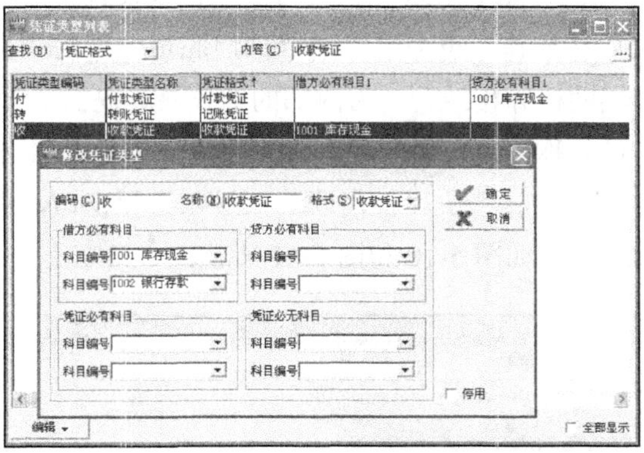

图 5-8 “凭证类型列表”及“修改凭证类型”对话框

4. 币种汇率设置

选择“流程图”→“基础设置”→“币种汇率”功能，打开“币种汇率列表”窗口，其中列出了当前账套中已经设置的货币种类。选择“编辑”菜单中的“新增”菜单项，可以添加新的货币种类，如图5-9所示。

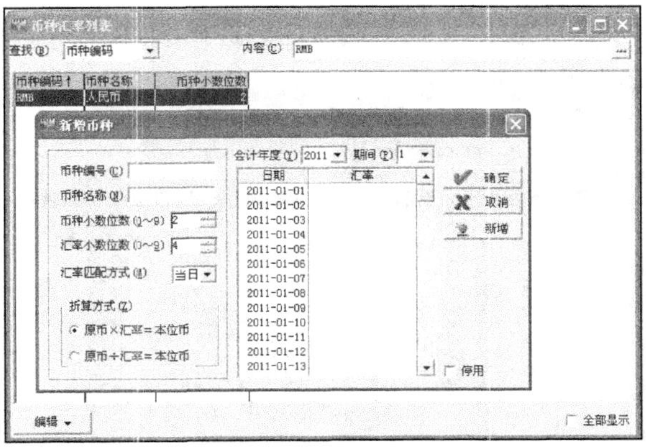

图 5-9 “币种汇率列表”窗口中新增币种

在“新增币种”对话框中，根据实际情况输入货币编号与名称，货币编号长度最长为4位字符，货币名称最多为10位字符，即5个汉字。需要注意的是，币种编号不允许重复，币种名称不允许重复。

同时，在该对话框中还要设置货币的小数位要求和对应日期的汇率。这里需要注意的：一是汇率只需要填写使用该种货币的初始日期的汇率，其他日期的汇率会在业务处理时进行输入；

二是注意原币（新增的货币）与记账本位币之间的折算方式选择。

与凭证相类似，如果没有预先添加新的货币种类，那么在后续的业务处理中，当进行有关新的货币操作时，系统也会自动弹出“新增币种”对话框，要求操作员添加新货币种类。

5. 部门及职员设置

这里需要注意的是，在该功能里录入的职员与操作权限设置中的操作员名称是不同的。操作权限中的操作员名称可以按操作岗位命名，而“部门职员”中的职员，是单位内部组织机构的人员信息。这些信息和辅助核算相结合，为内部的细致核算提供了方便。因此，“部门职员”中的职员名称即使与操作员名称一致，但两者所代表的意义也是不相同的。

通过“流程图”→“基础设置”→“部门职员”进入设置窗口，进行单位部门、人员的设置，以及有关的税收参数设置，如图 5-10 和图 5-11 所示。

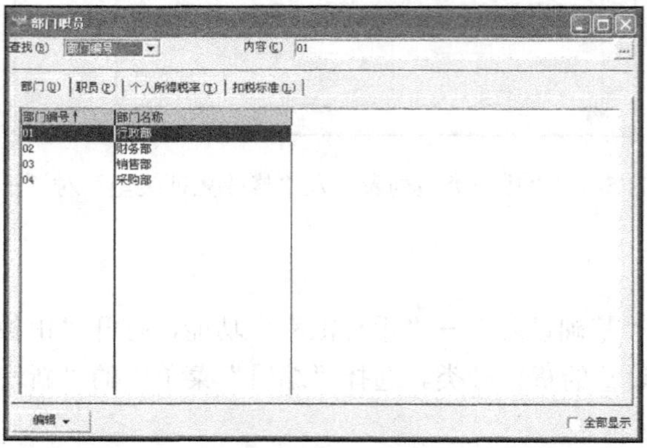

图 5-10 “部门职员—部门”窗口

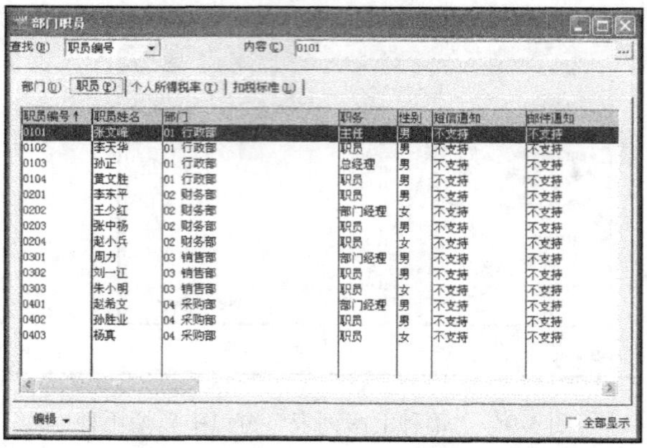

图 5-11 “部门职员—职员”窗口

6. 会计科目设置

在“流程图”→“基础设置”界面，单击“会计科目”，即可进入“会计科目”窗口，显示出建账时预设的会计科目体系。按照企业会计制度规定，科目分为资产、负债、共同、权益、成本、损益等6大类。相应的，系统也分设6页来显示6大类科目。另外再增设“全部”页来显示所有类别的科目，如图5-12所示。

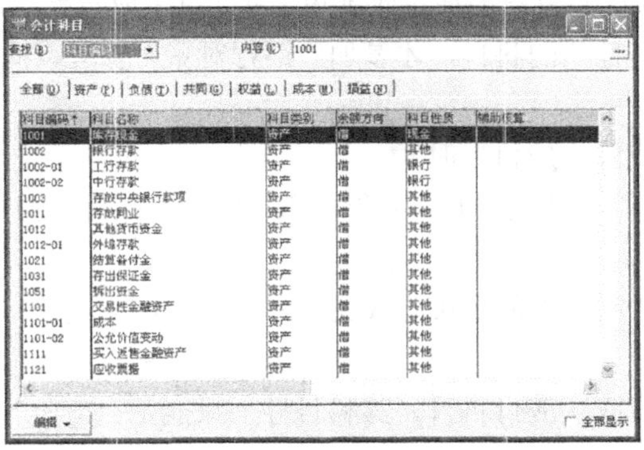

图5-12 “会计科目”窗口

在此窗口中，单击【编辑】按钮，可进行会计科目的增加、修改、删除、停用、打印等操作。

（1）新增科目

1）单击【编辑】按钮，选择“新增”，打开“新增会计科目”对话框，如图5-13所示。

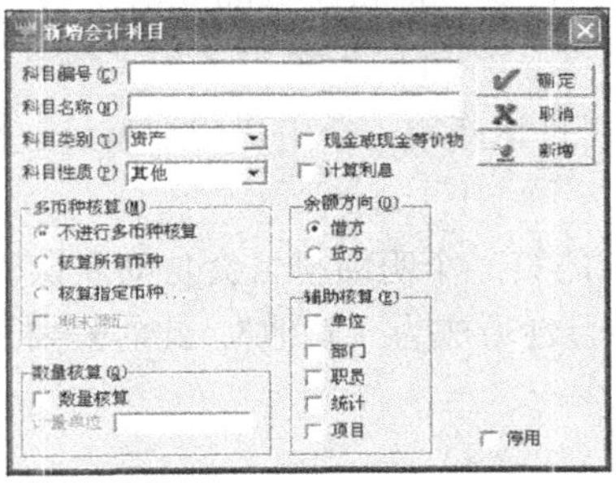

图5-13 “新增会计科目”对话框

2）输入科目编号、科目名称，并选择科目类别和科目性质。可根据核算和管理的要求选择其他选项。

科目编号：系统中，科目级次之间是用“－”连字符来区分的；对于级次数量和每一级编号的长度，系统没有统一限制，各个不同的科目可以单独进行设置，但编号总长度（含连字符在内）为16位。

科目名称：科目的具体名称，允许输入40个字符（20个汉字）。

科目类别：根据选择的不同会计制度，系统默认的科目类别有所不同。选择企业会计制度或个体工商户制度时，便有资产类、负债类、共同类、权益类、成本类、损益类6大类会计科目；当为事业或行政单位会计制度时，会计科目分为资产类、负债类、净资产类、收入类、支出类。在新增子级科目时，科目类型自动默认为上级科目的类型。

（2）科目性质

科目性质是系统内部对科目的特定分类，分为现金、银行、应收、应付、存货、其他6种。确定科目性质后，便需受系统的特定限制。

1）当科目性质为“现金、银行”时

① 可作为收款单、付款单中“现金/银行”科目的选项之一，即收款科目或付款科目。

②“现金/银行”性质的科目只能通过收款单、付款单生成收支凭证，不能直接填入凭证中。

③ 有且只有“银行”性质的科目，才参加“银行对账”管理，期末编制出该科目的银行余额调节表。

2）当科目性质为“应收、应付”时

① 只有“应收、应付”性质的科目，才能填入应收单、应付单的单据头的“应收应付科目”框中。

② 应收、应付性质的科目不能直接生成凭证，只能通过应收单、应付单生成应收凭证、应付凭证。

③ 往来单位对应的应收、应付科目，其科目性质只能是“应收”或“应付”。

④ 系统自动默认“辅助核算”有效且不可改变，而“数量核算”为不可用。

3）当科目性质为“存货”时

科目性质为“存货”，则一切辅助核算属性不可选，“数量”属性也不可选。

4）当科目性质为“其他”时

除上面 5 种性质以外的一种性质。选择它，该科目不受系统的任何约束，可自由填制凭证。不过不能实现银行科目对账，应收账款、应付账款的核销，不能计算应收利息等。

这里需要说明两点：

① 在一个已使用过的末级科目下新增一个下级明细科目，系统会把原末级科目中的所有数据转入新增加的科目中。

②在新增明细科目时，新增的第一个明细科目会自动默认为上级科目的科目性质，但以后继续新增同级的明细科目时，科目性质成为“其他”，此时需要进行修改，将其改为正确的科目性质。

（3）现金或现金等价物

为方便现金流量表的编制，需要指定现金和现金等价物科目，凡是现金流量表所涉及的科目必须预先设置该属性。

（4）计算利息

选中此复选框后，系统可以自动按照余额积数进行利息计算，并自动生成凭证。

（5）科目的外币属性

当企业的业务涉及非本位币核算时，核算这一业务的科目，需设置多币种属性。在“新增会计科目”窗口中，有一个设置“多币种核算”的复选框。其中，可以选择“不进行多币种核算”、“核算所有币种”、“核算指定币种”任意一项。

到底是选择“核算指定币种”，还是选择“核算所有币种”，要视该账户的业务情况而定。如果它只结算“美元”这一种币种，而系统中还有“日元、新加坡元”等币种存在，那么便设定为“核算指定币种”，选择“美元”一项进行核算。

如果选择了进行外币核算，就需要确定该货币是否进行期末调汇。选择“期末调汇”后，系统会根据每个期末的汇率，自动算出本期外币科目的汇兑损益。

（6）科目的数量属性

当科目不仅需要统计金额，还需要看到数量发生额、数量余额时，可对该科目设置数量核算属性。如“主营业务收入”科目，当设置了数量属性后，便可看到该科目反映的商品实现销售的具体数量，同时，还可查到账上的期初、期末库存数量。

在“新增会计科目”窗口中，选中“数量核算”，录入数量单位。最后，单击【确定】按钮存盘退出新增窗口即可。

注意：由于“库存商品”科目系统默认为“存货”性质的科目，因此不能进行数量核算。如果使用单位需要在“库存商品”科目下添加明细科目进行核算，那么需要将明细科目的科目性质改为“其他”后，才可以选择“数量核算”。

（7）科目的余额方向

余额方向是指该科目的余额默认方向。一般资产类的科目余额方向在借方，负债类、权益类科目的余额方向在贷方。新增明细科目一般按其上级科目的余额方向来设置自己的余额方向。由于余额方向对会计报表、账簿的输出有直接影响，因此在新增会计科目时一定要注意余额方向的选择，否则会影响账表的输出显示。例如，“应交增值税”下的“进项税金”明细科目，因其上级科目的属性，系统默认余额方向在贷方，但根据其实际的经济业务性质，在新增该科目时，应将其余额方向设在借方。

（8）科目的辅助核算属性

1）科目辅助核算属性的概念

科目的辅助核算属性，是附加在某个具体科目之上的项目，可从不同角度来反映科目所记录的数据，为决策层提供不同侧重的资料。系统中科目的辅助核算属性有 5 个：单位、部门、职员、统计、项目。

“单位”：一般指客户、供应商或供销单位。当科目性质为“应收”或“应付”时，该辅助项被自动选中，并不可更改。也可设为“商品销售收入”的辅助项，即统计购买商品的具体单位。

“部门”、“职员”：这两个属性一般不分开。因为统计了哪个部门的费用、收入等，最好还可细分到具体某个职员上，即哪个部门哪个职员发生了多少费用，或实现多少销售收入。

“统计”、“项目”：从字面看，设置在哪个科目中，相对比较灵活。它们的作用与其他几个辅助核算项目是一致的。

2）设置科目辅助核算属性的好处

科目中设置辅助核算属性，一是可以简化科目的明细子科目；二是可以对同一个数据，提供多个分析入口、统计口径；三是可以实现多重关系下的查询数据。如果企业中销售的商品品种繁多，为了使整个会计科目体系不至过于冗长，便可在“主营业务成本”、“主营业务收入”中增设“项目”辅助属性，来专门统计每笔销售成本或收入具体的商品。然后，再在“菜单树”→“管理模式”→“项目”中按商品明细设置项目分类。

另外，科目的辅助核算属性，提供了查询数据的新途径。对数据的统计、分析，从不同的着眼点，可得到侧重点不同的结论，为进一步做出决策，提供了丰富的第一手数据。

实现多重关系下查询数据，如“销售费用”科目，平常都是以费用项目来设明细子科目，当需要统计哪个部门、哪个职员发生的费用时，如果不设置“部门”、“职员”辅助核算项，那么将难以统计出细分后的销售费用。

3）设置方法

在“新增会计科目”或“修改会计科目”窗口右下角有“辅助核算”选项组。在其中的 5 个辅助核算项目选择框中，对选中项目，分别打上“√”标志即可。

（9）修改与删除会计科目

在“会计科目”对话框中，选中要进行操作的会计科目，单击【编辑】按钮，选择“修改”，系统弹出“修改会计科目”窗口，在窗口中修改会计科目的有关属性，然后单击【确认】按钮，则修改完毕。要注意的是，会计科目不能修改级次，即不能将自身修改为上级或下级科目。

对选中的会计科目，单击【编辑】按钮后，选择“删除”功能，可以删除该会计科目。但已经使用的会计科目，不允许删除，只能停用。

7. 科目期初设置

（1）账套启用时间为第一个会计期间时，科目期初余额录入

在“流程图”→“基础设置”窗口中，单击“科目期初”，进入“科目期初余额”的录入窗口，如图 5-14 所示。

科目编码	科目名称	方向	币种	单位	年初余额		
					原币	本位币	数量
1001	库存现金	借			-		-
1002	银行存款	借			-		-
1002-01	工行存款	借			-		-
1002-02	中行存款	借	本位币		-		-
1002-02	中行存款	借	USD 美元				-
1003	存放中央银行款项	借			-		-
1011	存放同业	借			-		-
1012	其他货币资金	借			-		-
1012-01	外埠存款	借			-		-
1021	结算备付金	借			-		-
1031	存出保证金	借			-		-
1051	拆出资金	借			-		-
1101	交易性金融资产	借			-		-
1101-01	成本	借			-		-
1101-02	公允价值变动	借			-		-
1111	买入返售金融资产	借			-		-
1121	应收票据	借			-		-
1122	应收账款	借			-		-

图 5-14 “科目期初余额”录入窗口

“科目期初余额”窗口中，有三种颜色的单元格。

白色：为末级且没有辅助核算性质的科目所显示出的颜色，可在该行中直接录入数据。需要注意的是，如果某个科目所在行为白色，但是没有外币和数量核算，在原币和数量栏内就有一短横线，表明不能输入数据。

浅蓝色：为非末级的科目所显示出来的颜色，其中的数据不能直接填入，只需要在该科目下的最末级科目上录入有关数据（原币、本位币、数量），系统会自动汇总到上级各汇总科目中。

黄色：进行了辅助核算设置的科目，也不能直接在单元格中录入数据。需要双击该单元格，系统弹出新的录入窗口，按照辅助核算项目进行期初数据输入，系统再把它的各辅助核算项目中的数据自动加总到上级科目中去，如图 5-15 所示。

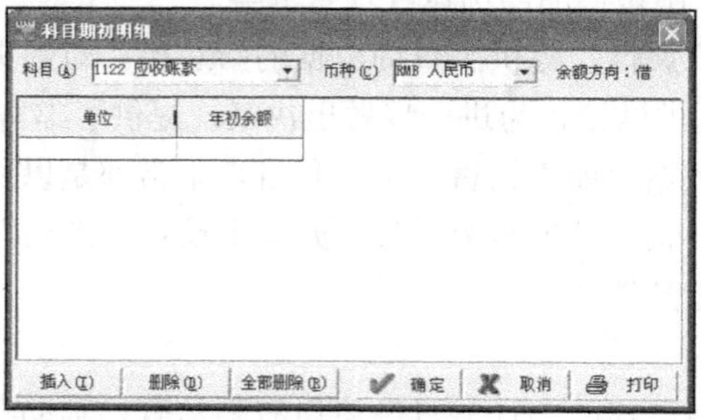

图 5-15 设置有辅助核算的科目期初余额录入窗口

（2）账套启用时间不是第一个会计期间时，科目期初余额录入

如果账套启用时间大于第一个会计期间，那么科目期初余额的录入窗口如图 5-16 所示。

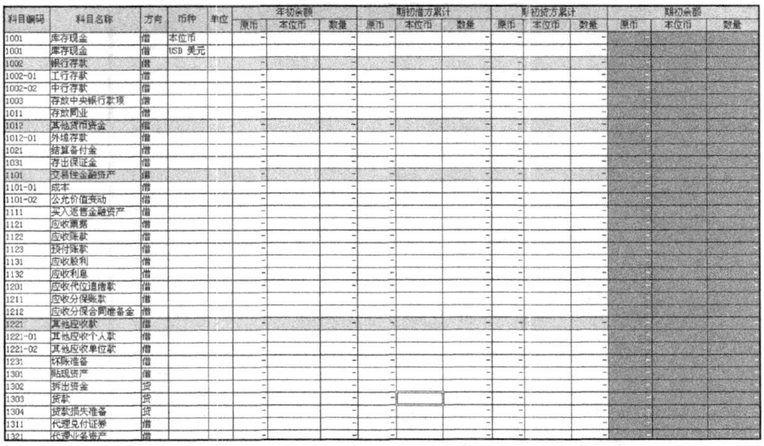

科目编码	科目名称	方向	币种	单位	年初余额			期初借方累计			期初贷方累计			期初余额		
					原币	本位币	数量	原币	本位币	数量	原币	本位币	数量	原币	本位币	数量
1001	库存现金	借	本位币		-		-	-		-	-		-	-		-
1001	库存现金	借	USD 美元				-			-			-			-
1002	银行存款	借			-		-	-		-	-		-	-		-
1002-01	工行存款	借			-		-	-		-	-		-	-		-
1002-02	中行存款	借			-		-	-		-	-		-	-		-
1003	存放中央银行款项	借			-		-	-		-	-		-	-		-
1011	存放同业	借			-		-	-		-	-		-	-		-
1012	其他货币资金	借			-		-	-		-	-		-	-		-
1012-01	外埠存款	借			-		-	-		-	-		-	-		-
1021	结算备付金	借			-		-	-		-	-		-	-		-
1031	存出保证金	借			-		-	-		-	-		-	-		-
1101	交易性金融资产	借			-		-	-		-	-		-	-		-
1101-01	成本	借			-		-	-		-	-		-	-		-
1101-02	公允价值变动	借			-		-	-		-	-		-	-		-
1111	买入返售金融资产	借			-		-	-		-	-		-	-		-
1121	应收票据	借			-		-	-		-	-		-	-		-
1122	应收账款	借			-		-	-		-	-		-	-		-
1123	预付账款	借			-		-	-		-	-		-	-		-
1131	应收股利	借			-		-	-		-	-		-	-		-
1132	应收利息	借			-		-	-		-	-		-	-		-
1201	应收代位追偿款	借			-		-	-		-	-		-	-		-
1211	应收分保账款	借			-		-	-		-	-		-	-		-
1212	应收分保合同准备金	借			-		-	-		-	-		-	-		-
1221	其他应收款	借			-		-	-		-	-		-	-		-
1221-01	其他应收个人款	借			-		-	-		-	-		-	-		-
1221-02	其他应收单位款	借			-		-	-		-	-		-	-		-
1231	坏账准备	借			-		-	-		-	-		-	-		-
1301	贴现资产	借			-		-	-		-	-		-	-		-
1302	拆出资金	贷			-		-	-		-	-		-	-		-
1303	贷款	贷			-		-	-		-	-		-	-		-
1304	贷款损失准备	贷			-		-	-		-	-		-	-		-
1311	代理兑付证券	借			-		-	-		-	-		-	-		-
1321	代理业务资产	借			-		-	-		-	-		-	-		-

图 5-16　账套启用时间大于第一个会计期时的科目期初余额录入窗口

此时，除年初余额外，系统还要求输入期初借方累计、期初贷方累计。

年初余额：启用账套时，所在年份各个科目的 1 月份的期初余额。

期初借方累计：启用账套时，从所在年份 1 月起，到账套启用日期截止，科目的借方累计发生额。

期初贷方累计：启用账套时，从所在年份 1 月起，到账套启用日期截止，科目的贷方累计发生额。

期初余额：账套启用日期时的期初数据。如果启用日期是 1 月份，则期初余额等于年初余额。

如果启用日期不是 1 月份，则系统自动按以下公式计算得出期初余额。

如果科目余额方向为借方，则

期初余额=年初余额+期初借方累计发生额−期初贷方累计发生额

如果科目余额方向为贷方，则

期初余额=年初余额+期初贷方累计发生额−期初借方累计发生额

（3）试算平衡

当期初数据填写完后，通常需要检查录入的科目期初数，借贷是否平衡，这是检查数据录入是否正确的最起码的一步。如果系统显示期初余额不平衡，则需要进行修改。理论上，账套第一个会计期间结账以前均可修改期初余额。

单击“科目期初余额”窗口下方的【试算平衡】按钮，将出现“科目期初平衡检查”对话框，如图 5-17 所示。

8. 往来单位与往来期初设置

（1）往来单位

交易行为从来就不是孤立的，而在此过程中彼此基于经济活动的往来必须得到真实、详细的记录。对于供应商、客户及其他合作伙伴的档案，以及彼此的优惠条件、结算方式、往来账款都需要详细的核算和管理，以便充分合理地利用资源进行卓越的管理。

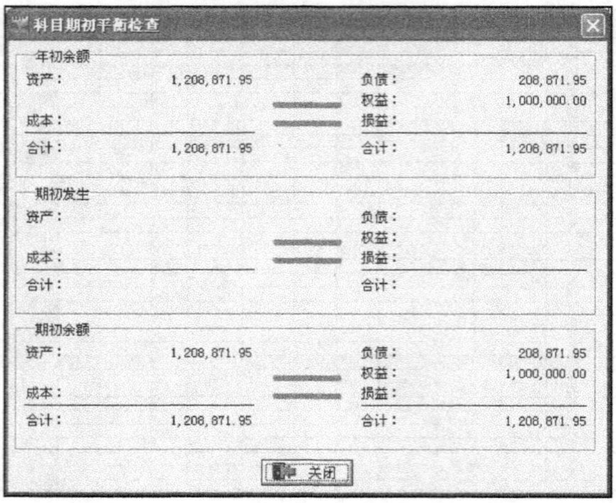

图 5-17　“科目期初平衡检查”对话框

选择“流程图”→“基础设置”下的“往来单位”功能项，出现“往来单位”窗口，如图 5-18 所示。

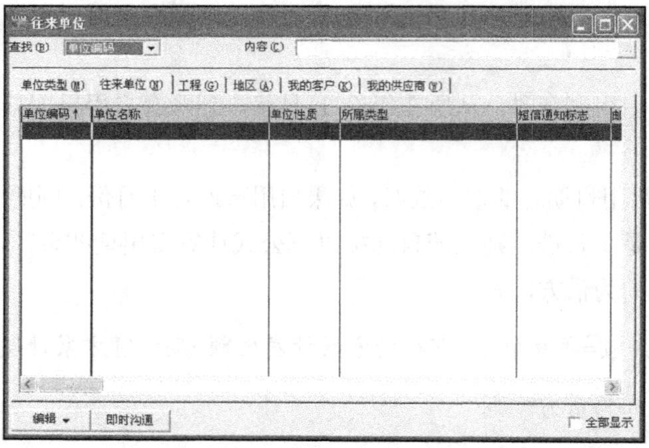

图 5-18　“往来单位”窗口

在该窗口中，可以对往来单位进行分类，并录入往来单位基本情况。

1）设置单位类型

系统允许对往来单位进行分类管理。单位类型的划分可以按单位的所有制性质来分，如“私营企业”、“国有企业”、“外资企业”等；也可以按单位的所属地区来分，如“华东”、“华南”、“华西”、“华北”；还可以按往来单位的资信情况来分，如“优”、“良”、“中等”、“中下”等。

单位类型与科目一样，有级次区分。所以也可以把所有制性质与所在地区合二为一。例如，“03 华西”下可设“03－01 私营企业”、“03－02 国有企业”等。单位类型编码长度为 16 位，单位类型名称长度为 30 位，即 15 个汉字。

要注意以下几个方面：

① 单位类型编码级与级之间，是用“－”来连接的；

② 在新增下级编码前，它的上级编码应已存在；

③ 同级单位类别编码不能重复，单位类型名称也不允许重复。

2）设置往来单位

本系统允许用户详细记载往来单位的各种信息，并允许用户有选择地录入。

① 基本信息

在“往来单位”标签页上，单击【编辑】按钮，选择“新增”选项，出现“新增往来单位”对话框，如图 5-19 所示。

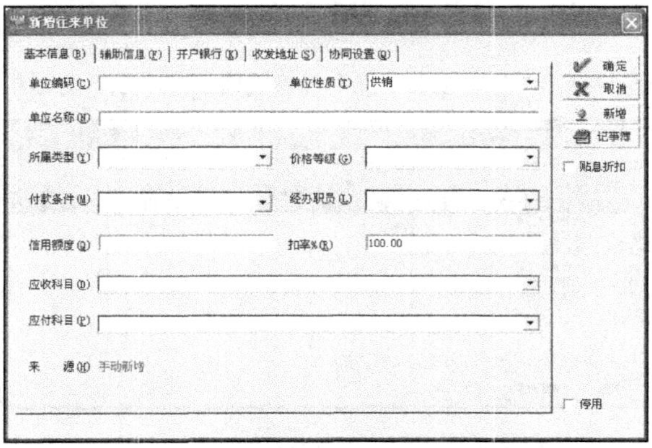

图 5-19 “新增往来单位”对话框

单位编码：区分往来单位的唯一标识，长度 12 位，不允许重复。

单位名称：一般为往来单位的全称。

所属类型：参照所定义的单位类型对新增单位进行划分。

单位性质：用于表明该单位与本企业间的业务往来关系。系统提供：供应商、客户、供销、其他等 4 种单位性质。

应收科目和应付科目：根据单位性质，填入应收科目和应付科目。所填入的科目必须具有应收和应付属性，系统将根据这里填制的科目，自动根据业务单据（“商品采购单”、“采购发票”、“销售发票”等）生成相关的记账凭证。

② 辅助信息

单击“辅助信息”标签，出现“辅助信息”录入页面，如图 5-20 所示。

此外，还可根据需要在其他页面，录入往来单位的开户银行等其他信息。

（2）往来期初

在科目期初中，系统允许输入科目期初数据，包括涉及往来单位的应收、应付性质科目的期初数据，但这些应收科目、应付科目的余额只是各个往来单位的一个总数。系统在进行应收核销、应付核销时，为了保证数据的完整，往来账期初的每笔明细也应输入系统，所以需要在“往来单位期初”中，录入单位尚未核销的每笔发生额。

选择“流程图”→“基础设置”下的“往来期初”功能项，出现“往来单位期初余额”窗口，如图 5-21 所示。

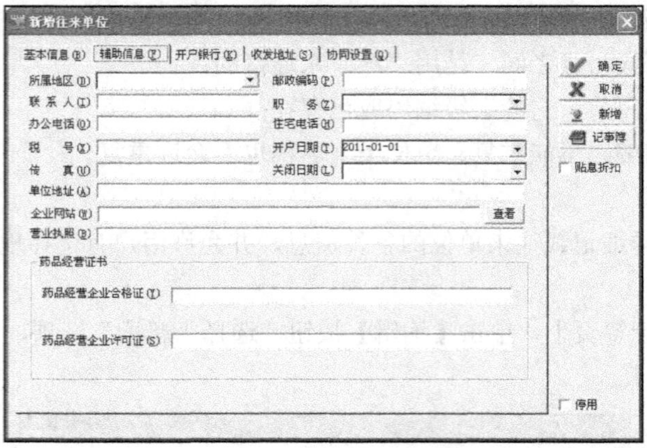

图 5-20 “新增往来单位”—“辅助信息”录入对话框

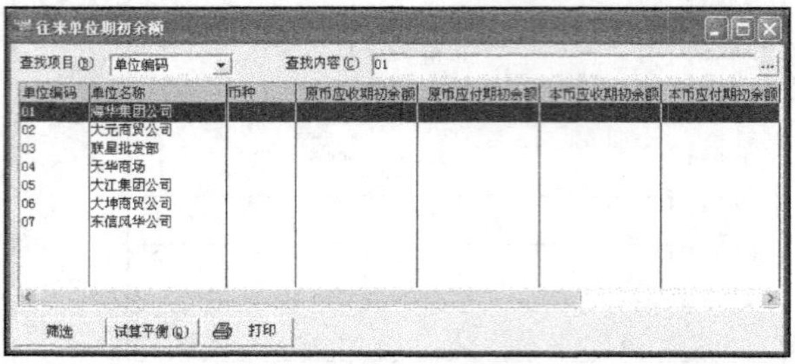

图 5-21 “往来单位期初余额”窗口

该窗口中列出了系统中当前所有的往来单位，双击需要输入往来明细的单位，出现“往来单位期初明细”对话框，如图 5-22 所示。

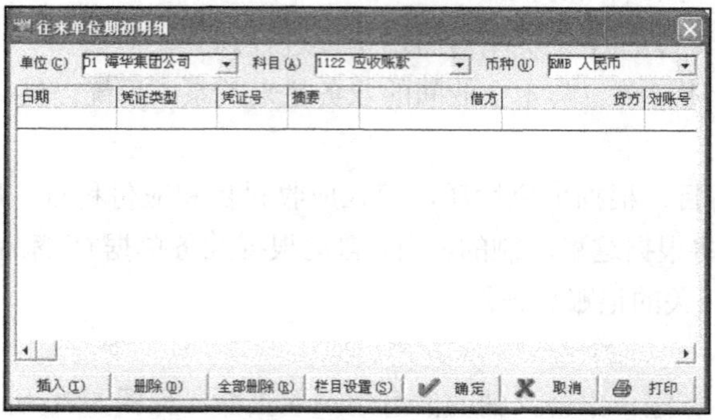

图 5-22 “往来单位期初明细”对话框

对话框上部为当前选中的往来单位，具有应收应付性质的科目、可选择的币种。在科目中选择需要输入的应收或应付科目，然后根据该科目的外币核算属性，选择对应的币种。

对话框中间是具体的凭证列表。要注意的是：如果该账套选择使用了控制科目，则不能在凭证中直接输入现金、银行、应收、应付、存货性质的科目，那么窗口中就不会出现与凭证有关的栏目，而是单据、商品等栏目。

单击窗口下部的【插入】按钮，在窗口中间将新增一行记录，用鼠标依次双击该行记录的各个栏目，如日期、凭证类型、凭证号等，输入数据或在下拉菜单中进行选择，直到最终输入整行数据。

在输入往来期初明细时，应注意：各个期初数据的日期必须小于系统的启用日期。

（3）往来期初数据平衡检查

在往来单位期初余额对话框中，单击【试算平衡】按钮，系统自动按照科目和单位的分类分别汇总往来期初数据，并与科目列表中所输入的各个应收应付科目的期初数据核对，即总账期初与明细账的期初数据进行核对，并显示检查结果，如图 5-23 所示。

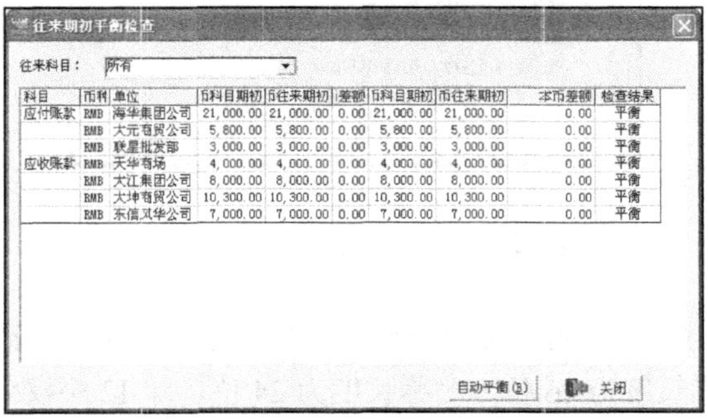

图 5-23　往来期初平衡检查

自动平衡：使用该功能，系统自动将往来期初中的各个单位的数据汇总，作为科目期初的相关数据，如果没有输入往来科目期初的明细数据，就自动生成；如果已经输入，就自动替换为往来期初的数据。

9. 固定资产初始设置

固定资产的初始设置包括“固资类别”、“变动方式”、“固定资产期初”等内容。

（1）固资编码

单击“流程图”→“基础设置”→“固资编码”，将出现“固资编码”窗口。在该窗口中可以进行固定资产类别与变动方式的设置，如图 5-24 所示。

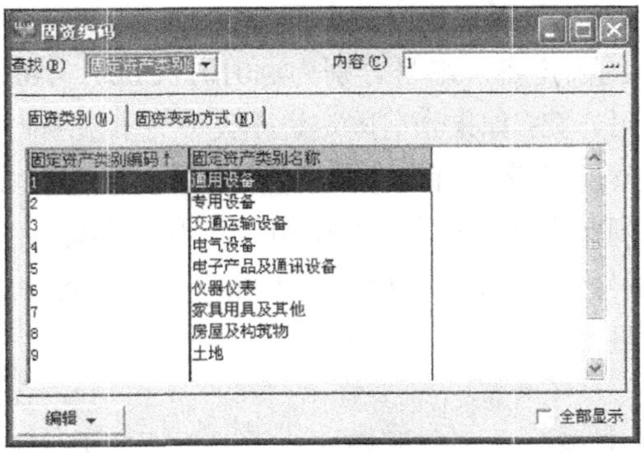

图 5-24　“固资编码”窗口

1）固资类别

固资类别即固定资产的分类，系统已经预置了 9 个类别，可根据需要增加、修改、删除。

其修改对话框如图 5-25 所示。

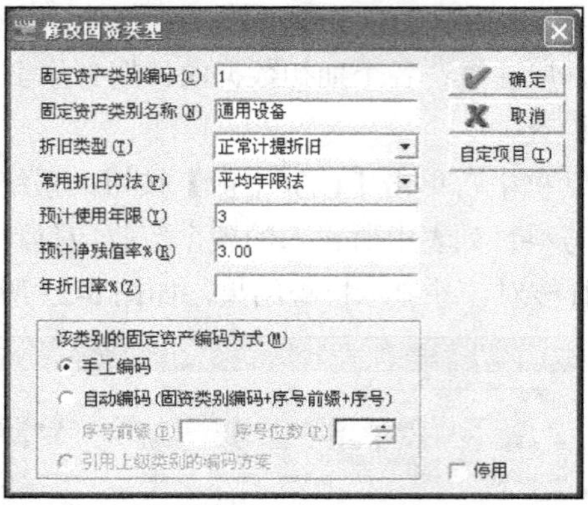

图 5-25　“修改固资类型”对话框

固定资产类别编码与名称：用户可根据自己的情况进行定义，并输入固定资产类别编码和名称，固定资产类别编码长度为 16 位，名称长度为 24 位，即 12 个汉字。要注意的是：固定资产类别编码与名称不能重复。

折旧类型：系统提供了 3 种折旧类型，即正常计提折旧、永不计提折旧、永远计提折旧。正常计提折旧是指固定资产在未使用、不需用时不计提折旧；永不计提折旧是指固定资产永远不计提折旧，如土地、行政单位的固定资产等；永远计提折旧是指固定资产在不需用、未使用期间仍然计提折旧。

常用折旧方法：系统提供了 4 种折旧方法，即平均年限法、双倍余额递减法、年数总和法、工作量法。如果该类固定资产不计提折旧，那么可以在“常用折旧方法”下拉列表中选择“不计提折旧”项目，表示该类固定资产不计提折旧。

固定资产编码方式：系统提供了除手工编码以外的自动编码方式。

① 自动编码（固资类别编码＋序号前缀＋序号）：指固定资产的编码按照其所属的固定资产类别编码加上指定的序号前缀再加上自然序号，其中自然序号按照 1、2、3 的顺序自动增长，位数按照指定的序号位数。如某个固定资产的所属类别编码为 A0101，序号前缀指定为 FC，序号位数为 3，则该类别具体的固定资产编号分别为 A0101FC001、A0101FC002……

② 引用上级类别的编码方案：如果当前固定资产类型为下级编码，则该类型的固定资产编码按照上一级固定资产类型的编码方案进行设置。仍然按照上述例子，如果还有明细类别 A0101－01、A0101－02，并且指定其固定资产编码方式为引用上级类别的编码方案，则增加一个属于 A0101－01 下的固定资产时，其编号为 A0101FC001，而增加一个属于 A0101－02 下的固定资产时，其编号为 A0101FC002，即按照自然序号依次增加。

2）固定资产变动方式

单击“固资变动方式”标签，出现“固资变动方式”选项卡，如图 5-26 所示。

系统对于变动方式，即固定资产增加和减少的方式，已经预置了 12 个类型，用户可调整。

① 单击【编辑】按钮，选择“新增”选项，出现“新增固资变动方式”对话框，如图 5-27 所示。

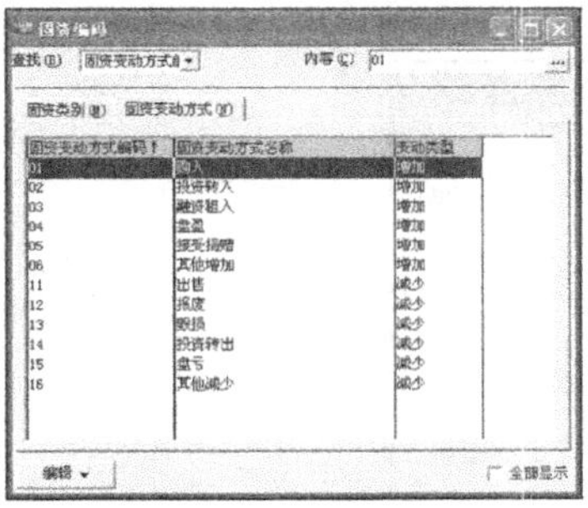

图 5-26　固定资产变动方式设置

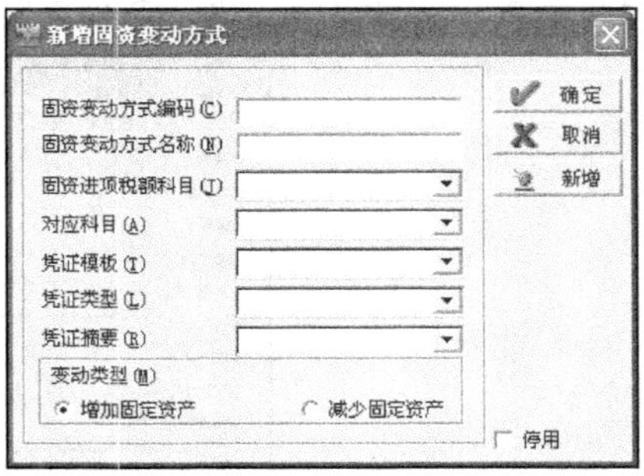

图 5-27　“新增固资变动方式”对话框

② 输入固资变动方式编码、名称（其中编码长度为 12 位，名称长度为 30 位，即 15 个汉字）。要注意的是，固资变动方式的编码和名称不能重复。

③ 选择对应科目、凭证模板、凭证类型、凭证摘要及变动类型。

对应科目：在“固定资产”模块中，系统提供自动生成固资变动凭证的功能。“对应科目”指增加固资时，系统自动生成记账凭证的贷方科目（借方科目为“固定资产”），或减少固资时，系统自动生成记账凭证的借方科目之一（贷方科目为“固定资产”，借方科目之一“累计折旧”）。另外，如果账套使用控制科目，由于银行、现金科目只能在收款单、付款单中使用，对购入的固定资产，建议通过“在建工程”科目处理。

凭证模板：指定固资变动生成凭证的格式，不同的模板决定了显示和打印格式。

凭证类型：指系统生成记账凭证的类型。

凭证摘要：指固定资产通过该变动方式生成凭证时的摘要内容。

（2）固定资产期初

对于在账套启用日期前购入的固定资产必须作为期初数据输入系统，而不是在“固定资产”模块中的“固资增加”中输入。“固资增加”功能，仅仅处理账套使用后新增加的固定资产。

单击“流程图”→“基础设置”→“固资期初”，将出现“固定资产期初”窗口。在该窗口中可以进行固定资产期初余额的设置，如图 5-28 所示。

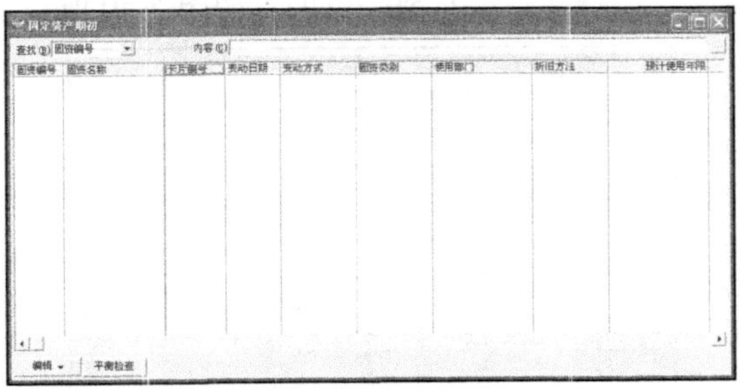

图 5-28　“固定资产期初”窗口

单击窗口下部的【编辑】按钮，选择“新增”选项，出现“增加固定资产期初”对话框，如图 5-29 所示。

1）基本资料

在“基本资料”页中，可根据需要输入有关的数据，如卡片编号、固资编码、固资名称、规格型号、固资类别等。此外，还需要确定以下项目。

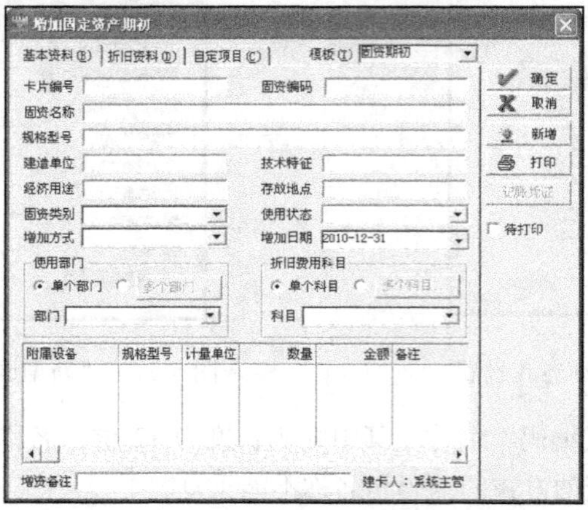

图 5-29 “增加固定资产期初”对话框

使用状态：系统提供了“使用中”、“未使用”、“不需用”、“租出”等 4 种使用状态。如果该固定资产折旧类型属于正常计提折旧，使用状态就成为是否计提折旧的依据。要注意的是，折旧类型为“正常计提折旧”且使用状态为“未使用”或“不需用”的固定资产，将不计提折旧。

增加日期：固定资产增加的具体日期，该日期必须小于账套的启用日期。

使用部门：固定资产的具体使用部门。可以指定单个部门，也可以指定为多个部门。选中“多个部门”单选按钮，然后再单击【多个部门】按钮，在出现的“固定资产使用部门”窗口中设置该固定资产的使用部门和分摊比例。要注意的是，多个使用部门的分摊比例之和必须等于 100%。

折旧费用科目：指定折旧费用科目。如果只有单个科目，可以在科目栏中直接指定。如果对应多个科目，则需要单击【多个科目】按钮后，在出现的“固定资产折旧科目”窗口设置多个具体的科目并设置相关的分摊比例。要注意的是，多个折旧科目的分摊比例之和必须等于 100%。

根据需要，还可以输入固定资产附属设备等资料。

2）折旧资料

单击“折旧资料”标签，出现“折旧资料”页面，如图 5-30 所示。

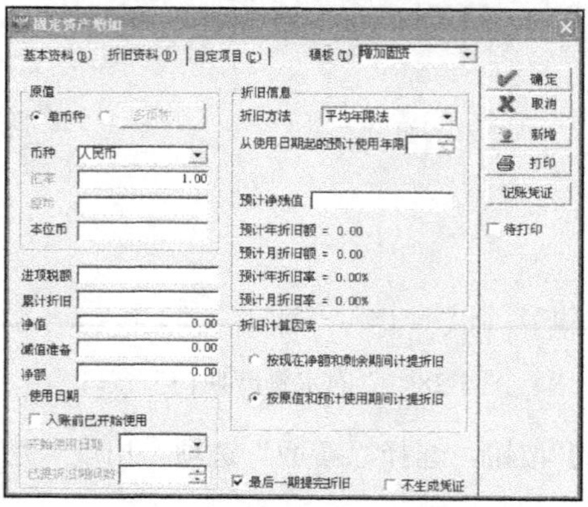

图 5-30 固定资产期初折旧资料设置

输入或选择相关信息，并单击【确定】或【新增】按钮即可。

原值：确定固定资产购入时的原值，可以是单币种或多币种。

累计折旧：该固定资产的累计折旧金额。系统自动根据使用日期、折旧方法、使用年限和净值进行计算，也可以根据需要进行修改。

净值：由系统自动进行计算。

使用日期：由于输入的是账套启用前已经购入的固定资产，因此需要选中“入账前已开始使用”复选框，并且确定开始使用日期，已提折旧期间数系统可以根据使用年限自动计算出来；也可以直接录入“已提折旧期间数”，系统将自动计算出该固定资产的开始使用日期。

折旧信息：确定固定资产的折旧方法、使用年限、预计净残值等数据，这些数据确定后，系统会自动计算出折旧额和折旧率，以及到目前为止的累计折旧和净值。

折旧计算因素：系统提供固定资产进入系统以后的折旧计算方式。

按现在净值和剩余期间计提折旧：将现在净值作为原值，剩余期间作为预计使用年限计提折旧。

按原值和预计使用期间计提折旧：按照该固定资产使用时确定的原值和预计使用期间计提折旧。

如果选择“最后一期提完折旧”复选框，则系统在固定资产最后一个使用期间计提折旧时，不考虑根据折旧方法所计算的当月计提折旧数，而是将剩余数据（不包含预计净残值）全部作为当月计提折旧额。

（3）平衡检查

在固定资产期初列表窗口中单击【平衡检查】按钮，系统自动对已经录入的固定资产数据（原值、累计折旧）与科目期初中的固定资产、累计折旧科目数据进行核对，检查双方是否平衡，并给出检查报告，如图 5-31 所示。

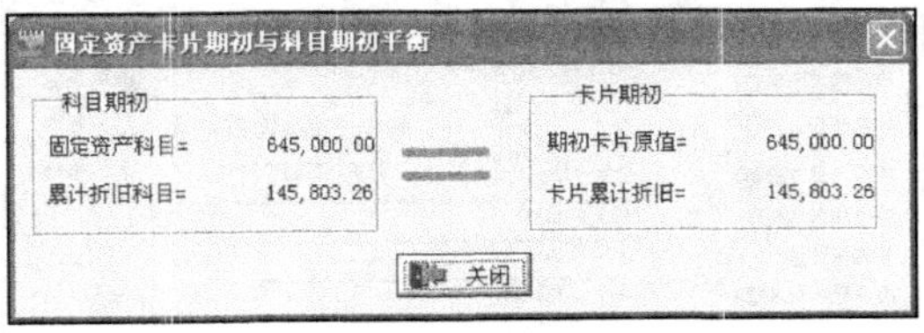

图 5-31　固定资产卡片期初余额与科目期初余额平衡检查

10. 商品劳务与商品期初设置

企业在生产经营过程中，涉及的各种商品、原材料等内容，需要对其进行分类核算，因此，当新建账套时，如果选择了“使用控制科目”，就需要在“商品劳务”中进行商品类型、计量单位、成本计算方法、对应的会计科目等信息的设定，并且通过采购、库存、销售等模块来对业务进行详细核算。如果没有选择“使用控制科目”，并且账套不使用购、销、存等模块来处理业务，就不需要进行商品劳务的设定，只需要在相关会计科目下添加明细科目即可。

（1）商品劳务

单击“流程图”→“基础设置”→“商品劳务”，弹出的“商品劳务”窗口如图 5-32 所示。可以在该窗口中定义商品类型、商品性质、商品劳务、商品税率等相关信息。

1）商品类型

商品类型编码长度为 16 位，可以分级管理，各级之间用连字符“－”连接。如果在已经使用的末级编码下增加新的下级编码，那么系统会把原末级编码下的商品转入新增编码。原末级编码变为非末级编码，新增编码为末级编码。如果把一个商品类型编码修改为另一个商品类型编码，那么系统将把这两个商品类型编码合并，但系统只能合并末级商品类型。

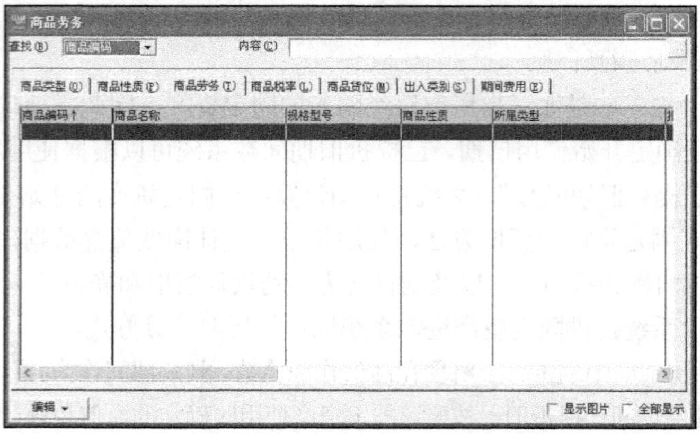

图 5-32　“商品劳务”对话框

商品类型名称长度为 30 位，即 15 个汉字。

对于不需要的商品类型可以删除，但已经使用过的商品类型，不能删除，只能修改或停用。

2）商品性质

设置商品性质，包括设置适用的商品税率、销售科目、采购科目等。在新增商品时，录入商品对应的商品性质，也就确定了该商品在采购、销售时，应记入的科目，如图 5-33 所示。

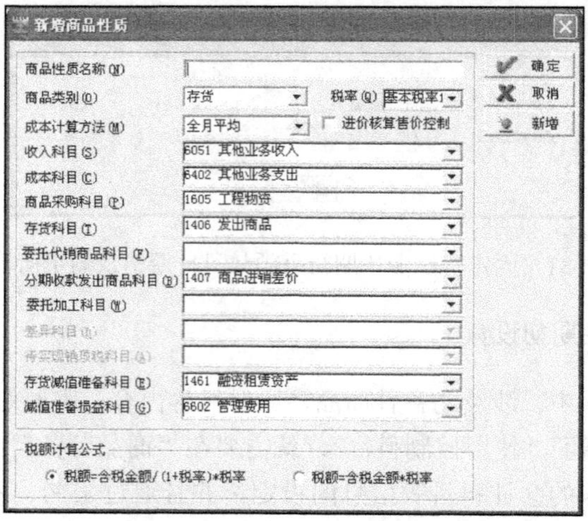

图 5-33　“新增商品性质”界面

系统对商品和劳务按不同的类别进行管理，在“商品类别”中可设置的类别有存货、加工费用、劳务、费用等 4 种。

3）商品劳务

在“商品劳务”标签页中，可以根据前面设置的不同类别商品性质，增加具体的商品和劳务，如图 5-34 所示。

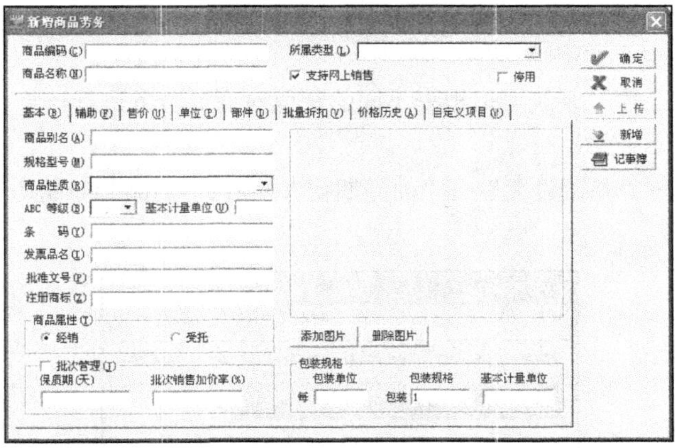

图 5-34 “新增商品劳务”界面

在“基本”窗口中，录入商品编码、商品名称、规格型号、基本计量单位、含税采购及含税销售价，并选择核算性质、所属类型、商品产地及主要供应商等信息。

其中“基本计量单位”是指该商品的最小计量单位，如果该商品还有其他计量单位，可以单击“单位”标签页，添加不同的计量单位以及与基本计量单位的换算关系，并且可以指定常用计量单位（可以与基本计量单位不同）。如果最小计量单位有采购和销售价格，则系统自动换算其他计量单位下的各个价格，如图 5-35 所示。

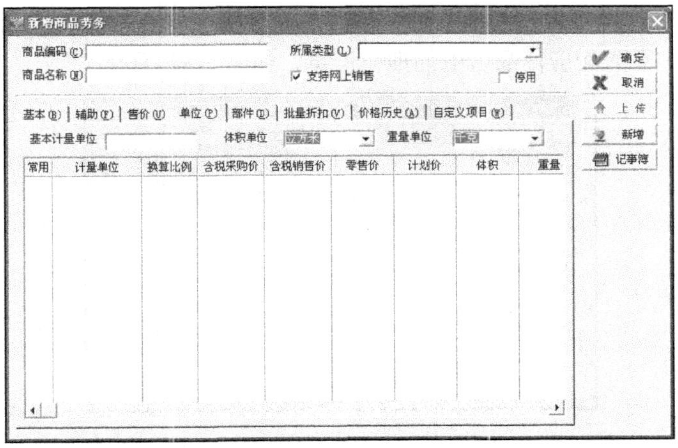

图 5-35 添加其他计量单位

要注意的是，换算比例不允许输入小数。

如果当前设置的商品是一个由多种部件组成的组件商品，则需要在“部件”标签页面中设置当前商品的各个部件。

4）商品税率

在“商品税率”标签页中，对已经存在的系统预置的 3 种税率，可以进行修改、删除，也可以新增税率。对所有的税率都可以指定各自对应的进项税科目和销项税科目，指定后，采购、销售系统就可以根据业务单据由系统生成采购记账凭证和销售记账凭证，并将进项税金与销项税金记入相应的会计科目中去。

5）商品货位

设置商品的存放仓库，系统可以根据不同的货位对商品劳务进行核算。

（2）商品期初

单击“流程图”→“基础设置”→“商品期初”，进入“商品劳务期初”对话框，如图 5-36 所示。

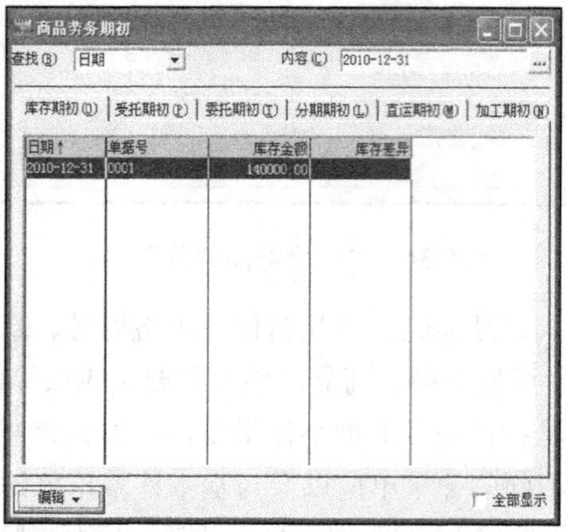

图 5-36 “商品劳务期初”对话框

在该对话框中，可以根据期初商品劳务的性质，分别在库存期初、受托期初、委托期初、分期期初等标签项中录入相应商品劳务的期初信息，如图 5-37 所示。

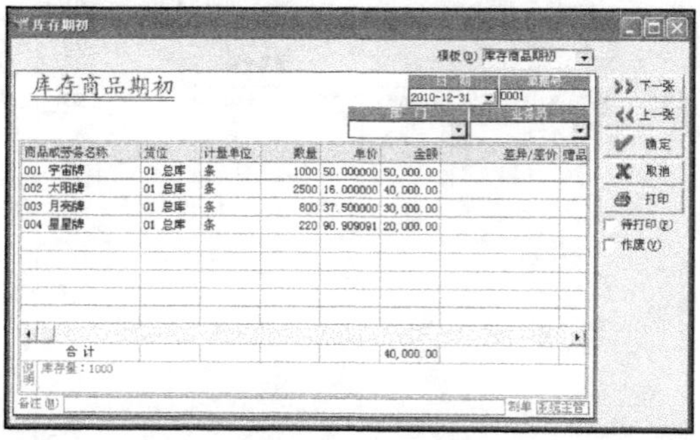

图 5-37 库存商品期初信息录入

【账套初始化实验】

1. 实验目的

（1）掌握财务分工及权限组的设置。

（2）掌握账套初始化设置的操作。

2. 实验内容

根据实验案例资料对账套进行初始化。

3. 实验案例

（1）财务分工及操作权限设置资料（见表5-1）

表5-1 财务分工及操作权限设置资料

电算化岗位	操作员姓名	主要操作权限	操作员组	权限组名称
录入员	李东平	“账务处理”模块中除复核外的其他功能，“现金银行、采购、销售、库存、工资管理”模块中的所有查询功能，以及收支凭证、采购凭证、销售凭证、库存凭证、工资凭证功能，“固定资产”、“存货核算”模块的全部功能	会计组	录入员权限组
审核员	张中扬	“账务处理”模块中的查询、复核功能	会计组	审核员权限组
会计主管	王少红	“系统管理”模块、“管理模式”模块中的全部功能，“账务处理”模块中除录制凭证、复核外的其他功能，“出纳管理”模块中的银行对账功能	会计组	会计主管权限组
出纳员	赵小兵	“工资管理”模块中除工资凭证外的其他功能、“出纳管理”模块中的票据管理功能、“现金银行”中除收支凭证外的功能	出纳组	出纳员权限组
采购员	孙胜业	“采购管理”模块中除采购凭证外的其他功能	采购组	采购员权限组
销售员	刘一江	“销售管理”模块中除销售凭证外的其他功能	销售组	销售员权限组
库管员	李天华	“库存管理”模块中除库存凭证外的其他功能	库房组	库管员权限组

制单科目权限、查询科目权限、工资部门权限分配、网络账号管理、账表权限等，按系统默认值设置。

（2）账套属性相关参数

单位法人：孙正　联系人：孙正　办公室电话：023-68660001　邮政编码：400050

纳税人类型：一般纳税人　数量小数位：2　单价小数位：6　会计主管：王少红

联系人职务：总经理　税务登记号：123456

开户行资料：工商银行（账号：111-222-333）；中国银行（账号：222-333-444）

（3）凭证类型：记账凭证

（4）外币及汇率：币种编号：USD；币种名称：美元；折算方式：原币×汇率＝本位币；期初汇率6.8

（5）部门及职员资料（见表5-2）

表5-2 部门及职员资料

部门编码	部门名称	职员编码	职员名称	职员类型	职务	入职日期	银行	工资账号
01	行政部	0101	张文峰	管理人员	主任	1986-05-06	工行	510222720128
01	行政部	0102	李天华	管理人员	科员	2000-02-01	工行	510222721234
01	行政部	0103	孙　正	管理人员	总经理	1985-02-01	工行	510222721235
01	行政部	0104	黄文胜	管理人员	科员	2009-06-07	工行	510222721249
02	财务部	0201	李东平	管理人员	科员	2000-07-08	工行	510222728561
02	财务部	0202	王少红	管理人员	经理	1999-03-05	工行	510222721115

续表

部门编码	部门名称	职员编码	职员名称	职员类型	职务	入职日期	银行	工资账号
02	财务部	0203	张中扬	管理人员	科员	2007-10-11	工行	510222721248
02	财务部	0204	赵小兵	管理人员	科员	2002-01-05	工行	510222720001
03	销售部	0301	周　力	经营人员	主任	1994-03-15	工行	510222720002
03	销售部	0302	刘一江	经营人员	科员	2004-01-20	工行	510222720003
03	销售部	0303	朱小明	经营人员	科员	2010-03-25	工行	510222721250
04	采购部	0401	赵希文	经营人员	主任	2002-01-21	工行	510222720004
04	采购部	0402	孙胜业	经营人员	科员	1994-09-16	工行	510222720005
04	采购部	0403	杨　真	经营人员	科员	2005-07-08	工行	510222720006

注：每个职员需选择“征收个人所得税”，扣税标准为中方人员 2000 元。

（6）往来单位资料（见表 5-3）

表 5-3　往来单位资料

编码	单位名称	性质	类型	应收科目	应付科目
01	海华集团公司	供应商	005 合作伙伴	应收账款	应付账款
02	大元商贸公司	供应商	005 合作伙伴	应收账款	应付账款
03	联星批发部	供应商	005 合作伙伴	应收账款	应付账款
04	天华商场	客户	005 合作伙伴	应收账款	应付账款
05	大江集团公司	客户	005 合作伙伴	应收账款	应付账款
06	大坤商贸公司	客户	005 合作伙伴	应收账款	应付账款
07	东信风华公司	客户	005 合作伙伴	应收账款	应付账款

（7）会计科目及期初余额表（见表 5-4）

表 5-4　会计科目及期初余额表　　单位：元

编码	名称	借方余额	贷方余额	备注（辅助核算设置）
1001	库存现金	5,000.00		
1002	银行存款	475,000.00		
1002-01	工行存款	407,000.00		
1002-02	中行存款	68,000.00		期末调汇，美元 10,000
1012	其他货币资金	42,675.21		
1012-01	外埠存款	42,675.21		
1101	交易性金融资产	15,000.00		
1101-01	成本	15,000.00		
1101-02	公允价值变动			
1122	应收账款	29,300.00		单位
1123	预付账款			单位
1221	其他应收款	2,700.00		

续表

编码	名称	借方余额	贷方余额	备注（辅助核算设置）
1221-01	其他应收个人款	2,700.00		职员＋部门
1221-02	其他应收单位款			
1231	坏账准备			
1402	在途物资			
1405	库存商品	140,000.00		
1406	发出商品			
1408	委托加工物资			
1503	可供出售金融资产			
1503-01	成本			
1503-02	利息调整			
1503-03	应计利息			
1503-04	公允价值变动			
1601	固定资产	645,000.00		
1602	累计折旧		145,803.26	
1604	在建工程			
1701	无形资产			
1702	累计摊销			
2001	短期借款		79,000.00	
2201	应付票据		20,000.00	
2202	应付账款		29,800.00	单位
2203	预收账款			单位
2211	应付职工薪酬		80,071.95	
2211-01	工资		70,000.00	
2211-02	职工福利		10,071.95	
2221	应交税费			
2221-01	应交增值税			
2221-01-01	进项税额			
2221-01-02	销项税额			
2221-02	应交城市维护建设税			
2701	长期应付款			
4001	实收资本		1,000,000.00	
4103	本年利润			
6001	主营业务收入			
6051	其他业务收入			
6101	公允价值变动损益			
6111	投资收益			
6401	主营业务成本			
6403	营业税金及附加			
6601	销售费用			
6601-01	办公费			部门

续表

编码	名称	借方余额	贷方余额	备注（辅助核算设置）
6601-02	差旅费			部门
6601-03	招待费			部门
6601-04	折旧费			部门
6601-05	工资			部门
6601-06	福利费			部门
6601-99	其他费用			部门
6602	管理费用			
6602-01	办公费			部门
6602-02	差旅费			部门
6602-03	招待费			部门
6602-04	折旧费			部门
6602-05	工资			部门
6602-06	福利费			部门
6602-99	其他费用			部门
6603	财务费用			
6603-01	利息支出			
6603-02	利息收入			
6603-03	汇兑损益			

（8）客户往来（1122　应收账款）科目余额（见表5-5）

表5-5　客户往来（1122　应收账款）科目余额

日　期	单位名称	摘　要	金额/元	凭证号
2010.12.10	天华商场	销售宇宙牌商品款	4 000.00	0009
2010.12.03	大江集团公司	销售月亮牌商品款	8 000.00	0005
2010.12.25	大坤商贸公司	销售宇宙牌商品款	10 300.00	0027
2010.12.10	东信风华公司	销售太阳牌商品款	7 000.00	0009
合计			29 300.00	

（9）个人往来（1221-01　其他应收个人款）科目余额（见表5-6）

表5-6　个人往来（1221-01　其他应收个人款）科目余额

部　门	姓　名	金额/元
销售部	周　力	1 000.00
采购部	赵希文	1 700.00
合计		2 700.00

（10）供应商往来（2202　应付账款科目）余额（见表5-7）

表5-7　供应商往来（2202　应付账款科目）余额

日　期	单位名称	摘　要	金额/元	凭证号
2010.12.20	海华集团公司	采购宇宙牌商品款	21 000.00	0019
2010.12.25	大元商贸公司	采购月亮牌商品款	5 800.00	0025
2010.12.10	联星批发部	采购太阳牌商品款	3 000.00	0010
合计			29 800.00	

（11）商品劳务与商品期初

1）商品类型：01—市内烟，02—市外烟。

2）商品性质：名称—库存商品，类别—存货，税率—17%（进项税科目—2171-01-01，销项税科目—2171-01-05），成本计算方法—全月平均，其他科目依次为：5101—主营业务收入、5401—主营业务成本、1201—物资采购科目、1243—库存商品、1261—委托代销商品、1291—分期收款发出商品、1251—委托加工物资、税额计算公式：税额＝含税金额/（1＋税率）×税率。

3）货位：01—总库，02—批发库。

4）商品劳务（见表5-8）

表5-8　商品劳务

编码	性　质	名　称	类　型	基本单位	商品属性	其他单位	常用单位
001	库存商品	宇宙牌商品	市内烟	包	库存商品	1箱=5件=250条=2500包	条
002	库存商品	太阳牌商品	市内烟	包	库存商品	1箱=5件=250条=2500包	条
003	库存商品	月亮牌商品	市外烟	包	库存商品	1箱=5件=250条=2500包	条
004	库存商品	星星牌商品	市外烟	包	库存商品	1箱=5件=250条=2500包	条

5）商品期初（见表5-9）

表5-9　商品期初

商　品	货　位	单　位	数　量	单价/元	金额/元
001　宇宙牌商品	01　总库	条	1000	50.000000	50 000.00
002　太阳牌商品	01　总库	条	2500	16.000000	40 000.00
003　月亮牌商品	01　总库	条	800	37.500000	30 000.00
004　星星牌商品	01　总库	条	220	90.909091	20 000.00
合计					140 000.00

（12）付款方式（见表5-10）

表 5-10　付款方式

付款方式	付款方式名称
01	现金
02	现金支票
03	信用卡
04	电汇
05	信汇
06	银行汇票
07	商业汇票
08	银行本票
09	转账支票

4. 实验步骤

（1）设置财务分工

1）在“流程图”→“基础设置”窗口中，单击“操作权限”选项，打开“操作员权限列表”窗口，单击“编辑”→“新增操作员”，在“新增操作员”对话框中添加操作员的相关信息，如图 5-38 所示。

2）建立权限组。在权限设置过程中首先要设置权限组，使同一操作权限组的操作员具有相同的权限。例如，在“操作权限”中选择录入员处理所需系统模块，从右面的列表框中选中对应的权限，在“名称”框中输入“录入员处理权限组”，单击【保存】按钮，就建立了一个名称为“录入员处理权限组”的权限组，如图 5-39 所示。

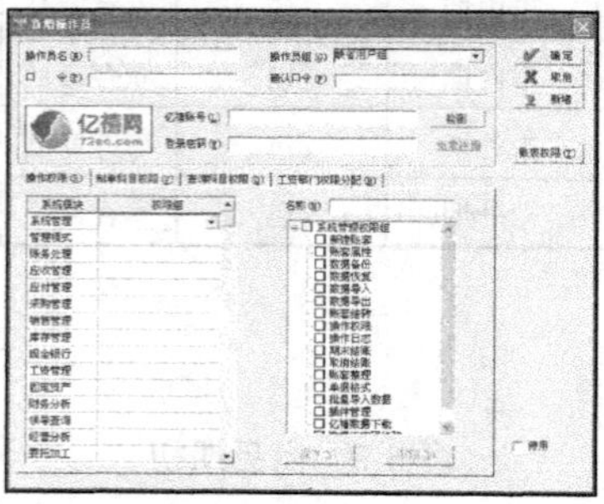

图 5-38　“新增操作员”界面

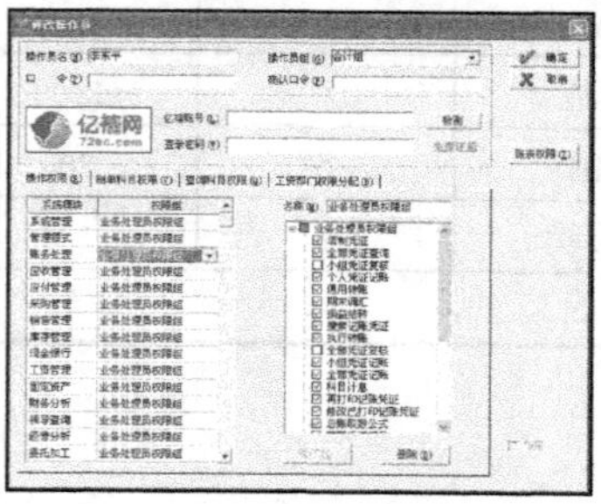

图 5-39　建立操作员权限组

操作员权限组设置完成后，以后添加具有同一工作职能的操作员时，就可以直接在“权限”列表中选择操作员权限组名称，这样就可以简化权限设置步骤。

3）单击【账表权限】按钮后，可设置操作员对相关账表的创建、设置与查询权限，如图 5-40 所示。

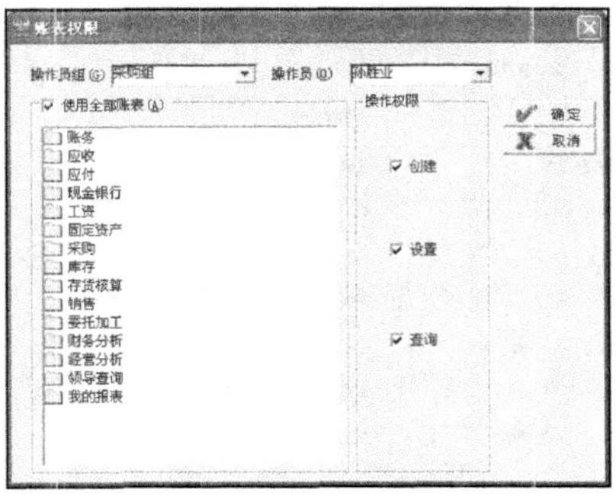

图 5-40　设置账表权限

4）为了加强内部控制制度，防止操作过程中发生越权行为，系统提供操作员的制单科目权限、查询科目权限、工资部门权限分配等设置，系统默认的制单科目权限、查询科目权限是全部科目。如果取消“全部科目”，通过单击 > 、 >> 、 < 、 << 等按钮，可进行具体科目的权限选择设置，如图 5-41 所示。

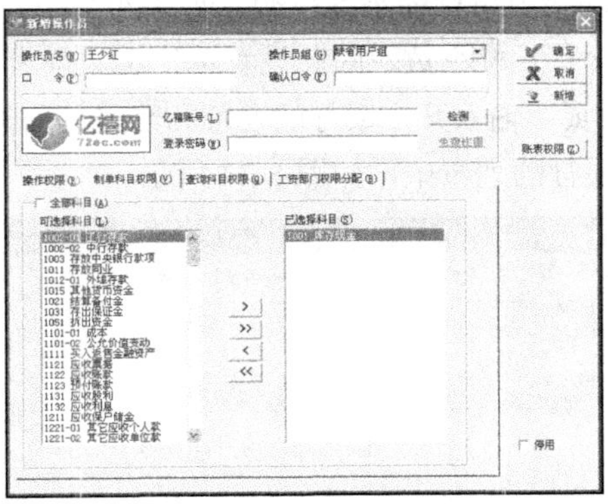

图 5-41　制单科目权限

5）根据以上步骤，完成实验资料中的所有操作员及其权限设置，如图 5-42 所示。

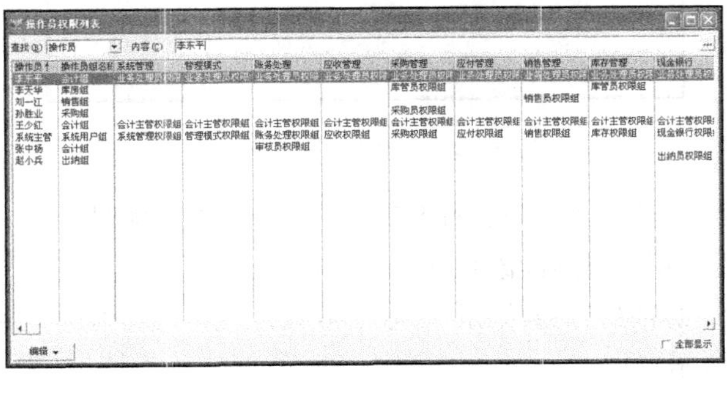

图 5-42　操作员权限列表

（2）设置账套属性

1）在“流程图”→“基础设置”中，单击“账套属性”，在“账套属性”对话框中，根据实验资料，录入用户档案数据，如图 5-43 所示。

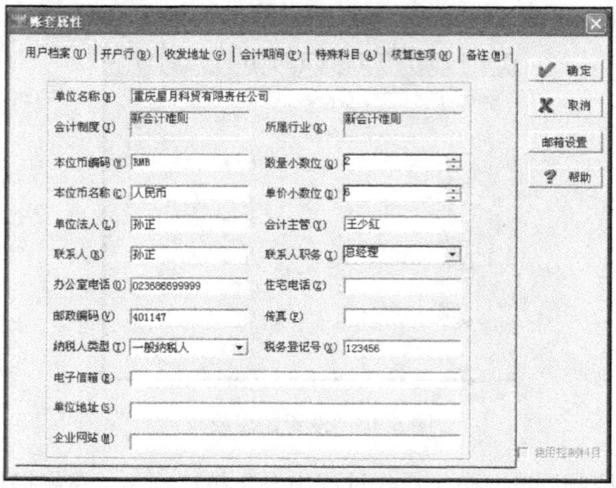

图 5-43 “账套属性”界面的用户档案设置

在填写用户档案时应注意，数量小数位规定了账套中数量的小数位数，如数量小数位是 2，那么在填写数量时，如果小数位超过两位，系统就会自动四舍五入只保留小数点后两位小数。相同的，单价小数位规定了账套中单价的小数位数。如果小数位设置不正确，会造成数据不精确。在本案例中，商品单价含有 6 位小数，因此设置单价小数位为 6 位。

2）单击“开户行”标签页，输入开户银行的名称和账号等信息，然后单击【确定】按钮，则添加开户银行信息到开户银行的列表中，如图 5-44 所示。

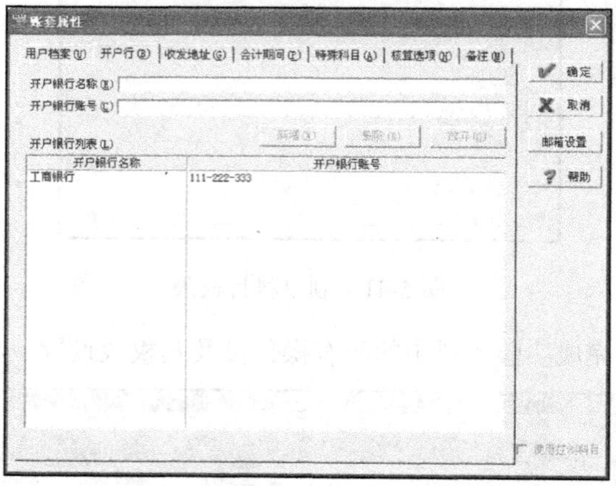

图 5-44 录入开户银行信息

3）按照上述步骤，继续在“开户银行名称”与“开户银行账号”框中录入其他开户银行信息，然后单击【确定】按钮，可继续添加开户银行信息。

4）与输入开户行信息的操作方法相同，在“收发地址”选项卡中，录入企业的收发地址等基本信息，如图 5-45 所示。

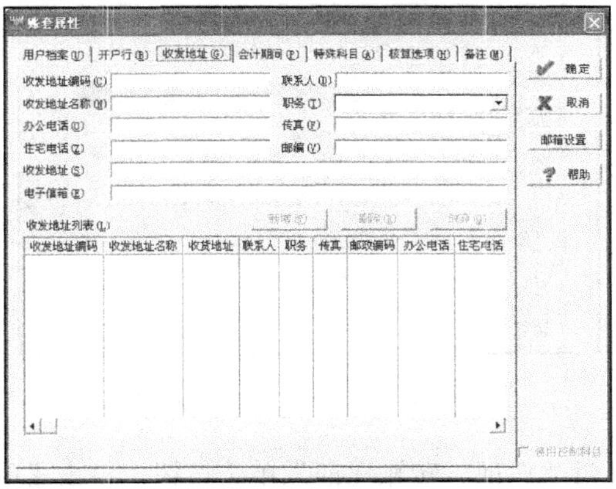

图 5-45　录入企业收发地址信息

5）“特殊科目”标签页，可根据企业实际要求进行会计科目的设置。这里设置的会计科目是系统根据业务单据自动生成记账凭证时所需要的相关科目，如果不指定相关科目，则系统将不能自动生成记账凭证，如图 5-46 所示。

6）“核算选项”标签页，按照默认选择，系统将根据有关的选择在进行业务操作时做出相应的设置，如图 5-47 所示。

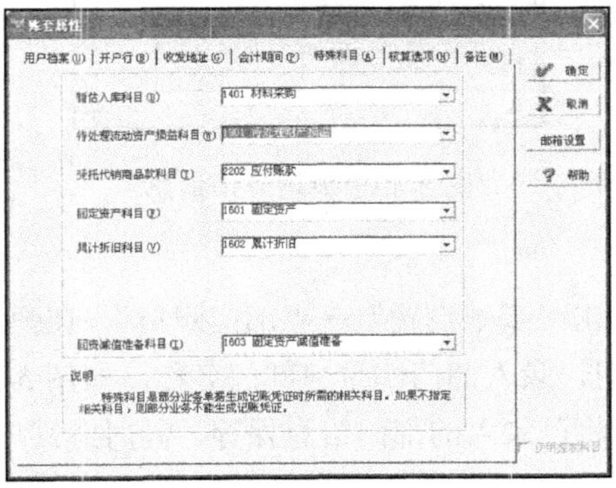

图 5-46　设置特殊科目

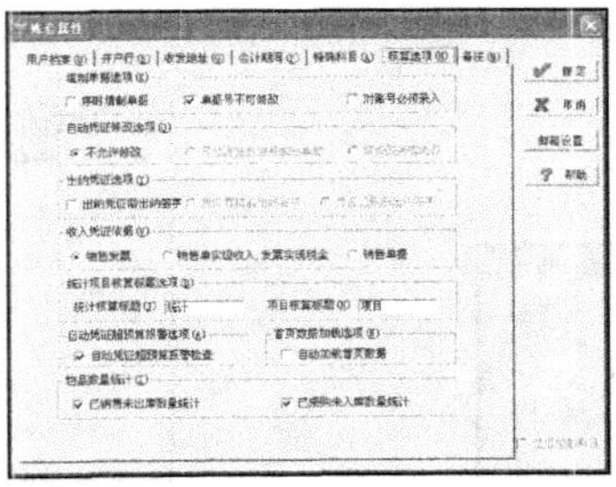

图 5-47　设置核算选项

（3）设置凭证类型与外币资料

1）单击系统菜单栏上的“窗口”→“导航图”→“菜单树”。

2）在“菜单树”下，单击“管理模式”→“凭证类型”，如图 5-48 所示。

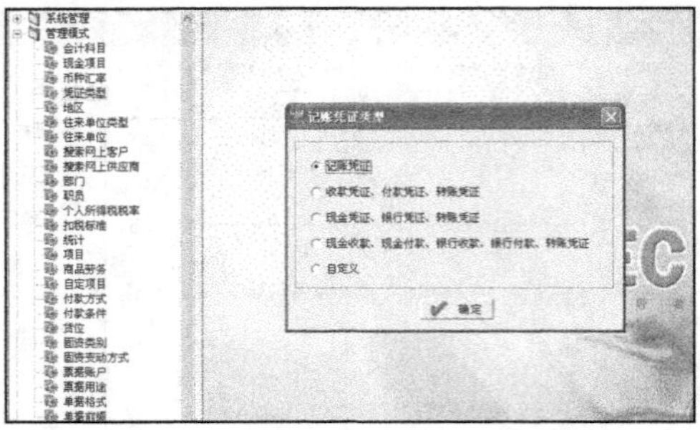

图 5-48　记账凭证类型设置

3）选择“收款凭证、付款凭证、转账凭证”单选按钮，单击【确定】按钮。

4）在“菜单树”中，单击“管理模式”→“币种汇率”，或在“导航图”→“流程图”→“基础设置”中单击“币种汇率”图标，出现“币种汇率列表”窗口，单击【新增】按钮，根据实验资料录入外币的相关信息，如图 5-49 所示。

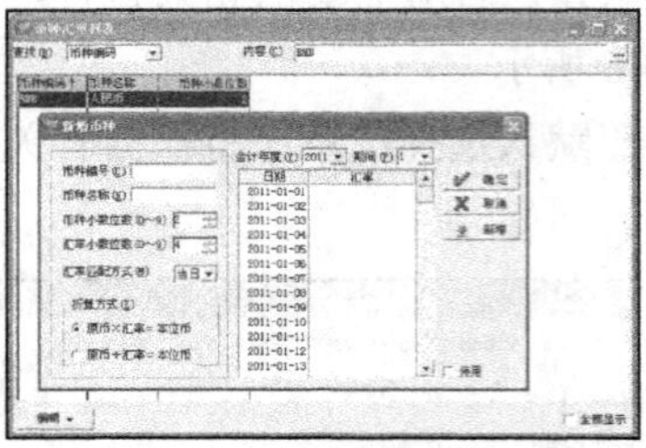

图 5-49　新增外币信息

（4）设置部门职员

1）在流程图窗口中，单击“基础设置”→“部门职员”，在弹出的“部门职员”对话框中，单击【编辑】→【新增】按钮，录入部门编号与部门名称，如图 5-50 所示。

2）单击【新增】按钮，将已录入的部门信息保存，同时继续增加新的部门信息，直至将所有部门资料录入。

3）进入“职员”标签页，单击【编辑】→【新增】按钮，在弹出的“增加职员”对话框中录入职员信息，如图 5-51 所示。

图 5-50　“新增部门”界面

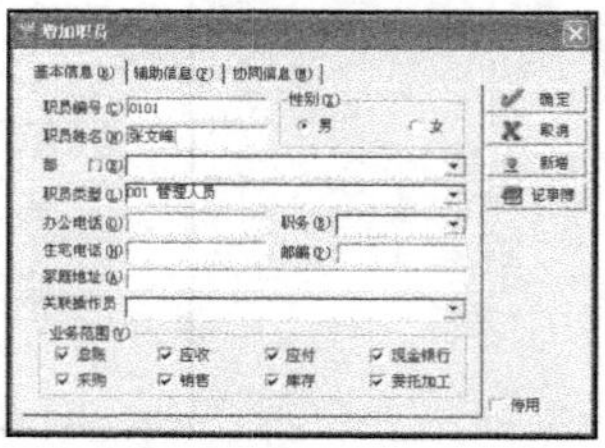

图 5-51　新增职员基本信息

4）在“增加职员”的“辅助信息”页中，添加职员的入职日期、是否征收个人所得税等信息，以便在工资系统中自动计算相应的工资项目，如图 5-52 所示。

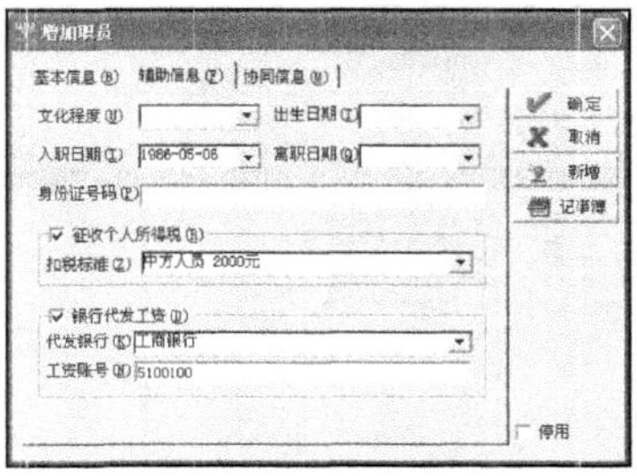

图 5-52 “增加职员”的“辅助信息”

5）职员信息录入完毕，单击【新增】按钮，保存刚录入的信息同时继续新增职员，直至将所有职员添加完毕。

6）个人所得税税率与扣税标准有变化的，可以在相应的标签页中进行修改或增加。

（5）设置往来单位

1）在流程图窗口中，单击“基础设置”→“往来单位”，弹出“往来单位”对话框。

2）选择“单位类型”标签页，单击【编辑】→【新增】按钮，弹出“新增单位类型”对话框，在该对话框中添加新的单位类型，也可以选中已有的单位类型，单击【编辑】→【修改】按钮，进行相关信息的修正。

3）选择“往来单位”标签页，单击【编辑】→【新增】按钮，在弹出的“新增往来单位”对话框中，录入新的往来单位的基本信息与其他辅助信息等，如图 5-53 和图 5-54 所示。

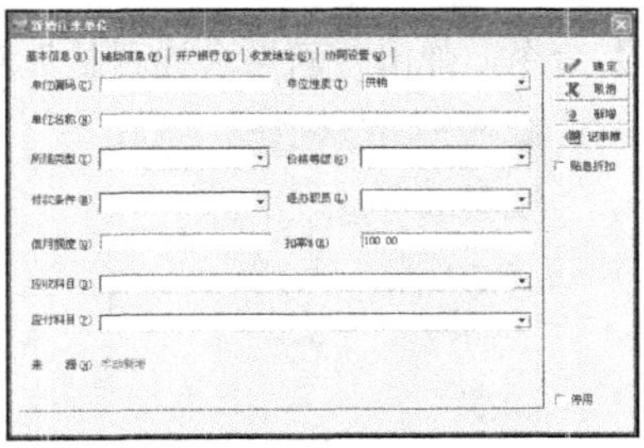

图 5-53 “新增往来单位”的“基本信息”界面

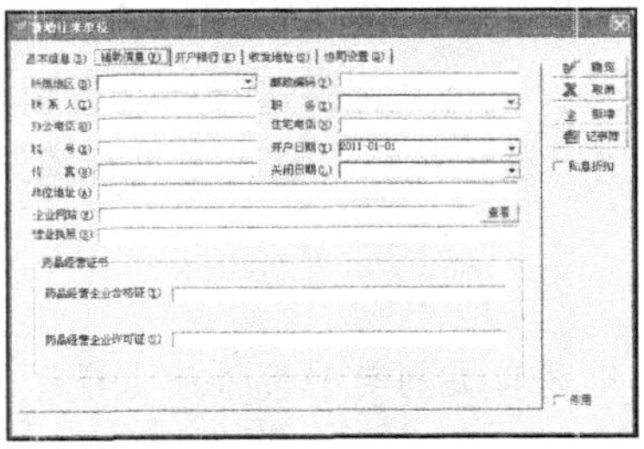

图 5-54 “新增往来单位”的“辅助信息”界面

4）往来单位信息录入完毕后，单击【新增】按钮可以保存已录入的单位信息，同时继续新增单位，如果所有单位的信息已录入完毕，则单击【确定】按钮，就可保存当前录入的信息，返回往来单位列表，如图 5-55 所示。

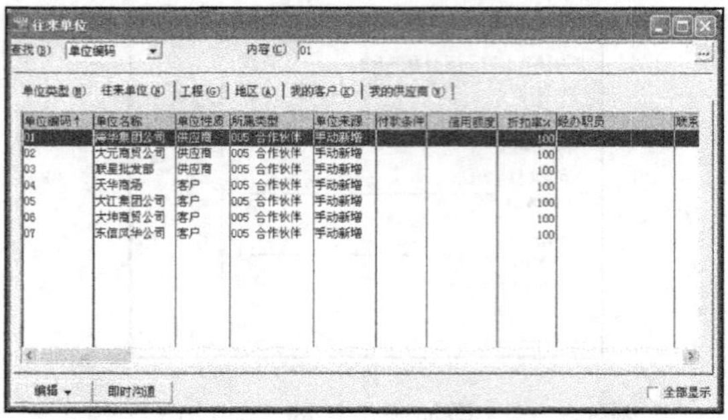

图 5-55　往来单位列表

（6）设置会计科目

1）在流程图窗口中，单击“会计科目”选项，进入会计科目的编辑对话框，如图 5-56 所示。

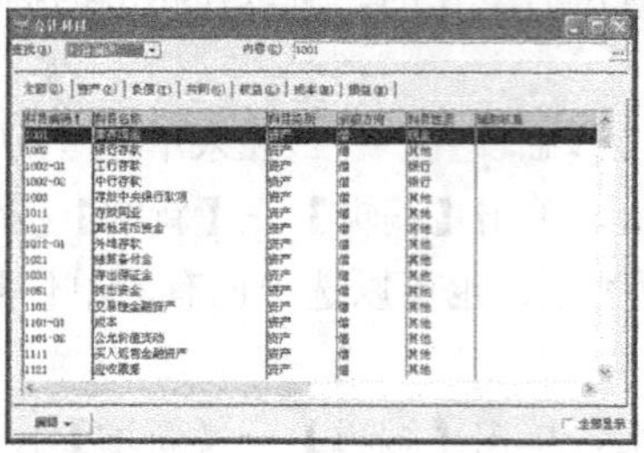

图 5-56　“会计科目”的编辑对话框

2）单击【编辑】→【新增】命令，弹出“新增会计科目”对话框，如图 5-57 所示。

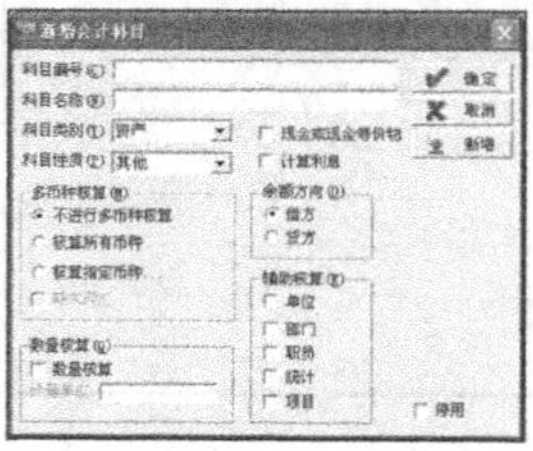

图 5-57　“新增会计科目”对话框

在该对话框中，录入科目编号、科目名称；选择科目类别与科目性质、科目余额的方向；是否进行多币种核算、是否需要进行数量核算、是否要进行辅助核算等相关信息。

实验提示

①如果新增的是明细科目，则科目类别与科目性质是根据上级科目的类别、性质由系统自动确定，不能更改；

②明细科目的余额方向可以与上级科目不同；

③如果该科目需要进行多币种核算，而前面的实验中未添加除本位币外的其他币种，则在选择了“核算指定币种”后，系统自动弹出“选择核算币种”对话框，在该对话框中单击【新增】按钮，就可以添加新的币种。

3）对于已经存在的科目，若要对其修改，则选中需要修改的科目，单击【编辑】→【修改】

按钮即可。如果需要删除所选中的科目，则单击【编辑】→【删除】即可。

4）根据实验案例资料，完成会计科目的设置。

（7）输入会计科目期初余额

1）在流程图窗口中，单击“基础设置”→“科目期初”，打开“科目期初余额”对话框，输入科目期初余额，如图 5-58 所示。

图 5-58　“科目期初余额”对话框

实验提示

在“科目期初余额”表中，白色单元行表示该科目为末级科目，可以直接输入数据；浅蓝色行表示非末级科目，不能输入数据，系统会自动将其末级科目的数据汇总到非末级科目中；黄色行表示该科目设置有辅助核算，不能直接输入数据，需要双击该单元格，在弹出的科目期初明细窗口中输入，只有外币辅助核算例外。

例如，“1002-02 中行存款（本位币）”一行为黄色，在其下一行“1002-02 中行存款（USD 美元）”中的“原币”中输入 10 000.00 以及“本位币”中输入 68 000.00 后，系统自动在“1002-02 中行存款（本位币）”一行的年初余额处显示 68 000.00。

2）选择会计科目“1131 应收账款”，该科目设置“单位”辅助核算，其余额的输入与往来单位设置有关。双击该行后，弹出“科目期初明细”对话框，如图 5-59 所示。

图 5-59　“科目期初明细”对话框

在“单位”下拉列表中选择往来单位，如果没有，则可以单击“新增”项新增往来单位，然后在“年初余额”栏中输入应收账款科目期初明细数据，逐一将具有应收账款的期初余额的单位及期初数据录入完成后，单击【确定】按钮，系统将自动汇总应收账款科目的初始余额，如图 5-60 所示。

3）设置其他辅助核算项（外币核算除外）的会计科目期初余额录入，同步骤 2）。

4）根据案例资料的要求，输入全部科目期初余额。

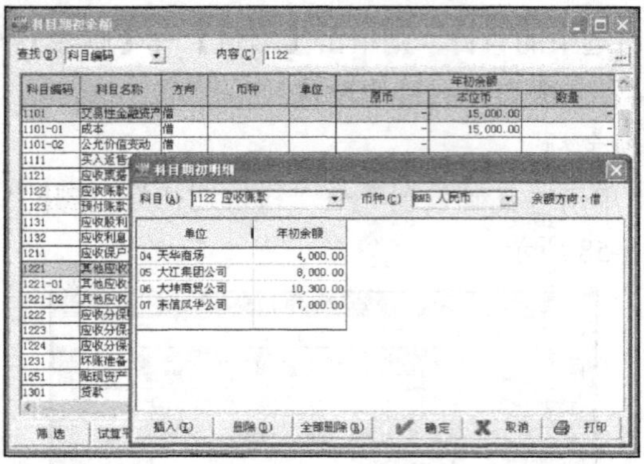

图 5-60　输入数据后的应收账款科目期初明细表

5）试算平衡检查。单击【试算平衡】按钮，系统将根据会计恒等式“资产＝负债＋所有者权益”，对已输入的会计科目余额进行科目期初平衡检查。如果不平衡，将出现提示对话框，如图 5-61 所示。

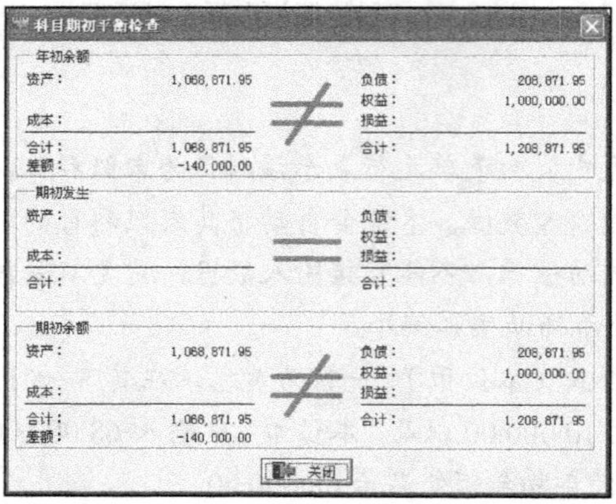

图 5-61　试算不平衡的提示

将期初余额修改正确后，再次单击【试算平衡】按钮，进行试算平衡，直到正确平衡为止，如图 5-62 所示。

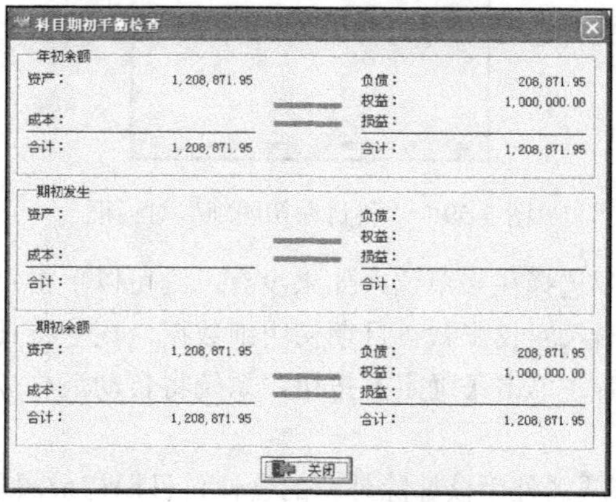

图 5-62　科目期初平衡检查

（8）设置往来期初

1）在流程图窗口中，单击“往来期初”图标，弹出“往来单位期初余额”对话框，如图 5-63 所示。

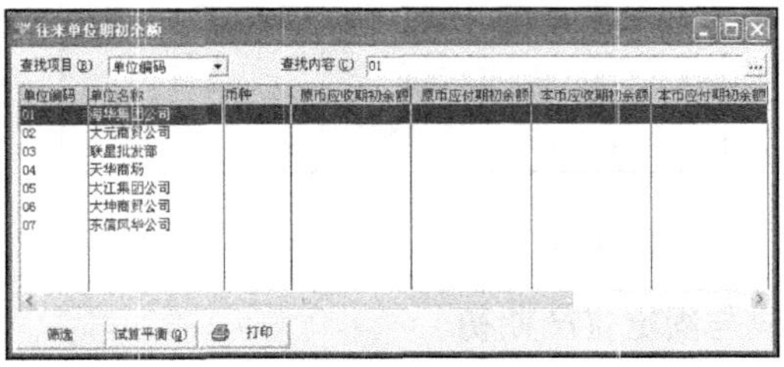

图 5-63 “往来单位期初余额”对话框

2）该窗口列出了系统中当前所有的往来单位，双击需要输入往来明细的单位，出现“往来单位期初明细”对话框，如图 5-64 所示。

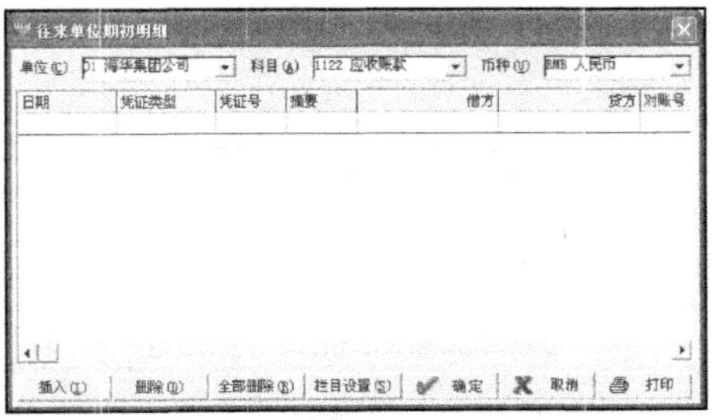

图 5-64 “往来单位期初明细”对话框

3）根据选择的往来单位，选择会计科目。

4）输入业务发生的时间，记载该余额的会计凭证类型、凭证号以及摘要。

实验提示

如果在新建账套时，选择使用“控制科目”，那么在“往来单位期初明细”对话框的凭证类型、凭证号将变成单据类型、单据号，以说明该会计科目期初余额是由什么业务单据产生的，如应收账款科目余额。一般选择“商品销售”单据类型，而应付账款科目余额，则选择“商品采购”单据类型。

5）输完一个单位的往来期初数据后，单击【确定】按钮，返回“往来单位期初余额”对话框，选择其他单位录入期初数据，直至将全部往来期初数据录入完成。

6）单击【试算平衡】按钮，弹出“往来期初平衡检查”对话框，检查输入的往来期初明细数据与科目期初中对应的会计科目期初余额是否一致，如图 5-65 所示。

实验提示

如果检查结果为“不平衡”，可以单击【自动平衡】按钮，系统将根据往来期初的明细计算出科目期初的明细金额，并导入科目期初；如果科目期初中已经有数据，则用往来期初的明细金额替换原来科目期初中已录入的数据。

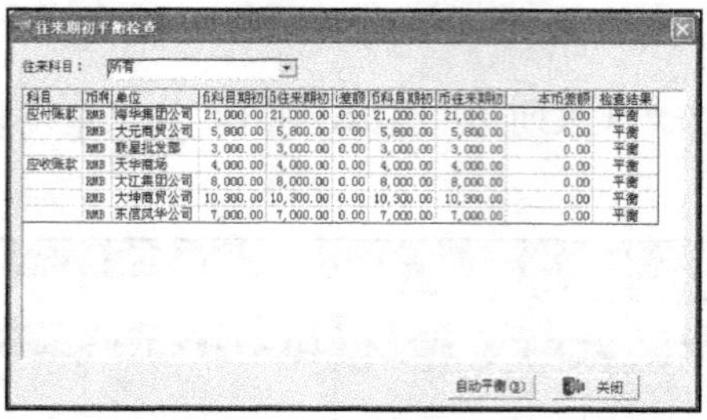

图 5-65 “往来期初平衡检查”对话框

（9）设置固定资产编码与固定资产期初

实验步骤详见第 3 章“实验 8 固定资产管理实验”中“固定资产基础设置”部分的介绍。

（10）设置商品劳务与商品期初

1）在流程图窗口中，单击“基础设置”→“商品劳务”，在弹出的“商品劳务”对话框中，选择“商品类型”标签页。

2）单击【编辑】→【新增】按钮，弹出“新增商品类型”对话框，录入商品类型编码与名称，如图 5-66 所示。

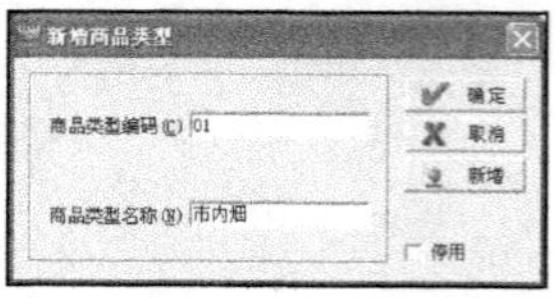

图 5-66 新增商品类型

3）单击【新增】按钮，保存当前录入的信息并继续新增商品类型，直至全部完成，单击【确定】按钮退出新增商品类型对话框。

4）选择“商品性质”标签页，单击【编辑】→【新增】按钮，新增商品性质，如图 5-67 所示。

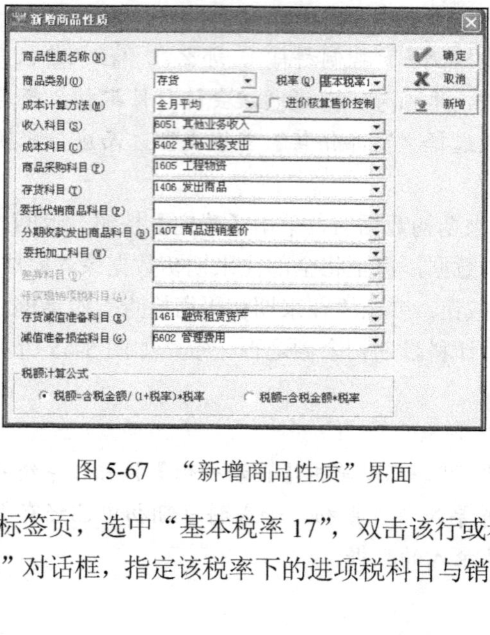

图 5-67 “新增商品性质”界面

5）选择“商品税率”标签页，选中“基本税率 17”，双击该行或者单击【编辑】→【修改】按钮，弹出“修改商品税率”对话框，指定该税率下的进项税科目与销项税科目，如图 5-68 所示。

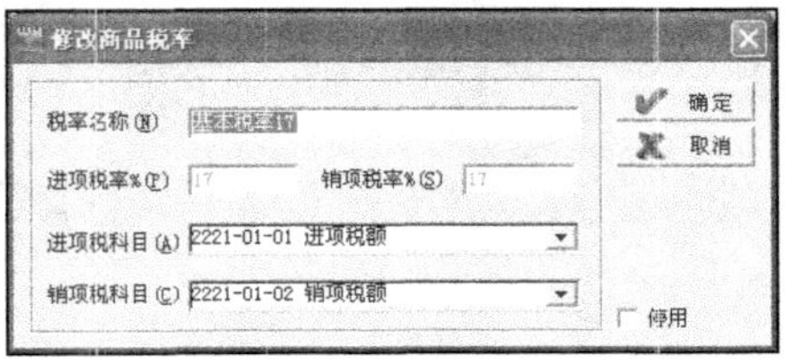

图 5-68　在“修改商品税率”窗口中指定进项税与销项税科目

6）选择“商品货位”标签页，单击【编辑】→【新增】按钮，在出现的“新增货位”对话框中录入货位信息，如图 5-69 所示。

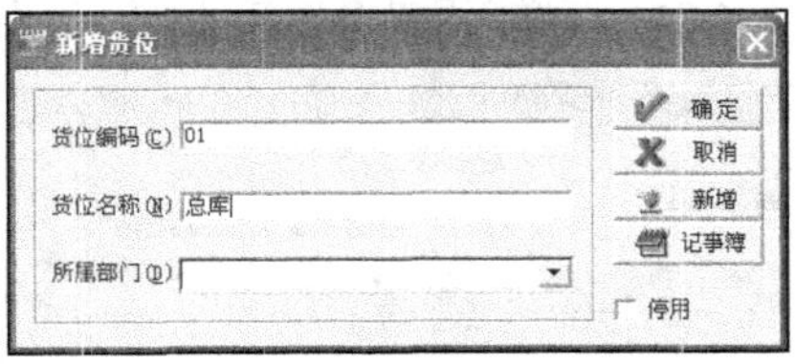

图 5-69　新增货位

7）选择“商品劳务”标签页，单击【编辑】→【新增】按钮，在弹出的“新增商品劳务”对话框中，添加具体的商品劳务基本信息，如图 5-70 所示。

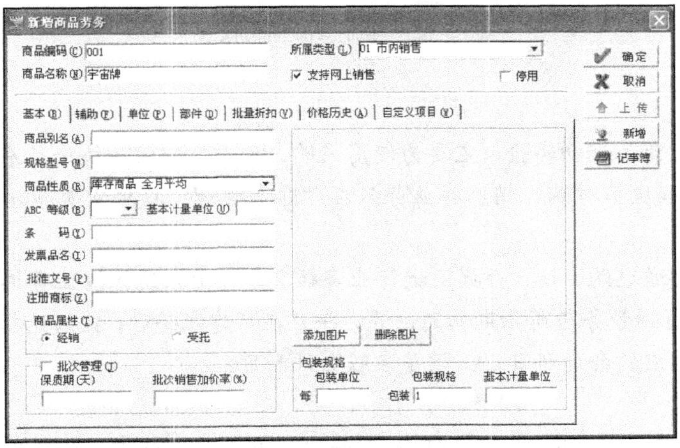

图 5-70　“新增商品劳务”对话框填加商品劳务基本信息

8）商品劳务的基本信息录入后，选择“单位”标签页，选中已有的计量单位，单击鼠标右键，在弹出的快捷菜单中执行“新增计量单位”命令，录入该商品的其他计量单位，然后在单位“包”前面的常用框内，打上“√”标志，如图 5-71 所示。

9）单击“新增商品劳务”对话框右侧的【新增】按钮，保存当前录入的信息并继续新增其他商品劳务信息，直至全部完成，单击【确定】按钮退出。

10）在流程图窗口中，单击“基本设置”→“商品期初”，弹出“商品劳务期初”对话框，在“库存期初”标签页中，单击【编辑】→【新增】按钮，在对话框中录入库存商品的期初数据，如图 5-72 所示。

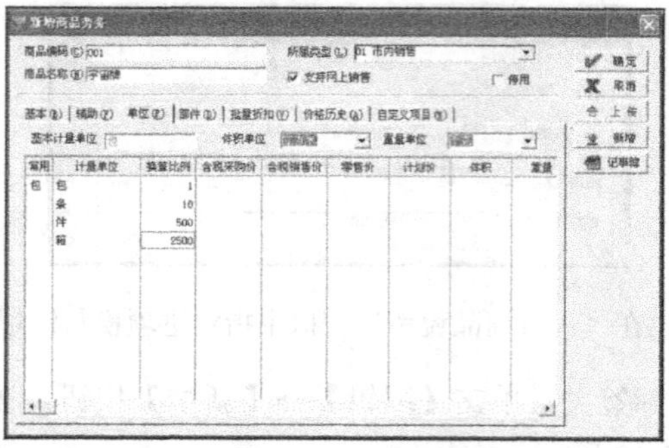

图 5-71　新增商品劳务—计量单位设置

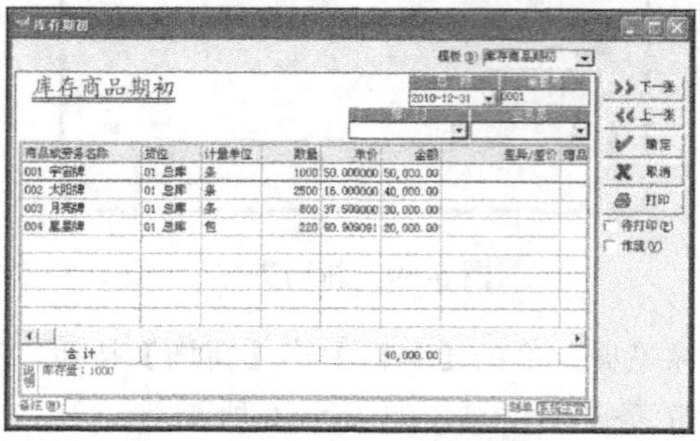

图 5-72　库存商品期初设置

实验提示

① 商品劳务与商品期初实验，主要为使用采购、库存、销售模块进行基础设置，如果账套不使用购、销、存模块，对购、销、存业务只在“账务管理”模块中直接输入记账凭证，那么可以不做这一实验。

② 如果账套要通过购、销、存模块进行业务核算，并由系统根据业务单据生成对应的记账凭证，则必须完成商品劳务与商品期初的设置，并且在新建账套时，最好选择“使用控制科目”。

③ 商品劳务对应的会计科目，必须是末级会计科目。

（11）付款方式

在“菜单树”界面中，单击“管理模式”→“付款方式”选项，进行付款方式设置，如图 5-73 所示。

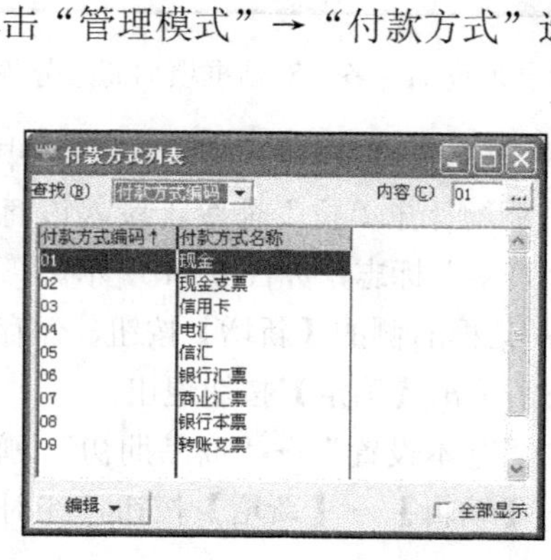

图 5-73　“付款方式列表”界面

单击【编辑】→【新增】按钮，可以增加新的付款方式，如图 5-74 所示。

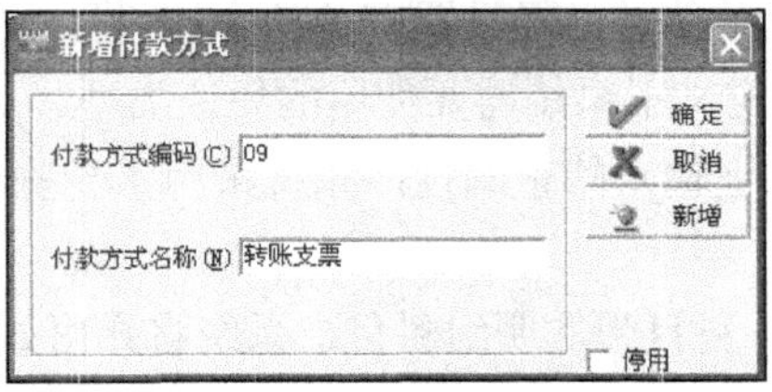

图 5-74 “新增付款方式”界面

实验 6 日常业务处理

【实验预习】

日常业务处理包括记账凭证的输入、复核、记账、期末结账处理，以及各种单据、凭证、账表的查询和打印等。金算盘账务处理界面如图 6-1 所示。

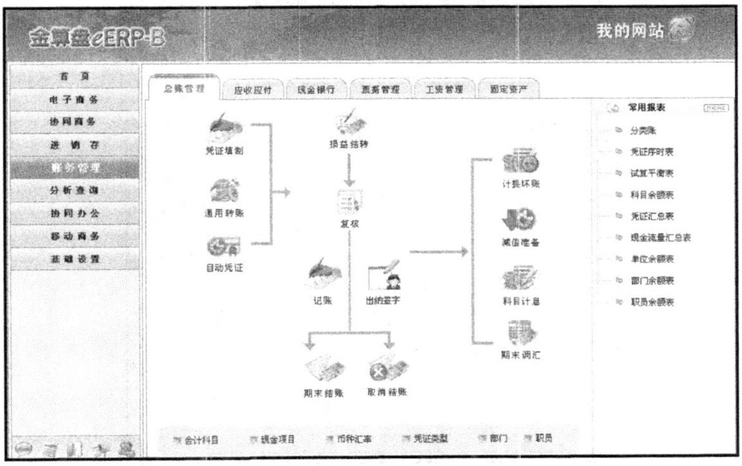

图 6-1 金算盘账务处理界面

1. 记账凭证输入

凭证的处理流程如图 6-2 所示。

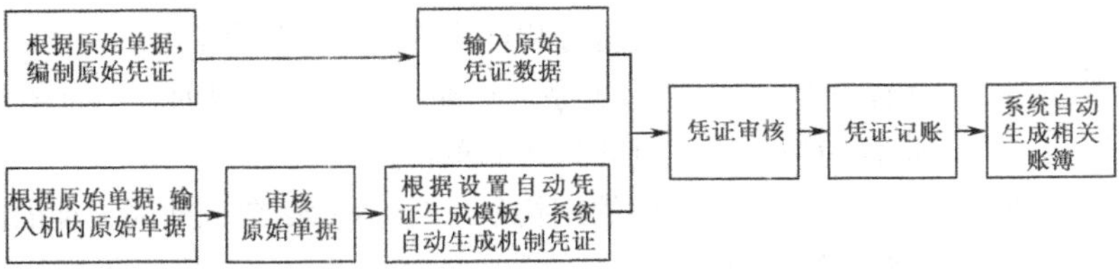

图 6-2 凭证处理流程

（1）凭证输入功能使用的前提条件

凭证输入功能使用的前提条件是已经设置有关的会计科目，完成了会计科目期初余额的录入并已经通过试算平衡检查，定义了系统需要使用的凭证类型。

在凭证输入过程中，为保证输入的正确性，系统采用了一些正确性检验控制措施，自动发现输入中的某些错误。

1）填制凭证时，如果会计科目为非明细科目，系统将弹出如图 6-3 所示的提示对话框。

图 6-3　非明细科目提示

2）保存凭证时，如果凭证的借方金额和贷方金额不相等，系统将弹出如图 6-4 所示的提示对话框。

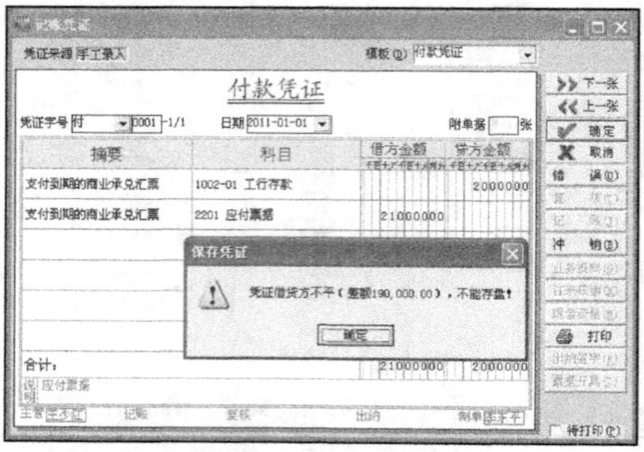

图 6-4　借贷不平系统提示

3）当摘要为空时，系统也会弹出类似的提示对话框。

（2）凭证输入与修改

日常凭证处理过程是将每个会计期间的凭证输入账务处理系统，通过复核、记账，再经过期末结账，进入下一个会计期间，然后重复进行相同步骤处理的过程。

凭证在一个会计期间内，按录入的先后顺序进行编号。用户登录时，当前机器日期将作为系统默认登录时间，同时也作为凭证输入时的默认制单日期。

某些特殊情况下（一般在某个会计期间的期初），在输入本期会计期间凭证的同时，可能还需要进行上个会计期间未完成的凭证输入工作。账务处理系统将这种同时处理两个会计期间凭证的情况称为跨期处理，跨期处理的前提是上个会计期间没有结账。因此，在输入上个会计期间的凭证时，应先将凭证制单时间修改为上个会计期间内的日期，然后输入上个会计期间的凭证；当输入本会计期间凭证时，再将凭证制单时间设置为本会计期间内的日期即可。

在凭证的输入过程中，系统还提供了联机帮助、计算器等功能。

在流程图中，单击“账务管理”→“凭证填制”，进入“记账凭证”对话框，如图 6-5 所示。

图 6-5 “记账凭证”对话框

凭证录入与修改过程中有许多需要用户输入的项目，这些项目的含义和手工凭证中的含义基本相同。在输入时，要注意一些项目的基本要求与规定。

1）凭证字号

凭证字号是凭证的唯一标识，由凭证类型和凭证序号两部分组成，输入时要求选择凭证类型，凭证序号由账务处理系统分类按月自动编制，即每类凭证每期都从 1 号开始。在录入新凭证时，账务处理系统将自动提供一个当前该凭证类型的最大凭证序号。

2）凭证日期

凭证日期即制单日期，日期格式为 YYYY-MM-DD（年—月—日）。凭证日期必须是在当前的会计期间范围内，凭证日期的先后顺序和正确性将影响经济业务在明细账和日记账中的顺序。账务处理系统一般是自动将进入账务系统时的登录日期作为记账凭证填制的日期，如果日期不对，可进行修改。

3）附件张数

附件张数是指当前输入的凭证所附原始凭证张数。

4）摘要

摘要是本笔分录所反映业务的简要说明。账务处理系统可以将一些常用的摘要预先定义好，以后在凭证的输入过程中直接调用，以加快录入速度。

在录制凭证时，单击“摘要”下拉列表，选择“新增”选项，弹出“新增摘要”对话框，如图 6-6 所示。

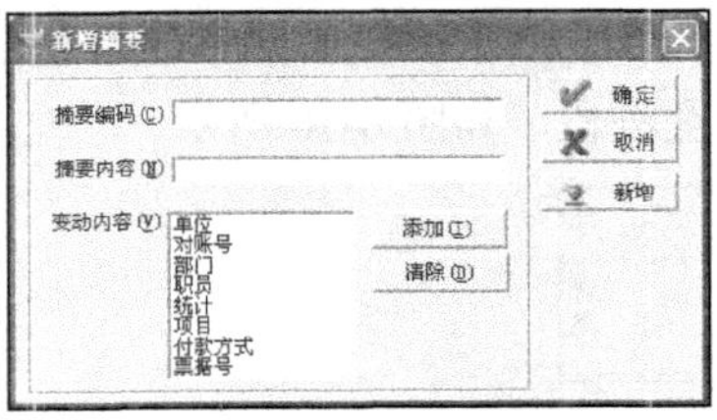

图 6-6 “新增摘要”对话框

摘要内容可分为变动与不变动两部分。如“[职员]预借差旅费”，[ ]中的内容为变动部分，如果有职员辅助核算时，将在摘要中显示某职员的姓名和预借差旅费两部分内容，如图 6-7 所示。

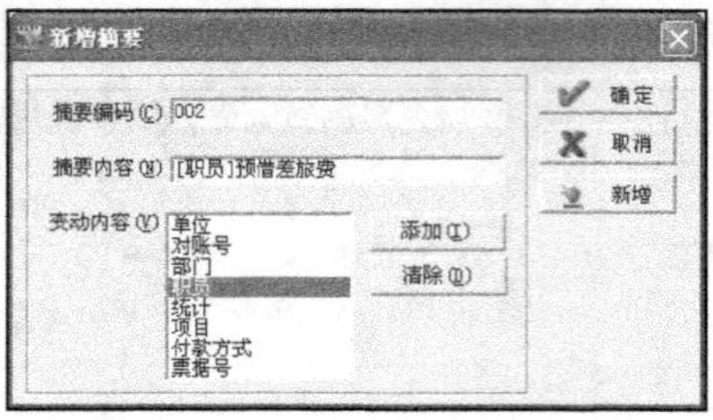

图 6-7　选择摘要内容

对于常用的摘要，可以进行修改与删除，但这不影响以前已经输入的凭证摘要内容。

5）会计科目编码

凭证中所输入的科目编码必须是已经存在的末级科目，如果输入的科目还有下级科目，系统将加以提示，并拒绝接受。如输入 1002 银行存款科目（非末级科目）时，系统将提示如图 6-3 所示的信息。

在凭证输入时可以增加新的科目，直接在“科目”下拉列表框中选择“新增”，具体操作步骤与前面讲述的会计科目新增相同，如图 6-8 所示。

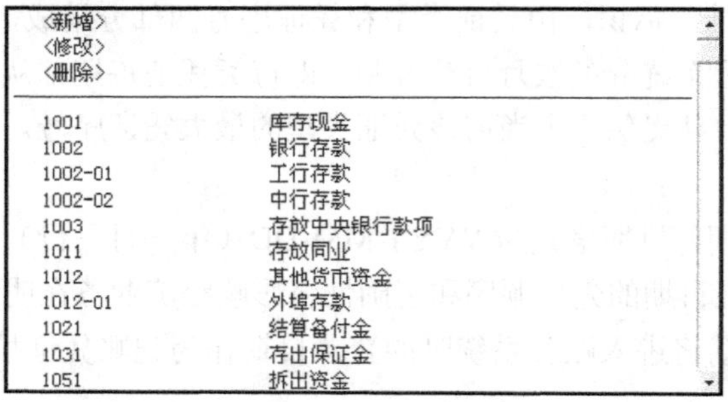

图 6-8　“科目”下拉列表

如果会计科目设置了辅助核算（如外币核算、数量核算、部门核算、单位往来核算、个人往来核算、项目核算、银行核算等），则必须输入相应的辅助核算内容。

① 外币核算辅助项目的输入

当输入 1002-02 中行存款科目时，由于其科目性质为银行，因此在输入会计科目时，还要求选择付款方式并输入票据号，如图 6-9 所示。

在输入金额时，要求输入原币金额与汇率，汇率将直接取系统初始所定义的汇率作为默认值，根据实际情况，汇率可以进行修改。系统将根据外币金额与汇率乘积自动折算出本币金额，并将金额填入借方金额栏或贷方金额栏，如图 6-10 所示。

图 6-9　选择付款方式并输入票据号

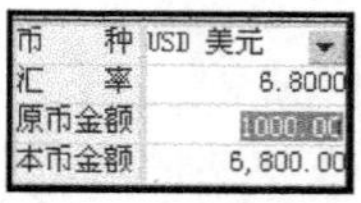

图 6-10　自动折算本币金额

② 数量核算辅助项目的输入

当某些会计科目需要进行数量核算时，系统将要求用户输入数量和单价。“数量”指输入数量科目的数量发生额，“单价”指输入数量科目的单价，系统将根据“金额＝数量×单价”自动计算当前科目的发生额，并填入借方金额栏或贷方金额栏，如图 6-11 所示。

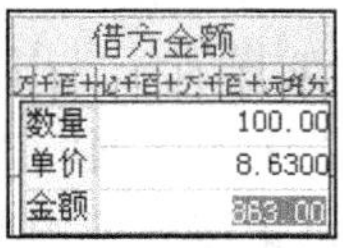

图 6-11　根据数量、单价自动计算当前科目的发生额

③ 单位往来辅助项目的输入

当输入 1221 应收账款科目时，由于其科目需要进行单位往来核算，系统将要求用户选择单位并输入对账号，如图 6-12 所示。

往来单位在凭证输入时，可以根据需要随时进行新增。

④ 个人往来、部门及辅助项目的输入

当输入 1221-01 其他应收款—其他应收个人款科目时，由于其科目需要进行部门职员核算，系统将要求输入用户部门与职员的信息，如图 6-13 所示。

图 6-12　选择单位并输入对账号

图 6-13　输入部门与职员信息

部门职员在凭证输入时，可以根据需要随时进行新增。

如果一个会计科目同时兼有多个辅助性质，则账务处理系统将要求用户依次输入有关内容。

⑤ 借方金额、贷方金额

金额输入时要注意借贷方向。同一条分录上的借方金额和贷方金额不能同时有金额。当输入的金额为负数时，账务处理系统将用红字（红颜色字体）表示，实际记账时将用负金额记录。

如果需要在指定的数据行前面插入一行，或者需要删除指定的数据行、删除全部行、需要复制粘贴等，可以在指定的数据行上单击鼠标右键，在弹出的快捷菜单中进行相关的操作，如图 6-14 所示。

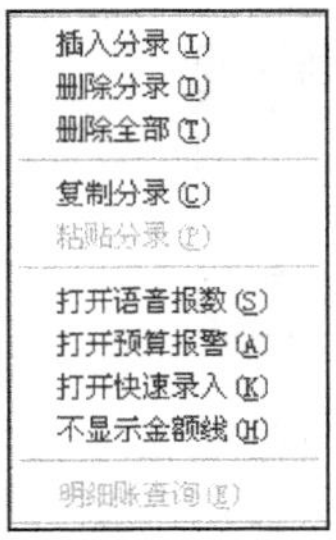

图 6-14　快捷菜单

每张凭证输入的行数不受限制。

凭证的最下面一行是合计，系统将自动累计已输入的借贷方金额，当借贷方金额相等时，合计处将自动显示出大写的合计金额。合计下方有一行说明，显示当前分录的一些相关信息，如图 6-15 所示。

图 6-15　凭证科目信息说明

在凭证输入过程中，如发现有错误，可以直接进行修改，也可随时使用移动光标或单击鼠标的方法修改凭证的任意项目。凭证输入完毕后，单击【下一条】按钮即可保存该凭证并继续录入新的凭证；单击【确定】按钮，保存该凭证并退出凭证录入界面。

6）凭证来源

在凭证左上角，标明了该张凭证的来源，如果直接手工输入填制凭证，则来源显示为“手工录入”；如果凭证是由系统根据相关业务单据自动自成的，那么来源就显示为具体的业务单据名称，如“采购单据”、“销售单据”、“收款单”、“损益结转”等。

（3）已记账凭证的冲销

如果已记账凭证发生错误，则需先编一张红字凭证冲销错误凭证，再编一张正确的凭证。在凭证输入界面中，单击【冲销】按钮，出现“冲销凭证”对话框，如图 6-16 所示。

选择会计年度、会计期间、凭证类型，输入需要冲销的凭证编号，单击【确定】按钮即可。冲销凭证的编号为同类凭证最后一张，日期为系统日期，所有金额（包括外币、数量）为原金额的负数，凭证的其他内容不变。红字冲销凭证是可以修改的，也必须审核后才能记账。

（4）凭证删除

只能删除未复核、未记账的凭证，不能删除已复核、已记账的凭证。如果需要删除已复核、已记账的凭证，必须由记账人取消记账、复核人取消复核后，才能进行删除。已经作废的凭证不能取消作废，但可以删除。如果被删除的凭证不是最后一张凭证，则该凭证删除后，凭证号将不连续，系统将缺该凭证号。因此，要尽量少用删除凭证功能，如果凭证有错误，可对该凭证进行修改。

凭证删除的方法是在记账凭证编辑界面中，单击 《上一张、》下一张 按钮，或在记账凭证列表中找到需要删除的凭证，然后单击工具栏中的× 按钮，在打开的提示框中单击【是】按钮，如图 6-17 所示。

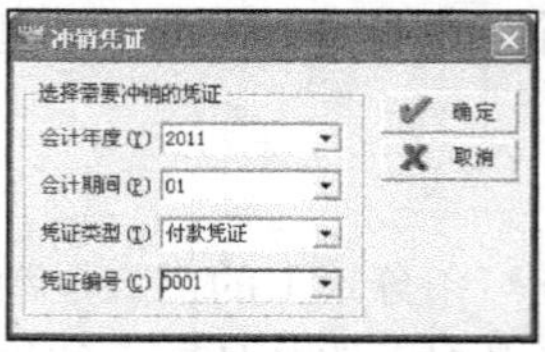

图 6-16 “冲销凭证”对话框

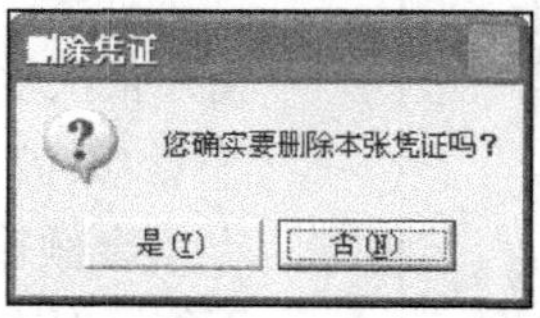

图 6-17 删除凭证的提示

（5）凭证作废

对已经输入的凭证，发现其错误后，可以对其进行作废操作。作废操作的好处在于凭证输入错误的情况下，留有痕迹。

凭证作废的方法是在记账凭证编辑界面中，单击【上一张】或者【下一张】按钮，或在记账凭证列表中找到需要作废的凭证，然后选中右下角的“作废”复选框。执行作废操作时，系统将做出提示，如图 6-18 所示。

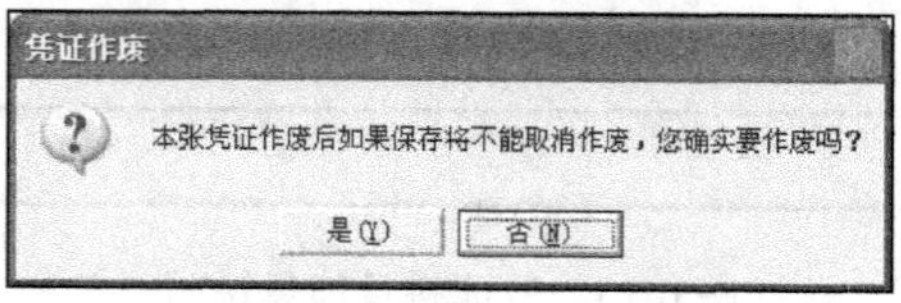

图 6-18 凭证作废提示

单击【是】按钮，即可作废该张凭证。作废后的凭证在正中间有一个红色的作废标记，如图 6-19 所示。

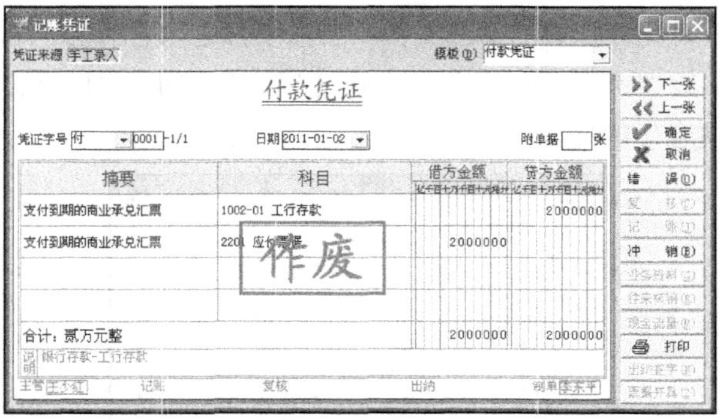

图 6-19　作废凭证显示样例

作废后的凭证不能修改，也不能取消作废，但可以删除。不能作废其他人员输入的凭证，不能作废已经复核、记账的凭证。

（6）凭证查询

1）单据定位

单击工具栏中的【凭证定位】按钮，弹出“查找凭证”对话框，输入查找条件，系统将定位于相应的凭证，如图 6-20 所示。

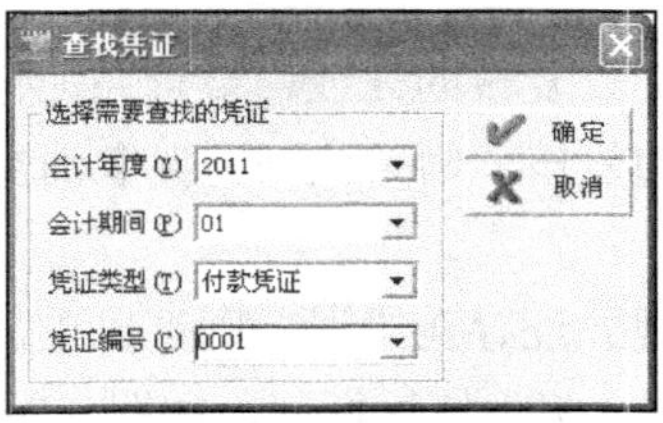

图 6-20　查找凭证的条件输入

2）凭证列表

单击工具栏中的【凭证列表】按钮，即可显示该账套中所保存的所有凭证，如图 6-21 所示。

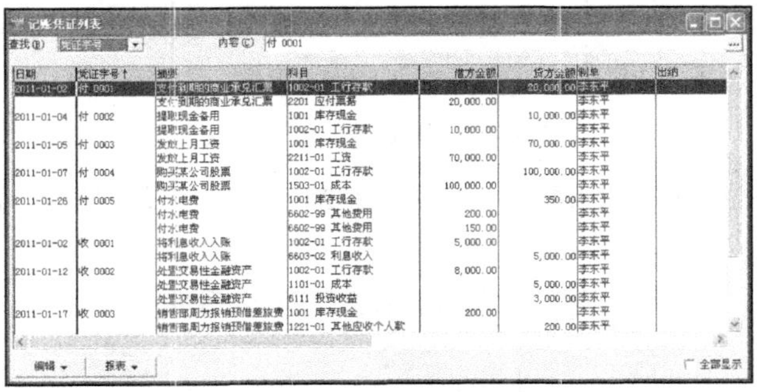

图 6-21　凭证列表

在“查找”与“内容”文本框中输入相应的条件，则系统将定位到第一条满足查找条件的行。

在凭证列表中，可以对选中的凭证根据是否已经复核或记账相应地进行修改、新增、冲销、作废、复核、记账、取消复核、取消记账、凭证分册、筛选、栏目设置、刷新、打印等操作。

筛选功能可以完成对凭证列表的筛选操作。若需要筛选出含有会计科目“1001 现金”的凭证，则可以输入如图 6-22 所示的筛选条件，单击【确定】按钮后即可在凭证列表中只显示含有会计科目“1001 库存现金”的凭证。

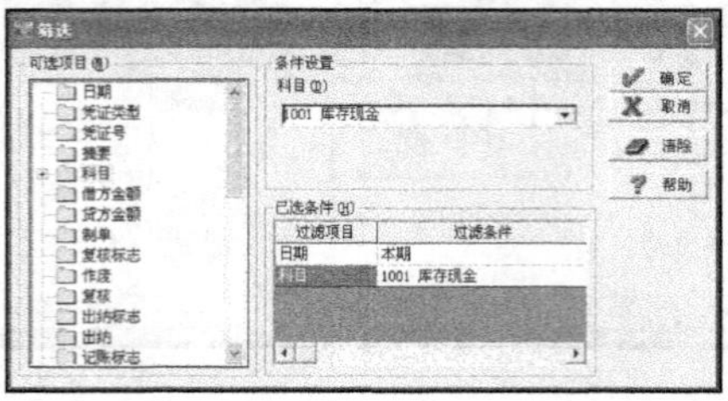

图 6-22　凭证列表筛选条件输入

（7）打印

单击【打印】按钮，即可进行打印设置，设置完毕后，再单击【确定】按钮，即可进行相关内容的打印。

2. 记账凭证复核

（1）在凭证编辑状态下复核

在凭证编辑状态下，定位到需要复核的凭证，检查凭证正确无误后，单击【复核】按钮即可。如果需要取消对未记账凭证的复核，则定位到需要取消复核的凭证，单击【取消复核】按钮即可。

如果在复核凭证的过程中发现凭证存在错误，则可以单击【错误】按钮，在“记账凭证错误信息”窗口中输入错误提示信息，记上错误标记，如图 6-23 所示。

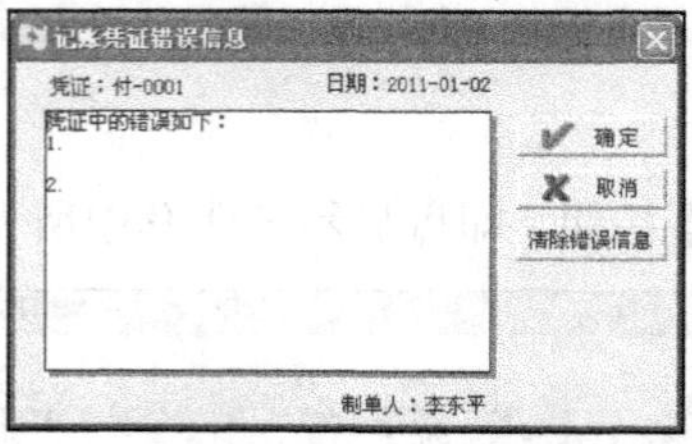

图 6-23　凭证错误信息输入

制单人员在发现凭证记有错误标记后，如图 6-24 所示，应及时修改，修改后清除错误信息，此时错误标记将消失。

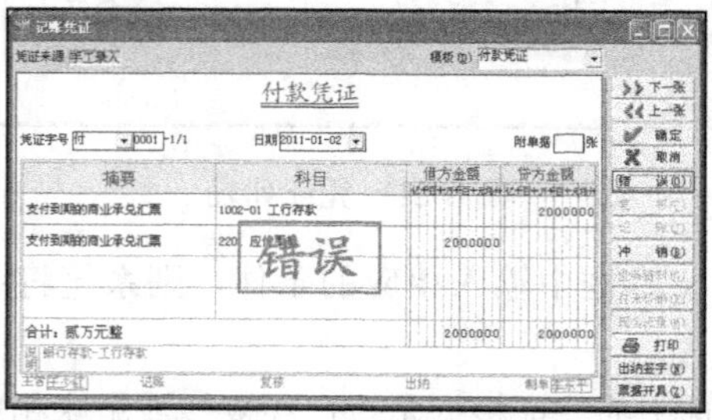

图 6-24　错误凭证

（2）在凭证列表状态下复核

单击工具栏上的“凭证列表”，进入记账凭证列表。单击鼠标右键，可根据需要选择“复核”，对选中的凭证进行单张复核。如果该凭证已经复核，要取消复核，选择相应功能后，系统将取消该凭证的复核标记。

如果选择“多张复核”，则弹出“多张凭证复核”对话框，选中需要复核的多张凭证后，单击【复核】按钮即可对选中的多张凭证进行复核，如图 6-25 所示。

图 6-25　多张凭证复核

也可以通过条件选择，将满足一定条件的凭证筛选出来，然后进行多张复核操作。同样，也可以选择“多张取消”功能，完成多张凭证的复核取消操作。

3. 凭证记账

凭证记账是指将已复核通过的凭证做上已记账标志。记账的操作与复核相似。

（1）在凭证编辑状态下记账

在凭证编辑状态下，定位到需要记账的凭证，单击【记账】按钮即可。如果需要取消该凭证的记账，则定位到需要取消记账的凭证，单击【取消记账】按钮即可。

（2）在凭证列表状态下记账

在记账凭证列表中，单击鼠标右键，可根据需要选择相应的功能，如“记账”（单张）、“多张记账”、“多张取消”等，如图 6-26 所示。

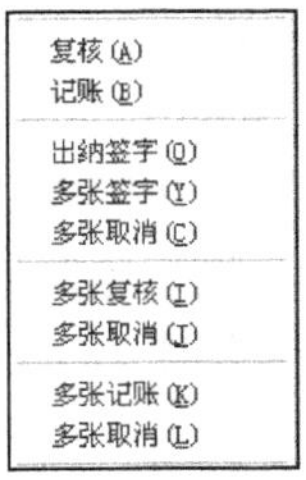

图 6-26　凭证记账功能菜单

凭证记账操作完毕，凭证列表中的“记账”栏将显示记账人姓名，如图 6-27 所示。

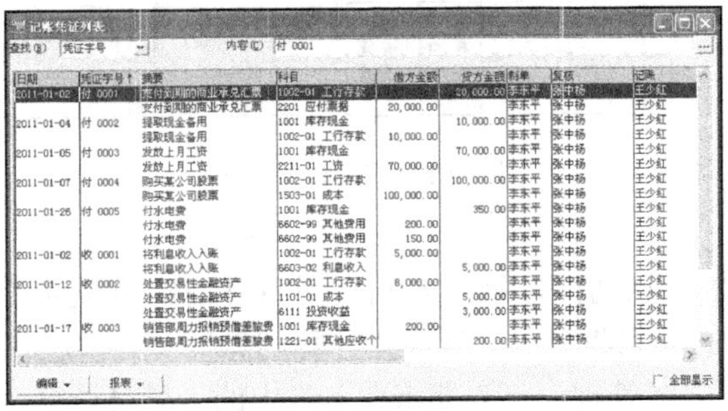

图 6-27　凭证记账操作完毕列表

4. 账表的查询

在系统的流程图中，可以直接查询到的账表有：分类账、凭证序时表、试算平衡表、科目余额表、凭证汇总表、现金流量汇总表、单位余额表、部门余额表、职员余额表等，如图 6-28 所示。

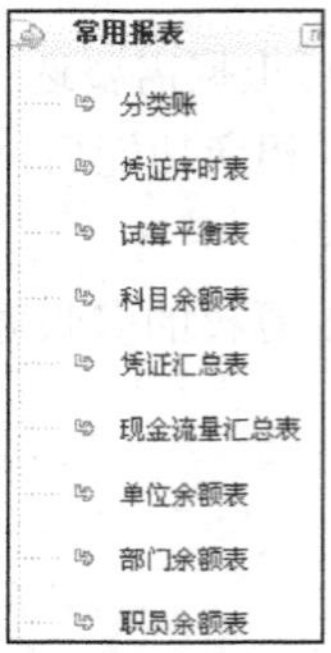

图 6-28　系统流程图中可直接查询到的账表

其他的各种账表需要在账表资源管理器中选择。要进入账表资源管理器，可单击“账表”菜单中的任意一个菜单项，或者单击流程图中“常用报表”栏右上方的 MORE 按钮，如图 6-29 所示。

账表资源管理器中的各种格式的账表，可在实际工作中根据需要进行调整使用。

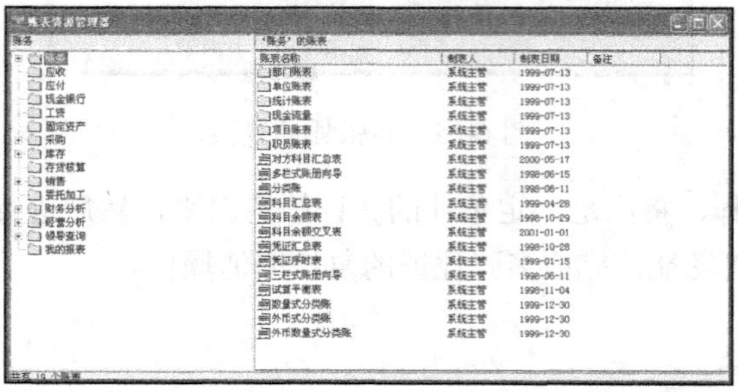

图 6-29　账表资源管理器

5. 期末结账

期末结账的前提是该月凭证均已全部输入完毕，并全部记账。结账后该月不能再制单，结账每月只能进行一次。期末结账必须逐月进行，如果上月未结账则本月不允许结账。12 月份结账就相当于年结账。年结账和月结账没有本质的区别，只是年结账完成后，会将本年账套中的期末数据自动生成下年账套的初始数据。

（1）期末结账流程

期末结账是工作中的重要环节，具体流程如图 6-30 所示。

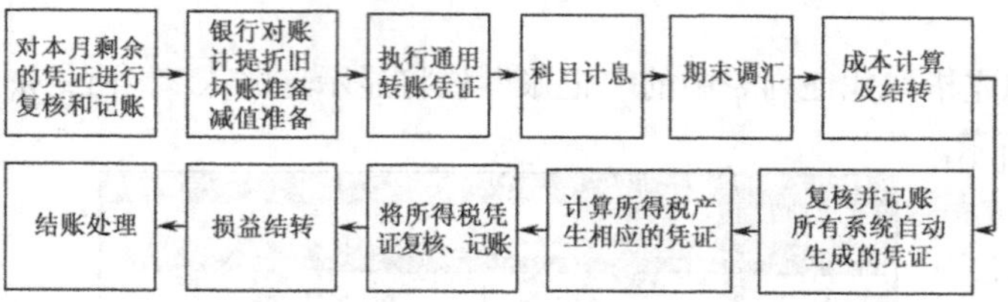

图 6-30　期末结账流程

（2）科目计息

使用系统提供的科目计息功能，只需要利用科目计息向导就可以完成科目计息工作。如科目“2321 长期应付款”，如果将科目设置为“计算利息”，则可以使用该项功能计算利息。

选择“菜单树”→“账务管理”→“期末业务”中的“科目计息”功能，弹出“科目计息”窗口。

1）输入上次计息日期、本次计息日期及月利率，如图 6-31 所示。

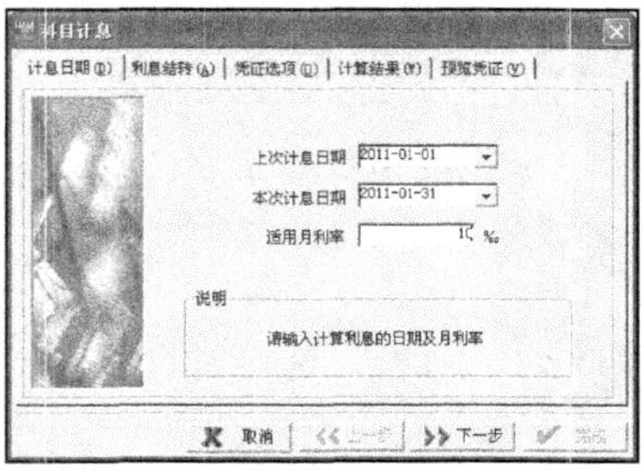

图 6-31　“科目计息—计息日期”界面

2）确定利息结转的借方科目、贷方科目，如图 6-32 所示。

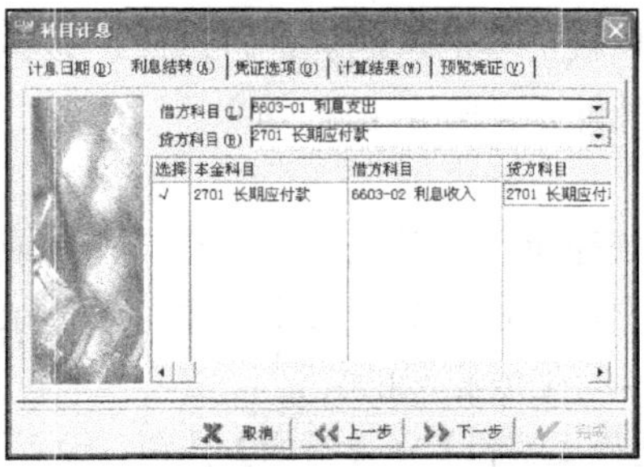

图 6-32　“科目计息—利息结转”界面

3）选择凭证类型及凭证模板，如图 6-33 所示。

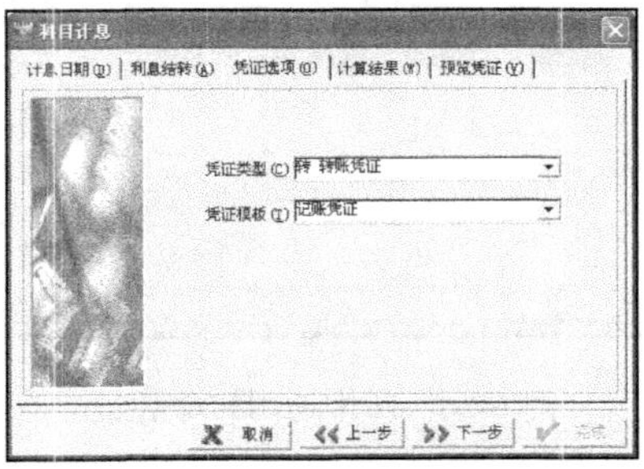

图 6-33　“科目计息—凭证选项”界面

4）得到计算结果，如图 6-34 所示。

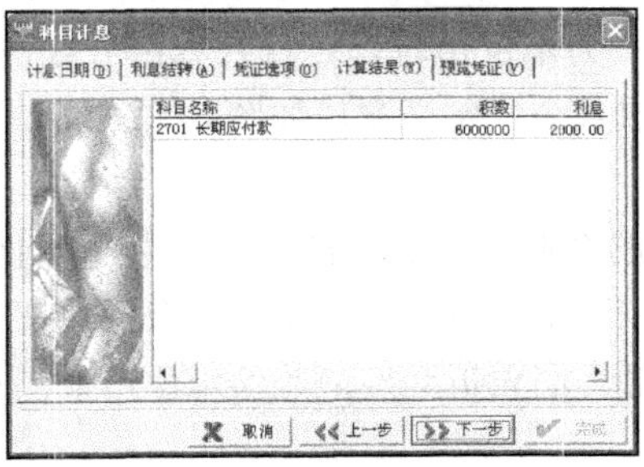

图 6-34　“科目计息—计算结果”界面

5）预览凭证，如图 6-35 所示。

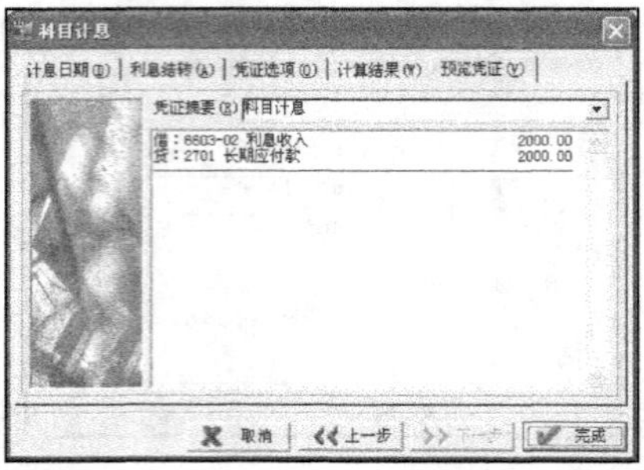

图 6-35　“科目计息—预览凭证”界面

6）单击【完成】按钮，系统将生成所预览的凭证。由于该凭证的来源不是手工录入的，而是由系统根据相应设置及凭证模板产生的机制凭证，因此，该凭证不能直接修改。如果需要修改，只能删除该凭证，再利用科目计息向导重新生成。

（3）定义通用转账凭证

如果凭证中的数据来源有规律可循，且在每一个会计期间或会计年度都会出现，就可以定义通用转账凭证。在定义过程中，通过取数公式定义每一笔分录的金额计算方法，在期末时通过执行通用转账凭证，由系统自动生成相应的凭证。

单击“通用转账”图标，选择【编辑】→【新增】按钮，设置通用转账凭证，如图 6-36 所示。

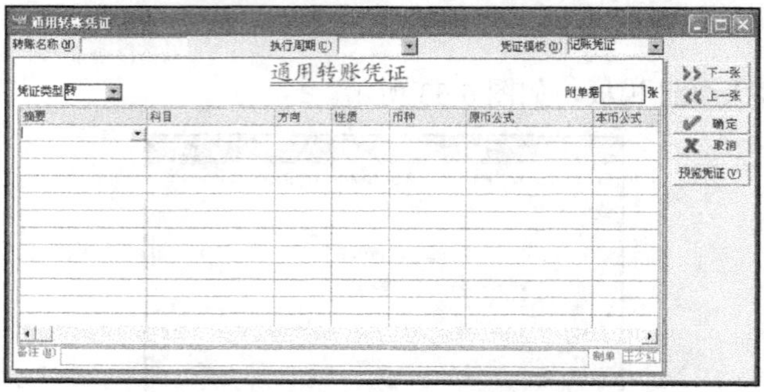

图 6-36　新增通用转账凭证

定义通用转账凭证需要输入转账名称，选择执行周期、凭证模板，输入摘要、科目、方向、性质（转入、转出）、币种，并定义取数公式。

取数公式是用来确定分录的借方或者贷方的金额是怎样计算得到的，公式只能在性质为“转出”的科目上进行设置。当币种为本位币时，可输入本币公式；如币种为外币时，既可输入本币公式，也可输入原币公式。取数公式定义窗口如图 6-37 所示。

（4）期末调汇

期末调汇是为有外币业务的企业服务的。在日常发生外币业务时，以当时或期初的国家外汇牌价折合本位币记账。到月末、季末或年末，将外币余额按期末国家外汇牌价折合为本位币，作为外币账户的期末本位币余额。期末折合后记账的本位币余额与原账面的差额作为汇兑损益，并填制相应的汇兑损益凭证。

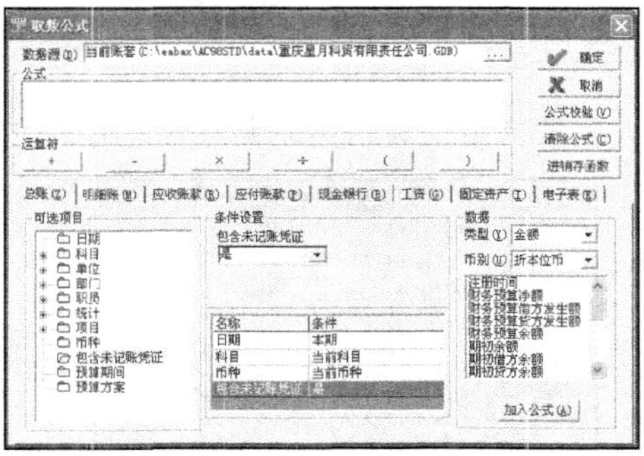

图 6-37 “通用转账凭证—取数公式”界面

在流程图窗口中，单击“账务管理”→“期末调汇”，弹出“汇兑损益”向导对话框，如图 6-38 所示。

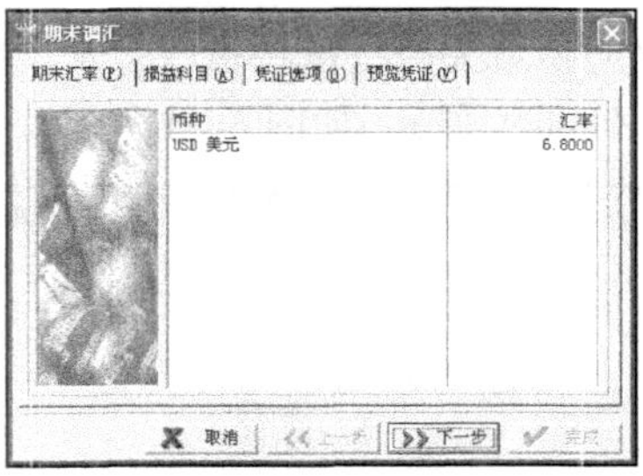

图 6-38 “期末调汇”向导对话框

在该窗口中，需要确定期末调汇的外币汇率，指定汇兑损益科目（即通过期末调汇后，计算出的汇兑收益或损失，应计入哪一个会计科目中，一般指定为“财务费用－汇兑损益”科目），然后在“凭证选项”标签页中，指定生成的凭证类型和使用的凭证模板，通过预览凭证无误后，单击【完成】按钮，就可以正式生成凭证。

期末调汇中需要注意的是，如果有多个外币和多个科目调汇，所有币种和科目生成一张期末调汇凭证，同时通过期末调汇生成的凭证不能修改；如果在进行期末调汇后，又发生本期的外币业务，则可重新指定期末调汇汇率，再次生成期末汇兑损益凭证，同时如果要再次进行期末调汇，则需要将原有期末调汇凭证记账后才能再进行本次调汇，否则调汇的结果会发生错误。

（5）损益结转

损益结转的目的是将科目类别为损益类的科目余额全部转到本年利润科目，从而使得损益类科目在期末结平。损益结转向导可以完成此项功能。在结转损益之前，所有凭证必须已复核记账。

单击“损益结转”图标，系统弹出“损益结转”向导对话框，如图 6-39 所示。

1）结转科目

本年利润科目中选择“4103 本年利润”，在列表框中选择全部需要结转的损益类科目，转出方向为自动转出，即指根据会计科目中设置的余额方向来确定转出方向。也就是说，如果科目余额方向设置在借方，那么损益结转就从科目的贷方转出到本年利润科目的借方，反之亦然。

使用损益结转生成记账凭证时，转入科目必须是末级科目；如果选中的转出科目无数据，系统不会生成相应凭证。

2）凭证选项

在“凭证选项”标签页，需要指定生成的凭证类型与使用的凭证模板。

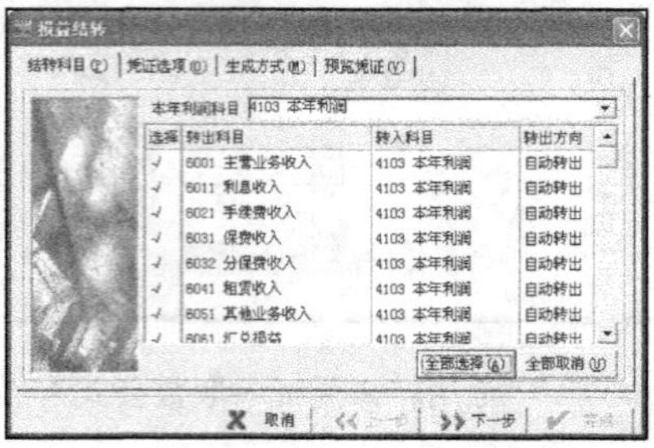

图 6-39 “损益结转”向导对话框

3）生成方式

选择生成一张凭证，则所有的损益类科目结转生成一张凭证；如果选择生成多张凭证，则根据总账科目的不同而自动生成不同的凭证，如图 6-40 所示。

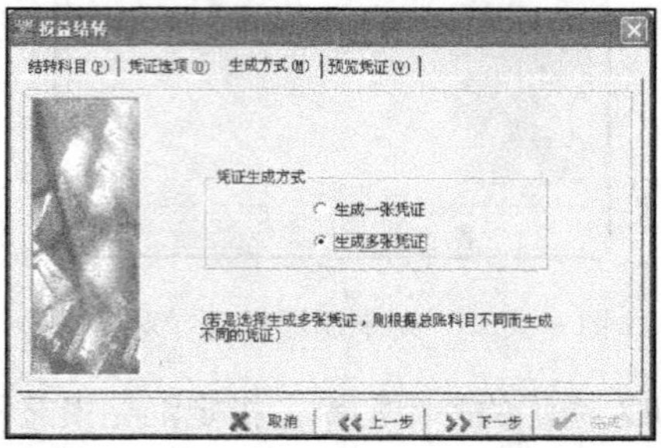

图 6-40 “损益结转—生成方式”界面

4）预览凭证

在“预览凭证”标签页中，可以预览将要生成的凭证内容，确认无误后，单击【完成】按钮，系统自动生成记账凭证。损益结转生成多张凭证的列表如图 6-41 所示。

日期	凭证字号↑	摘要	科目	借方金额	贷方金额	制单	出纳	复核	记账
2011-01-31	转 0020	损益结转	6001 主营业务收入	333,711.18		李东平		张中杨	王少红
		损益结转	4103 本年利润		333,711.18	李东平		张中杨	王少红
2011-01-31	转 0021	损益结转	6111 投资收益	3,000.00		李东平		张中杨	王少红
		损益结转	4103 本年利润		3,000.00	李东平		张中杨	王少红
2011-01-31	转 0022	损益结转	4103 本年利润	274,487.21		李东平		张中杨	王少红
		损益结转	6401 主营业务成本		274,487.21	李东平		张中杨	王少红
2011-01-31	转 0023	损益结转	4103 本年利润	1,460.83		李东平		张中杨	王少红
		损益结转	6403 营业税金及附加		1,460.83	李东平		张中杨	王少红
2011-01-31	转 0024	损益结转	4103 本年利润	23,274.79		李东平		张中杨	王少红
		损益结转	6601-02 差旅费		800.00	李东平		张中杨	王少红
		损益结转	6601-02 差旅费		1,000.00	李东平		张中杨	王少红
		损益结转	6601-03 招待费		700.00	李东平		张中杨	王少红
		损益结转	6601-04 折旧费		105.56	李东平		张中杨	王少红
		损益结转	6601-04 折旧费		105.56	李东平		张中杨	王少红
		损益结转	6601-04 折旧费		186.39	李东平		张中杨	王少红
		损益结转	6601-04 折旧费		1,479.88	李东平		张中杨	王少红
		损益结转	6601-05 工资		7,944.29	李东平		张中杨	王少红
		损益结转	6601-05 工资		8,632.38	李东平		张中杨	王少红
		损益结转	6601-06 福利费		1,112.20	李东平		张中杨	王少红
		损益结转	6601-06 福利费		1,208.53	李东平		张中杨	王少红
2011-01-31	转 0025	损益结转	4103 本年利润	32,216.98		李东平		张中杨	王少红
		损益结转	6602-04 折旧费		880.28	李东平		张中杨	王少红
		损益结转	6602-04 折旧费		858.72	李东平		张中杨	王少红
		损益结转	6602-04 折旧费		105.58	李东平		张中杨	王少红
		损益结转	6602-04 折旧费		105.56	李东平		张中杨	王少红
		损益结转	6602-05 工资		14,445.71	李东平		张中杨	王少红
		损益结转	6602-05 工资		11,797.15	李东平		张中杨	王少红
		损益结转	6602-06 福利费		2,022.40	李东平		张中杨	王少红
		损益结转	6602-06 福利费		1,651.60	李东平		张中杨	王少红
		损益结转	6602-99 其他费用		200.00	李东平		张中杨	王少红
		损益结转	6602-99 其他费用		150.00	李东平		张中杨	王少红
2011-01-31	转 0026	损益结转	4103 本年利润	-4,660.00		李东平		张中杨	王少红
		损益结转	6603-02 利息收入		-5,000.00	李东平		张中杨	王少红
		损益结转	6603-03 汇兑损益		340.00	李东平		张中杨	王少红

图 6-41 损益结转生成的凭证列表

通过损益结转生成的凭证是不能修改的。如果的确需要修改，只能先将其删除后，再通过损益结转向导来重新生成正确的凭证。

【日常业务处理实验】

1. 实验目的

（1）了解会计日常业务的处理流程。

（2）熟练掌握凭证录入、修改、查询、复核、记账操作。

（3）熟练掌握通用转账凭证的设置、期末调汇操作。

（4）熟练掌握期末损益结账的处理。

2. 实验内容

根据实验案例资料进行会计日常业务处理。

3. 实验案例

重庆星月科贸有限责任公司在2011年1月发生如下经济业务：

1.1月2日，收到工商银行通知，用银行存款支付到期的商业承兑汇票20000元，转账支票号456321。

借：应付票据　　20000

　　贷：银行存款－工商银行　　20000

2.1月2日，收到工商银行通知，将利息收入5000元入账。

借：银行存款－工行存款　　5000

　　贷：财务费用－利息收入　　5000

3.1月4日，在工行提取现金备用，现金支票号658741。

借：库存现金　　100000

　　贷：银行存款－工行存款　　100000

4.1月5日，发放上月工资。

借：应付职工薪酬－工资　　70000

　　贷：库存现金　　70000

5.1月7日，用工商银行存款购买某公司股票，公允价值为100,000元，预计持有两年后将出售，转账支票号456323。

借：可供出售金融资产－成本　　100000

　　贷：银行存款－工行存款　　100000

6.1月12日，处置交易性金融资产（即原取得成本）5000元，处置时的市场公允价值为（即出售价）8000元。

借：银行存款－工行存款　　8000

　　贷：交易性金融资产－成本　　5000

　　　　投资收益　　3000

7.1月17日，销售部周力报销去年预借的差旅费800元，退回现金200元。

借：销售费用－差旅费　　800

　　库存现金　　200

　　贷：其他应收款－其他应收个人款（周力）　　1000

8.1 月 22 日，采购部赵希文报销差旅费 1000 元，招待费 700 元。

借：销售费用－差旅费　　1000
　销售费用－招待费　　700
　贷：其他应收款－其他应收个人款（赵希文）　1700

9.1 月 26 日，付水电费 350 元，其中：行政部 200 元，财务部 150 元。

借：管理费用－其他费用（行政部）　200
　管理费用－其他费用（财务部）　150
　贷：库存现金　　350

10.1 月 31 日，计提当月应付工资。

借：管理费用－工资（行政部）　14445.71
　管理费用－工资（财务部）　11797.15
　销售费用－工资（销售部）　7944.29
　销售费用－工资（采购部）　8632.38
　贷：应付职工薪酬－工资　　42819.53

11.1 月 31 日，结转销售成本。

001 商品销售：

借：主营业务成本　110859.30
　贷：库存商品　　110859.30

002 商品销售：

借：主营业务成本　163627.91
　贷：库存商品　　163627.91

12.1 月 31 日，期末汇率调整，期末汇率为 1 美元＝6.75 元人民币。

借：财务费用－汇兑损益　340
　贷：银行存款－中行存款　340

13.1 月 31 日，按当月应缴增值税额计算应交的城市维护建设税（税率 7%，20869.01×7%）。

借：营业税金及附加　1460.83
　贷：应交税费－应交城市维护建设税　1460.83

14.按当月应发工资总额的 14%，计提职工福利费。【注：采用通用转账功能自动生成】

借：销售费用－福利费（采购部）　1208.53
　销售费用－福利费（销售部）　1112.20
　管理费用－福利费（财务部）　1651.60
　管理费用－福利费（行政部）　2022.40
　贷：应付职工薪酬－职工福利　　5994.73

15.1 月 31 日，结转损益。【注：由结转损益功能自动生成】

（1）转账收入

借：6001 主营业务收入　　333711.18
　贷：4103 本年利润　　333711.18

（2）结转投资收益

借：6111 投资收益　　3000.00

贷：4103 本年利润 3000.00

（3）结转成本

借：4103 本年利润 274487.21

贷：6401 主营业务成本 274487.21

（4）结转税金

借：4103 本年利润 1460.83

贷：6403 营业税金及附加 1460.83

（5）结转销售费用

借：4103 本年利润 23274.79

贷：6601-02 差旅费/03 销售部 800.00

6601-02 差旅费/04 采购部 1000.00

6601-03 招待费/04 采购部 700.00

6601-04 折旧费/01 行政部 105.56

6601-04 折旧费/02 财务部 105.56

6601-04 折旧费/03 销售部 186.39

6601-04 折旧费/04 采购部 1479.88

6601-05 工资/03 销售部 7944.29

6601-05 工资/04 采购部 8632.38

6601-06 福利费/03 销售部 1112.20

6601-06 福利费/04 采购部 1208.53

（6）结转管理费用

借：4103 本年利润 32216.98

贷：6602-04 折旧费/01 行政部 880.28

6602-04 折旧费/02 财务部 858.72

6602-04 折旧费/03 销售部 105.56

602-04 折旧费/04 采购部 105.56

602-05 工资/01 行政部 14445.71

6602-05 工资/02 财务部 11797.15

6602-06 福利费/01 行政部 2022.40

6602-06 福利费/02 财务部 1651.60

6602-99 其他费用/01 行政部 200.00

6602-99 其他费用/02 财务部 150.00

（7）结转财务费用

借：4103 本年利润 -4660.00

贷：6603-03 汇兑损益 340.00

6603-02 利息收入 -5000.00

4. 实验步骤

（1）凭证录入

1）以录入员“李东平”登录系统。

2）在流程图窗口，单击“账务管理”→“凭证填制”，在弹出的记账凭证窗口中，将凭证模板确定为“付款凭证”，凭证字号为“付”，制单日期修改为业务发生日期。

3）根据业务情况，编写凭证摘要，或者从已保存的常用摘要中选取符合业务内容的摘要。

4）录入业务的借方科目、借方发生额、贷方科目、贷方发生额。

5）完成该凭证所有分录的填制工作后，确认凭证内容无误，单击【下一张】按钮，保存当前凭证并继续填制其他凭证，或者单击【确定】按钮，保存当前凭证并退出凭证录入界面。

实验提示

① 业务资料中，注明由通用转账、期末调汇、损益结转等功能生成的凭证，不需要手工录入。

② 业务资料中，涉及现金、银行的收付款业务，如果账套选择了“使用控制科目”，则必须通过“现金银行”模块填制收、付款单，并通过相关的单据由系统来生成记账凭证。

（2）凭证查询、修改

进入凭证录入界面，在凭证空白处单击鼠标右键，弹出功能菜单，如图6-42所示。

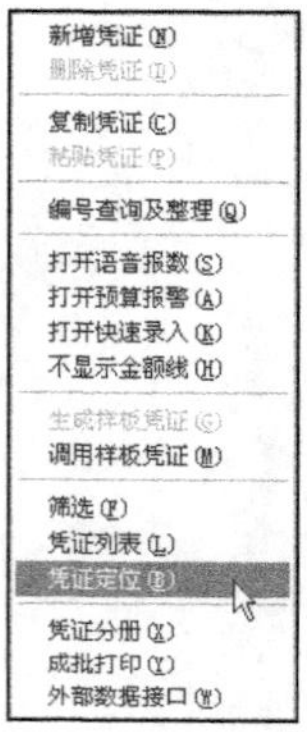

图6-42 “记账凭证”鼠标右键功能菜单

1）在菜单中选择“凭证列表”命令，则显示系统当前账套中的全部凭证，如图6-43所示。

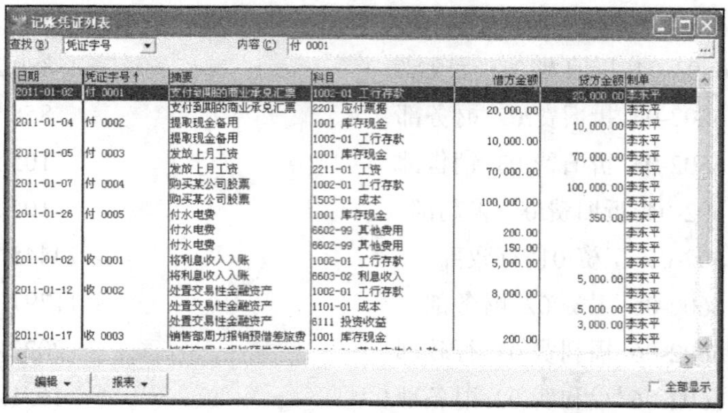

图6-43 “记账凭证列表”界面

在列表中选中所需要查询的凭证，双击该凭证，则弹出记账凭证录入界面，显示该凭证的详细信息。

2）在菜单中选择“凭证定位”命令，则弹出“查找凭证”条件定义对话框，如图6-44所示。在该窗口中，选择所需要定位的凭证条件，系统自动定位到所要查询的凭证。

3）在“记账凭证”列表中选择“筛选”功能，可以进行更多条件的凭证查询定义。

4）进入记账凭证录入界面后，也可以单击工具栏上的【单据列表】按钮，同样弹出如图 6-43 所示的“记账凭证”列表界面。

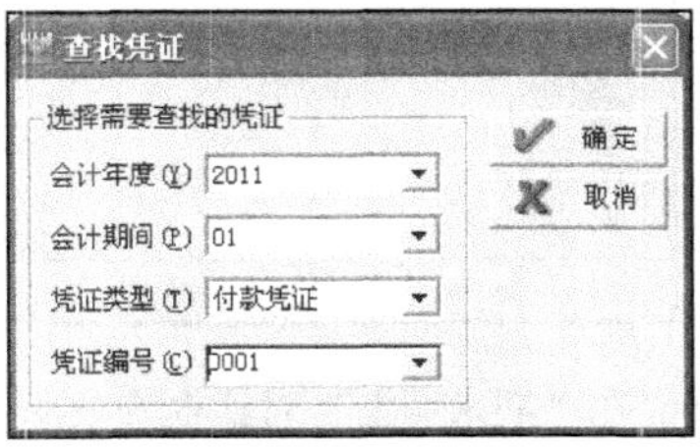

图 6-44　“查找凭证”条件定义界面

5）定位到相关凭证后，如果该凭证还未审核记账，那么就可以进行修改、删除、作废等操作。

（3）凭证复核

1）以复核员“张中杨”登录系统。

2）在流程图界面中，选择“账务管理”→“复核”，弹出“记账凭证列表”界面。

3）在该界面中，选中需要复核的凭证，双击进入“记账凭证”窗口，审核无误后，单击右侧的【复核】按钮，系统将在该凭证“复核”处签上复核人姓名，同时【复核】按钮变成【取消复核】按钮，如图 6-45 所示。

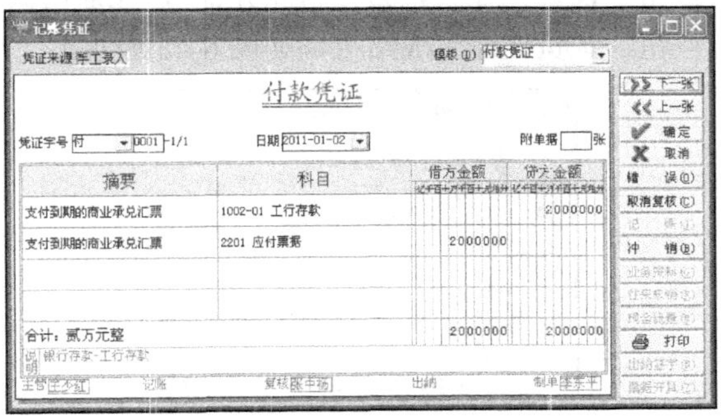

图 6-45　凭证复核

4）凭证复核后，系统自动显示下一张凭证，以供复核。

5）在“记账凭证列表”窗口中，也可以单击“编辑”→“多张复核”或者单击鼠标右键，在弹出的快捷菜单中选择“多张复核”命令，一次选择多张凭证，进行快速复核。

（4）凭证记账

1）以具有凭证记账权限的操作员，如“王少红”，登录系统。

2）在流程图窗口中，单击“账务管理”→“记账”，弹出“记账凭证列表”界面。

3）与复核的操作步骤类似，可以选择单张记账，也可以进行多张记账。

（5）期末调汇

1）以录入员“李东平”登录系统。

2）在流程图窗口中，单击“账务管理”→“期末调汇”，在弹出的“期末调汇”对话框“期末汇率”标签页中，修改当前外币的汇率为 6.75，如图 6-46 所示。

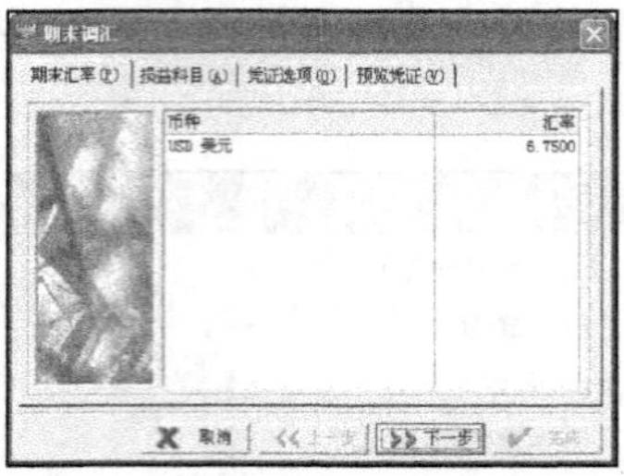

图 6-46　在“期末调汇”对话框修改期末汇率

3）单击【下一步】按钮，在“损益科目”标签页中，设置汇兑损益科目，如图 6-47 所示。

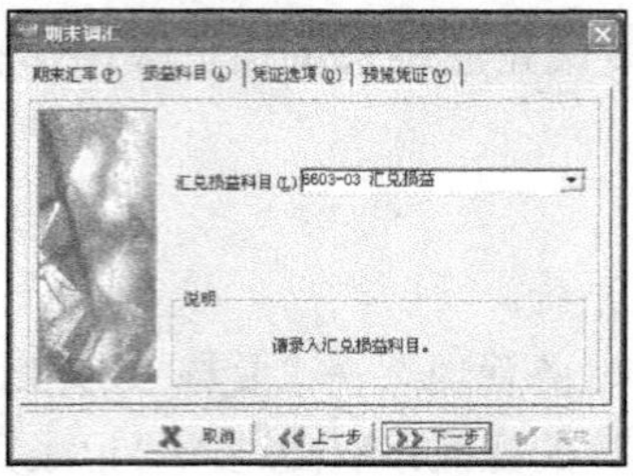

图 6-47　在“期末调汇”界面设置汇兑损益科目

4）单击【下一步】按钮，设置凭证类型为“付款凭证”，凭证模板为“付款凭证”。
5）单击【下一步】按钮，预览凭证生成结果，如图 6-48 所示。

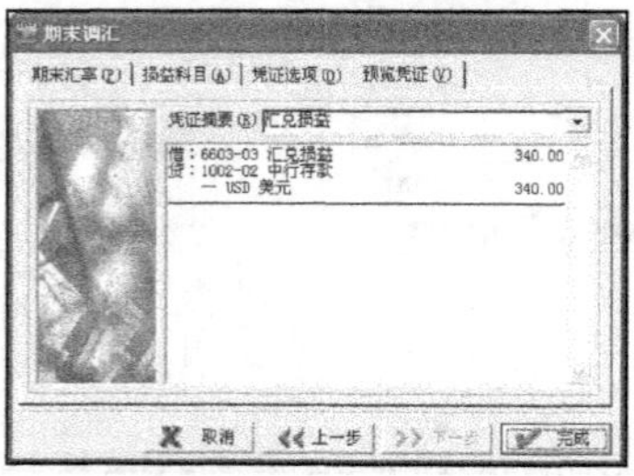

图 6-48　凭证结果预览

6）预览结果无误，单击【完成】按钮，生成调汇凭证，如图 6-49 所示。

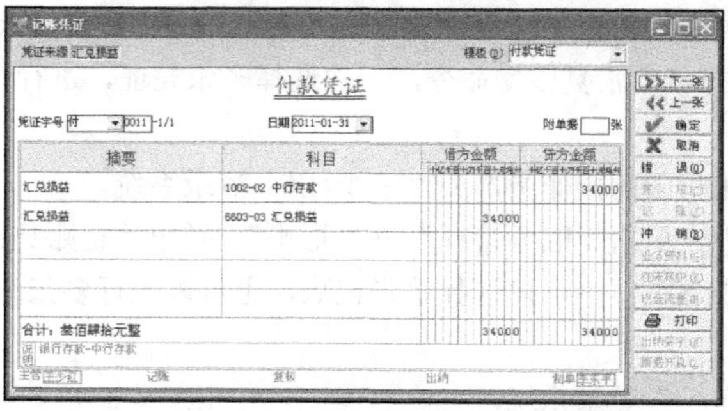

图 6-49　期末调汇凭证

实验提示

① 期末调汇必须在当前账套内所有凭证均记账后才能进行，否则会产生错误结果。

② 如果期末调汇凭证预览时发现结果错误，那么就要退出期末调汇，检查涉及的外币记账凭证内容是否正确、外币业务发生时的汇率是否正确，修改后，再进行期末调汇处理。

③ 期末调汇生成的凭证显示凭证来源为“汇兑损益”，因此该凭证不能直接进行修改，如果有错，只能删除，然后再重新生成凭证。

（6）通用转账

1）以录入员“李东平”登录系统。

2）在流程图窗口，单击“账务管理”→“通用转账”，在“通用转账列表”窗口中，单击“编辑”→“新增”，弹出“通用转账凭证”对话框。

3）在“通用转账凭证”对话框的“转账名称”栏中输入“计提福利费”，在“执行周期”选择框中选择“每期一次”，在“凭证类型”选择框中选择“转账凭证”，凭证模板为“记账凭证”，如图6-50所示。

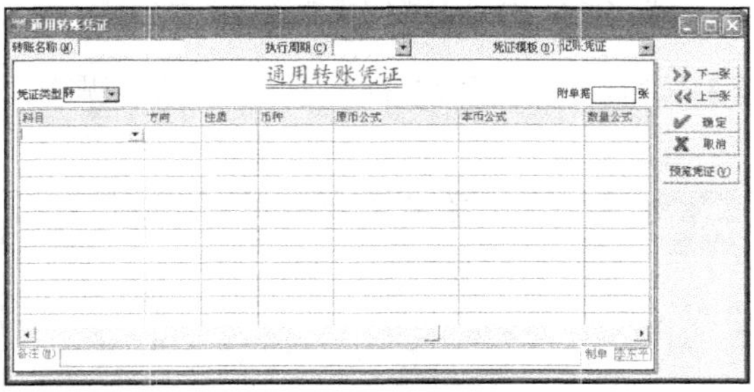

图6-50　通用转账凭证的基本设置

4）在摘要栏中输入“计提福利费”，科目输入“6601-06 福利费”，在弹出的部门栏中输入“03 销售部”，方向栏中选择“借”，性质为“转出”，币种为“人民币”，单击“本币公式”栏右下侧的按钮，弹出“取数公式”对话框。

5）在“取数公式”对话框的条件设置，将包含未记账凭证由“是”修改为“否”，将科目由“当前科目”修改为“6601-05 工资”，添加部门“03 销售部”，数据类型为“金额”，币别为“折本位币”，公式选择“实际发生额”，单击“加入公式”按钮。

6）“公式”对话框中，在刚才加入的公式最后添加“*0.14”，如图6-51所示。

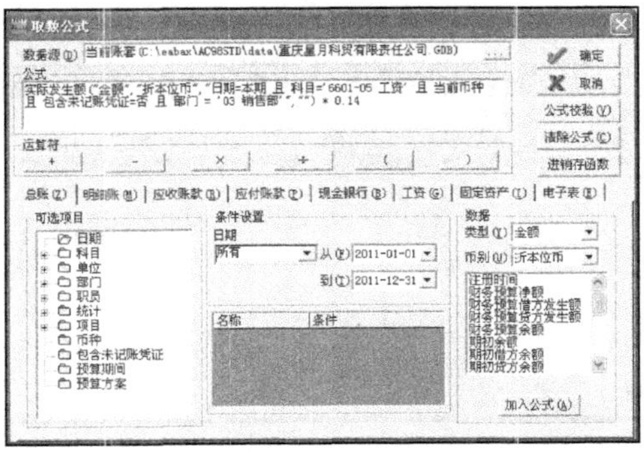

图6-51　通用转账公式定义

7）单击【公式检验】按钮，对公式进行检验，无误后单击【确定】按钮，退出该科目的公式定义。

8）重复步骤4）～7），分别添加“销售费用－福利费（采购部）”、“管理费用－福利费（行政部）”、“管理费用－福利费（财务部）”等分录及取数公式定义。

9）增加分录，科目输入“2211-02 应付职工薪酬－职工福利”，方向为“贷”，性质为“转入”，如图6-52所示。

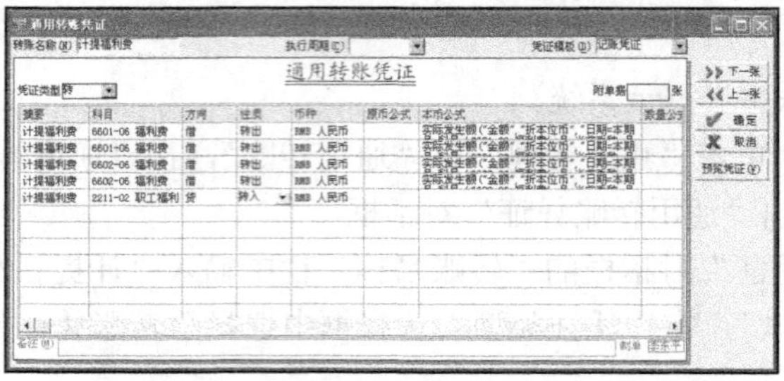

图6-52　分录定义完成的通用转账凭证

10）单击【预览凭证】按钮，可以查看根据当前账套内的记账凭证信息自动生成的凭证，如图6-53所示。

图6-53　通用转账凭证预览

11）退出通用转账凭证定义。在通用转账列表窗口中，选择需要执行转账操作的转账凭证，然后单击“转账”→“执行转账”，在选择栏上有选中标志（“√”）的转账凭证，将根据定义好的公式由系统自动生成记账凭证，然后通用转账列表将注明最近执行转账的时间和执行人的姓名，如图6-54所示。

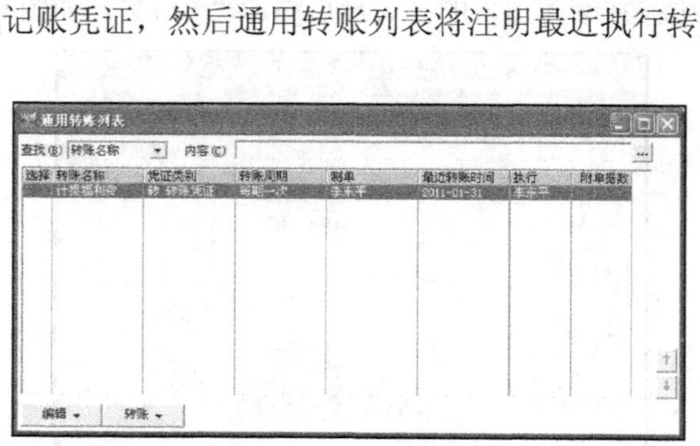

图6-54　已执行转账

实验提示

取数公式的选择，可参考实验16中有关报表函数的介绍。

（7）损益结转

1）以录入员“李东平”登录系统。

2）在流程图窗口中，单击“账务管理”→“损益结转”，弹出“损益结转”列表。

3）在“结转科目”页中，设置本年利润科目“4103 本年利润”，单击【全部选择】按钮，勾上所有的转出科目，如图6-55所示。

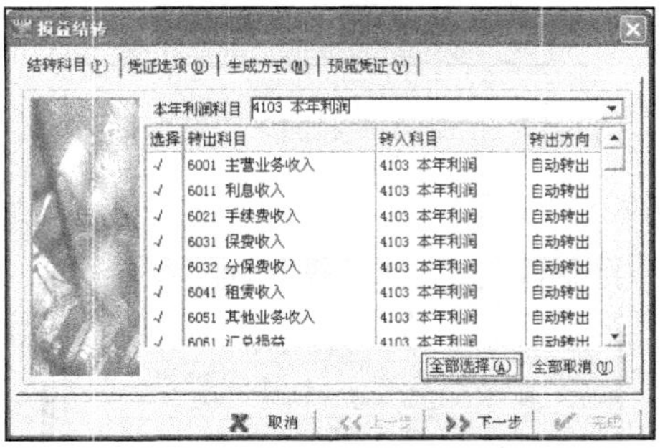

图6-55 结转科目设置

4）在“凭证选项”页中设置凭证类型为“转账凭证”，凭证模板为“记账凭证”。

5）在“生成方式”页中选择“生成多张凭证”。

6）在“预览凭证”中可以查看凭证生成的结果，如图6-56所示。

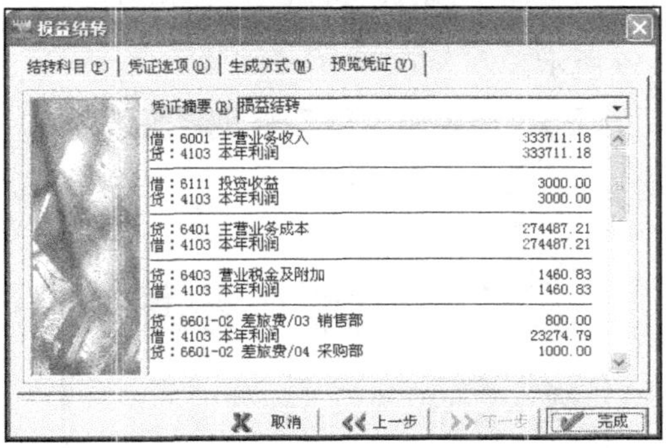

图6-56 “损益结转”界面—“预览凭证”

7）预览无误后，单击【完成】按钮即可生成对应的损益结转凭证。

实验提示

① 账套内当前会计期间的所有凭证必须审核记账后，才能进行损益结转操作。

② 损益结转生成的凭证，也要通过复核、记账，才能保证账表资料的完整，正确编制相关的报表。

（8）期末结账

1）以会计主管“王少红”按照日期2011-01-31登录系统。

2）在流程图窗口中，单击“账务管理”→“结账”，打开期末结账向导。

3）选择 2011.01 作为结账的会计期间，如图 6-57 所示。

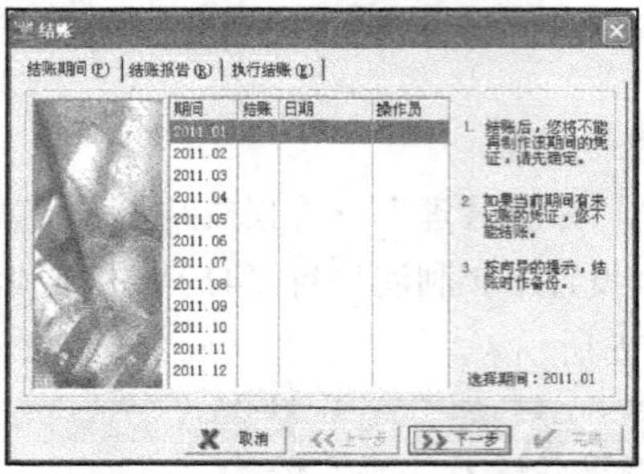

图 6-57　“结账”界面—“结账期间”

4）产生结账报告，如图 6-58 所示。

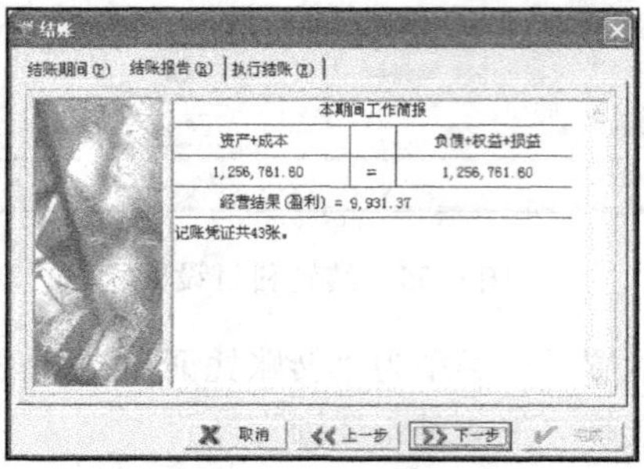

图 6-58　“结账”界面—“结账报告”

5）执行结账，如图 6-59 所示。

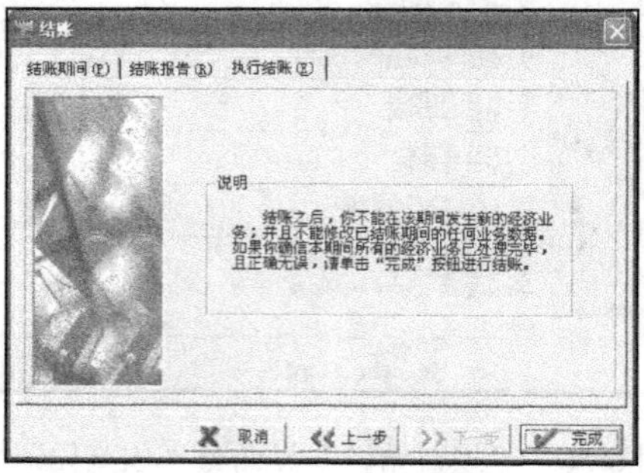

图 6-59　“结账”界面—“执行结账”

单击【完成】按钮，即可完成结账操作。结账完成后，系统要求对账套进行数据备份，具体操作见第 1 章实验 4 中的“账套备份”。

6）取消结账。如果结账完成后发现数据有误，可以取消结账，待修改完错误后再重新结账。取消结账只能取消最后一个已经结账的会计期间。选择“窗口”→“导航图”→“菜单树”→“系统管理”→“账套管理”→“取消结账”菜单项，系统弹出“取消结账”向导，选择要取消结账的期间，如图 6-60 所示。

单击【下一步】按钮，在“取消结账”页面中，单击【完成】按钮，即可完成取消结账操作。

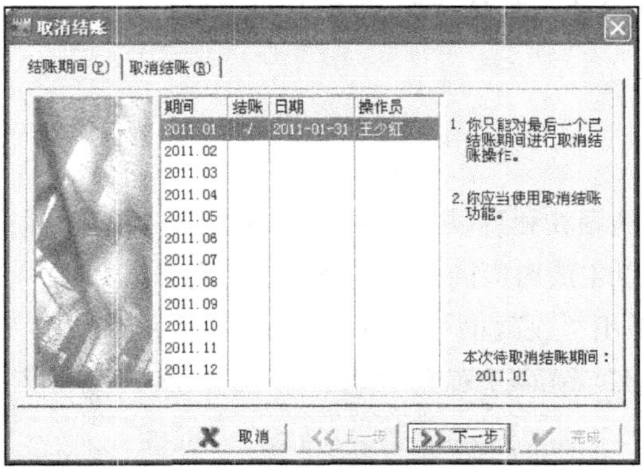

图 6-60 “取消结账”界面—“结账期间”

实验 7 现金银行

【实验预习】

本实验适用于选择了“使用控制科目”的账套。选择“使用控制科目”，账套中具有“现金”、“银行”性质的科目就不能直接手工填制记账凭证，必须先填制收、付款单，然后再由收、付款单自动生成记账凭证；若不使用控制科目，自动生成和手工填制记账凭证均可，不影响查询现金、银行日记账，以及进行银行对账。

1. 现金银行业务功能与流程

在流程图窗口中，单击“现金银行”，出现现金银行模块的主要业务功能及流程图，如图 7-1 所示。

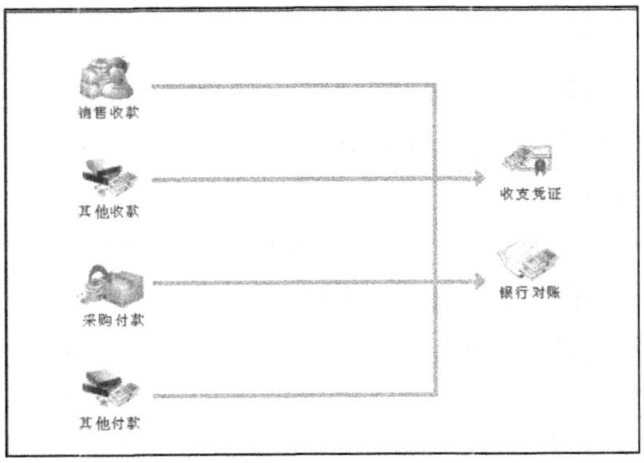

图 7-1 现金银行模块的主要业务功能及流程图

本模块主要处理有关现金、银行存款收付业务，生成现金银行凭证，并进行银行对账。

在现金银行模块中的“销售收款”、“采购付款”功能，用于处理在进销存模块由销售单、采购单所形成的收款单和付款单。“其他收款”、“其他付款”主要处理企业由非采购、销售业务所形成的收付款，当然也可以处理销售和采购业务所形成的收付款。对于销售收款和采购付款，可参考实验 14 中“购销业务收付款处理”。

2. 其他收款与其他付款

（1）其他收款

收回其他应收款、收到存款利息以及内部职工还款等，都可以通过填制收款单生成出纳账，便于进行银行对账，并可以生成对应的收款凭证，登记财务账。

单击“其他收款”，弹出“收款单”窗口，如图 7-2 所示。

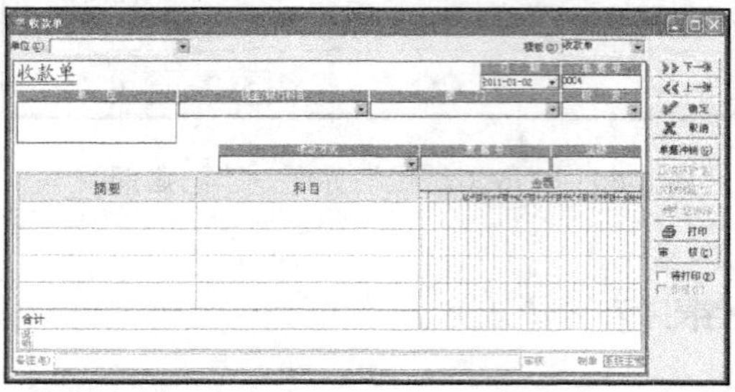

图 7-2　“收款单”窗口

在收款单中需要录入的信息如下。

1）在收款中选择往来单位和单据模板，如果该笔收款业务不是针对单位收款，可以不输入单位。

2）输入填制收款单的日期及单据号。日期是默认操作员的登录时间，可以根据实际制单或业务发生时间进行修改，单据号由系统自动编制。

3）输入“现金/银行科目”，注意这里的“现金/银行科目”不是指“现金”或“银行存款”科目，而是指会计科目性质是“现金”或“银行存款”的科目。如果选择的“现金/银行科目”设有部门或职员辅助核算，那么还需要添加对应的部门和职员信息。

4）选择收款方式和票据号。

5）输入金额，指该笔收款单所反映的本次经济业务的总金额。

6）录入摘要，对不常用的摘要，可直接输入；而常用摘要，可通过新增将其保存到摘要词典中，以供输入相同摘要时选择。

7）选择科目，指该笔收款单中“现金/银行科目”在生成凭证时所对应的贷方会计科目。

8）在“金额”栏依次录入每笔分录的金额，在录入最后一笔分录时，可不输入金额，按回车键，系统将根据单据头中的金额与已录入的分录金额，自动补平差额。

（2）其他付款

支付其他应付款、支付财务费用及内部职工报销费用等，可以通过填制付款单生成出纳账，以便于出纳进行银行对账，同时可生成对应的付款凭证，登记相关的财务账。

单击“其他付款”，弹出“付款单”窗口，如图 7-3 所示。

付款单的填制与收款单相似。

3. 收支凭证

填制了收、付款单，只是有了出纳账，还需要生成对应的收付款凭证才能形成相应的财务账。

在流程图窗口中，单击“现金银行”→“收支凭证”选项，进入“收支凭证”向导，在向导窗口中根据提示选择需生成凭证的收、付款单，设置好凭证模板、凭证类型、凭证摘要、凭证生成方式后，单击【完成】按钮，自动生成收、付款凭证。

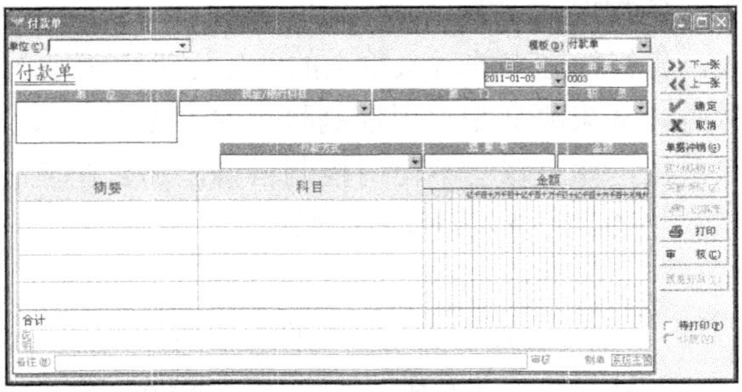

图 7-3 “付款单”窗口

4. 银行对账

银行对账是指企业定期将企业的银行存款日记账与银行送来的对账单进行核对并编制银行存款余额调节表。

在与银行核对账目之前，应先详细检查本单位银行存款日记账的正确性和完整性，再根据银行送来的对账单逐笔核对。但是，即使银行对账单上的存款余额与本单位银行存款日记账上的存款余额都没有错误，也可能会出现不一致的情况，这是由于发生未达账项造成的。所谓“未达账项”是指由于双方记账时间不一致而发生的一方已入账，另一方尚未入账的会计事项。银行对账将帮助企业财务人员快速核对银行账与对账单，找出其中的未达账项，生成余额调节表，从而保证银行存款的安全、完整。

（1）启用银行对账

单击“现金银行”→“银行对账”，弹出“银行科目余额表”窗口，选择要进行对账的银行科目，单击下面的【启用】按钮，输入银行对账启用时间与启用时的对账单余额，如图 7-4 所示。

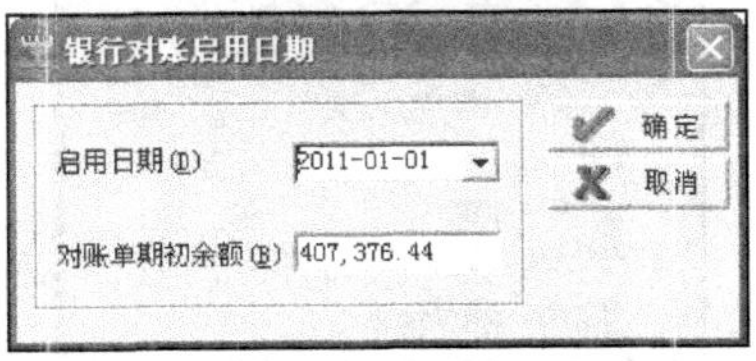

图 7-4 银行对账启用日期设置

必须确定了银行对账的启用日期后，才可进行银行对账的下一步操作（如输入对账单、银行账等），否则，所有的银行对账功能键都处于置灰状态（显示为灰色，表示该功能不可用）。此外，系统将银行存款科目总分类账中启用日期之前的余额，直接取出作为银行账期初余额。

（2）录入对账期初数据

初次使用银行对账功能时，需要先录入启用日期时手工银行余额调节表中的未达账项，即在“对账单”中录入企业未达账项，在“银行账”中录入银行未达账项。要注意的是，输入的未达账项日期必须小于对账启用日期，并且在录入对账单时，其借、贷方所反映的经济业务性质与企业银行账所反映的业务性质是相反的，即银行已收、企业未收的业务数据，应输入对账单的贷方；银行已付、企业未付的，输入对账单的借方。

期初未达账数据录入后，“银行科目余额表”上“调整后银行账余额”与“调整后对账单余额”所显示的金额应平衡相等，否则应检查启用余额以及未达账项是否输入正确。

（3）录入对账期间的业务数据

单击【对账单】按钮，将银行送来的对账单上的业务逐笔手工录入“银行对账单”窗口。

银行账的日常业务数据，如果账套是使用控制科目的，那么录入收付款单后，系统自动将银行账数据带入银行对账系统；如果账套不使用控制科目，那么在填制凭证时输入银行性质的科目后，系统也会自动将银行账数据带入银行对账系统。

（4）银行对账

单击“银行对账”，弹出“银行对账”窗口，如图7-5所示。

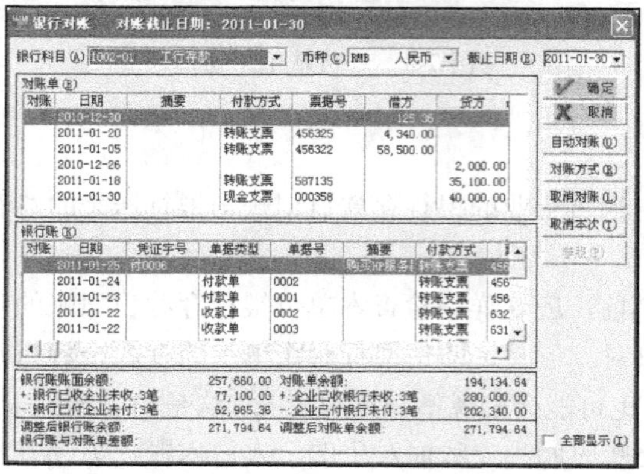

图7-5 “银行对账”窗口

银行对账分自动对账和手工对账两种方法。

选择对账方式，单击【对账方式】按钮，弹出“选择对账及参照方式”对话框，设置自动对账的条件参数，如图7-6所示。

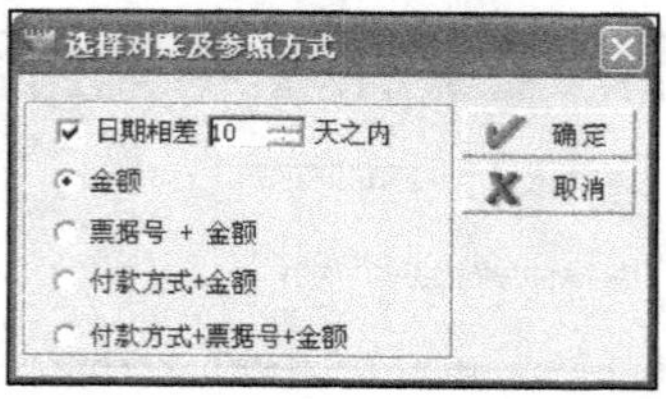

图7-6 对账方式设置

指定对账相差天数，若金额相同，在指定相差天数范围内可进行勾对。同时系统提供了金额、票据号＋金额、付款方式＋金额、付款方式＋票据号＋金额四种对照条件，用户可根据需要选择。条件越多，对账的要求越严格。

单击【自动对账】按钮，系统按照设置好的对账方式进行自动勾对，已勾对的项目被打上勾对标志“√”。

手工对账时，在“对账单”或“银行账”中选择需要勾对的数据，并做上对账标志即可。手工勾账时，可以使用对账参照功能，单击【参照】按钮，对应方只显示与当前金额相等的数据，以便进行勾对。参照时，系统也按照所设置的“对账方式”中的条件进行数据筛选。

单击【关闭】按钮退出银行对账窗口。再次进入时，系统默认显示不包含已对账数据，若需显示已对账数据，可选中“全部显示”复选框。如果选中“全部显示”复选框，系统除了显示未达账数据外，还将显示出已经勾对的银行账和对账单数据，如图 7-7 所示。

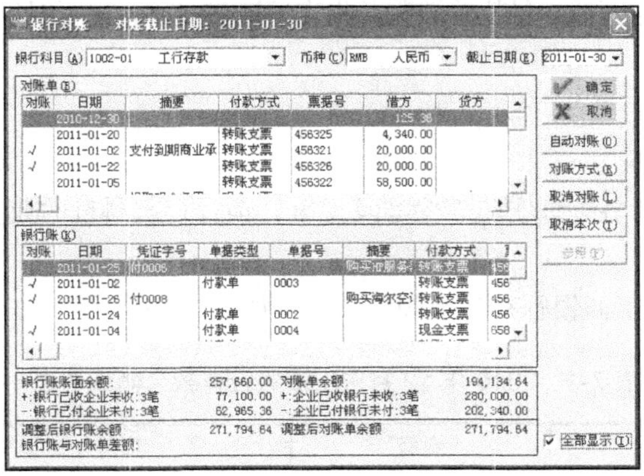

图 7-7　全部显示已勾对的账项和未达账项

（5）查询及打印银行余额调节表

系统自动根据银行对账结果生成“银行余额调节表”。在“银行科目余额调节表”列表中，选择银行科目，单击“余额调节表”按钮，可查看该科目的余额调节表，如图 7-8 所示。

若需打印，单击【打印】按钮即可。

图 7-8　余额调节表

（6）取消启用

已使用银行对账的银行科目，若不再进行银行对账，可以使用“取消启用”功能取消银行对账。

在“银行科目余额表”列表中，选择需要取消的科目，单击【取消启用】按钮，就可以取消该科目的银行对账功能。一旦使用“取消启用”，将会删除指定银行科目的所有对账数据，包括录入的银行账期初数、对账单期数、对账单发生额，且不能恢复。所以在使用该功能时，应该慎重。若需再次使用银行对账功能，必须重新启用。

【现金银行实验】

1. 实验目的

（1）了解现金银行业务的处理流程。

（2）熟练掌握其他收款、其他付款的填制，并生成收支凭证。
（3）掌握银行对账操作，产生余额调节表。

2. 实验内容

根据实验案例资料进行收、付款单填制及收支凭证生成，并进行银行对账，生成余额调节表。

3. 实验案例

（1）收付款业务资料
根据实验6“日常业务处理实验”中涉及现金、银行存款科目的业务资料进行处理。
（2）银行对账资料
1）2010年12月末工商银行存款余额调节表，如表7-1所示。

表7-1　2010年12月末工商银行存款余额调节表　　单位：元

项目	金额	项目	金额
银行账账面余额	407,000.00	对账单账面余额	407,376.44
加：银行已收，企业未收		加：企业已收，银行未收	
1:2010-12-26	2,000.00	1:2010-12-27	1,498.20
减：银行已付，企业未付		减：企业已付，银行未付	
1:2010-12-30	125.36		
银行账调节后余额	408,874.64	对账单调节后余额	408,874.64

2）工商银行2011年1月对账单数据如表7-2所示。

表7-2　对账单数据　　单位：元

日期	摘要	票据号	付款方式	借方	贷方
2011-01-02	支付到期商业承兑汇票	456321	转账支票	20000	
2011-01-02	工行利息				5000
2011-01-04	提取现金备用	658741	现金支票	100000	
2011-01-05		456322	转账支票	58500	
2011-01-06					1498.20
2011-01-10	购买某公司股票	456323	转账支票	100000	
2011-01-13	处置交易性资产收入				8000
2011-01-18		587135	转账支票		35100
2011-01-20		456325	转账支票	4340	
2011-01-22		456326	转账支票	20000	
2011-01-30		000358	现金支票		40000

3）中行存款期初及期末均无未达账。
注意：准备工作：需要删除实验6“日常业务处理实验”中与工行存款有关的凭证。
（1）1月2日，收到工商银行通知，用银行存款支付到期的商业承兑汇票20 000元，转账支票号为 456321。

借：应付票据　　　　　　　　　　20 000

　　贷：银行存款－工行存款　　　　　　20 000

（2）1 月 2 日，收到工商银行通知，将利息收入 5 000 元入账。

借：银行存款－工行存款　　　　　　5 000

　　贷：财务费用－利息收入　　　　　　5 000

（3）1 月 4 日，在工行提取现金备用，现金支票号为 658741。

借：现金　　　　　　　　　　　100 000

　　贷：银行存款－工行存款　　　　　100 000

（4）1 月 7 日，用工商银行存款购买某公司股票，公允价值为 100,000 元，预计持有两年后将出售，转账支票号 456323。

借：可供出售金融资产－成本　　100000

　　贷：银行存款－工行存款　　　　100000

（5）1 月 12 日，处置交易性金融资产（即原取得成本）5000 元，处置时的市场公允价值为（即出售价）8000 元。

借：银行存款－工行存款　　8000

　　贷：交易性金融资产－成本　　　　　5000

　　　　投资收益　　　　　　　　　　　3000

4．实验步骤

（1）填制收款单（以实验 6“日常业务处理实验”中第 2 笔业务“收到工商银行存款利息”为例）

1）以出纳“赵一兵”登录系统。

2）进入“现金银行”模块，单击“其他收款”，将收款单上的日期修改为 2011-01-02。

3）“现金/银行科目”选择“1002-01　工行存款”。

4）收款方式添加“银行通知”，并选中，然后在金额栏中填写 5000。

5）摘要栏输入“收到银行存款利息”，科目选择“6603-02 财务费用－利息收入”，金额为 5000，如图 7-9 所示。

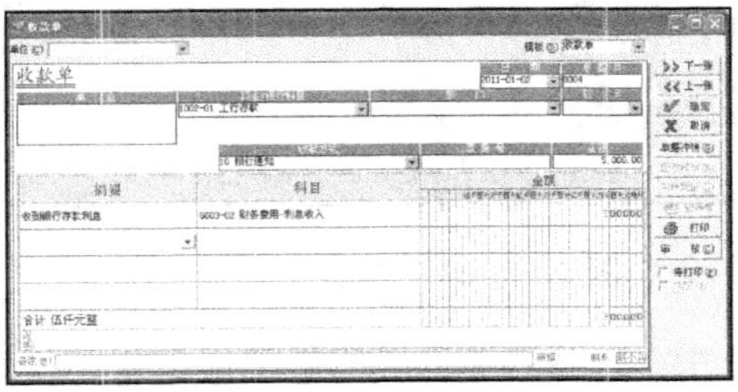

图 7-9　收款单填制

6）单击窗口右边的【下一张】按钮，可保存当前录入的收款单信息并继续录入其他收款单；或者单击【确定】按钮，退出收款单的填制。

（2）付款单填制（以实验 6“日常业务处理实验”中第 1 笔业务“支付到期商业承兑汇票”为例）

1）单击“其他付款”，将弹出的付款单上的日期修正为业务发生时间。

2）“现金/银行科目”选择“1002-01 工行存款”，付款方式选择“转账支票”，票据号输入 456321。

在“用途摘要”中输入“支付到期商业承兑汇票”，预计金额输入 20 000，然后单击【确定】按钮，返回付款单窗口，在金额栏中输入 20 000。

3）在摘要栏输入“支付到期商业承兑汇票”，科目选择“2101　应付票据”，金额为 20 000，如图 7-10 所示。

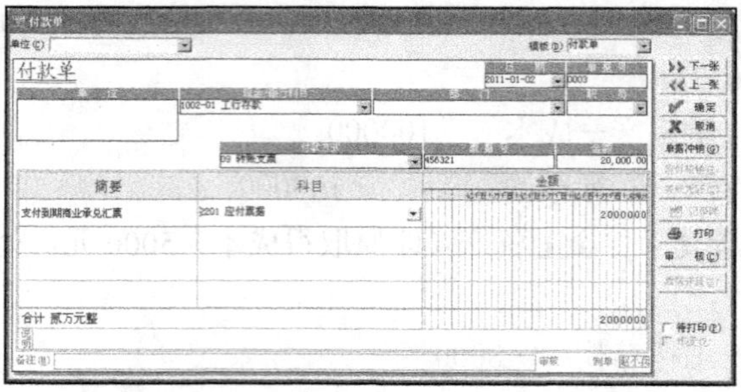

图 7-10　付款单填制

4）按照以上步骤，完成其他付款单的填写。

（3）收支凭证

1）以录入员“李东平”登录系统。

2）进入“现金银行”模块，单击“收支凭证”，在“收支凭证”窗口的“选择单据”页面中，选中相应的收支单据，如图 7-11 所示。

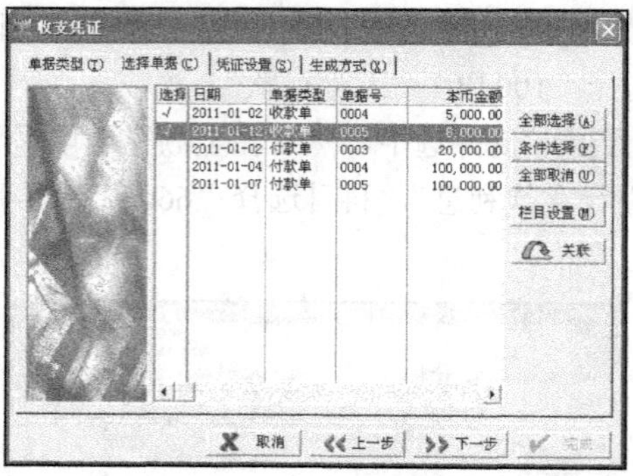

图 7-11　收支凭证－选择单据

3）在“凭证设置”页面中，选择相应的“收款凭证”或“付款凭证”模板、“收款凭证”或“付款凭证”类型，如图 7-12 所示。

4）“生成方式”选择“按单据生成凭证”。

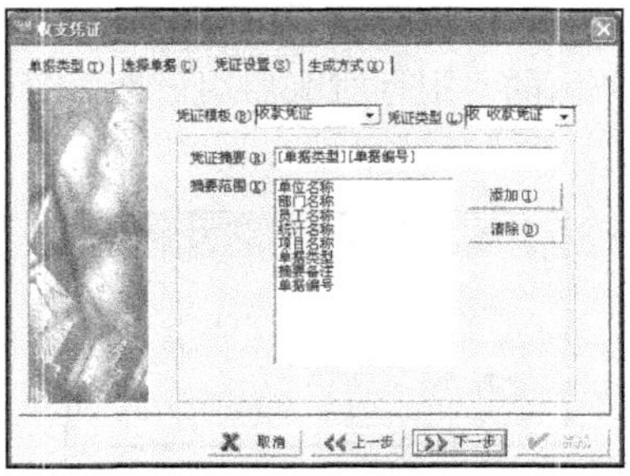

图 7-12　收支凭证—凭证设置

5）单击【完成】按钮，生成对应的收、付款记账凭证，如图 7-13 和图 7-14 所示。

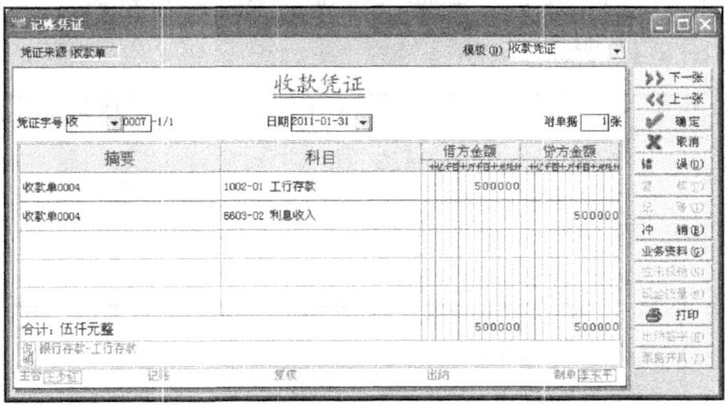

图 7-13　由收款单生成的收款凭证

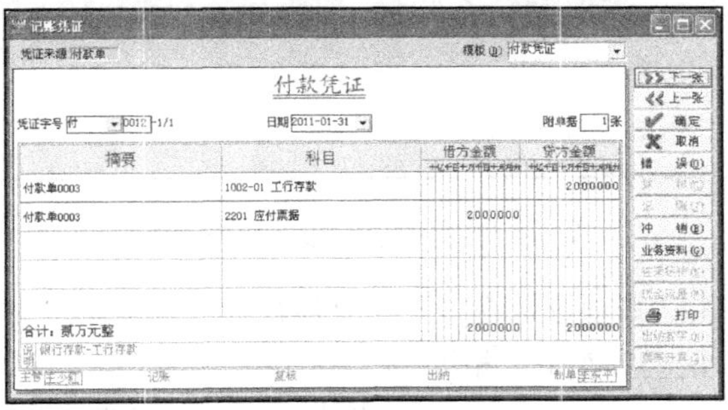

图 7-14　由付款单生成的付款凭证

实验提示

① 收付款业务的会计记账凭证，如果已经手工填制，则不用再通过现金银行的收付功能进行处理，也不需要由“收支凭证”功能生成记账凭证。

② 如果通过收、付款功能处理相关业务，并由收支凭证生成对应的记账凭证，那么这些凭证仍然要在账务管理中审核、记账，之后才能进行期末调汇、通用转账、损益结转等操作，否则会造成账务数据的错漏。

（4）银行对账

1）以会计主管“王少红”登录系统。

2）进入“现金银行”模块，单击“银行对账”，在弹出的“银行科目余额表”窗口中，选择工商银行。

3）单击【启用】按钮，在弹出的“银行对账启用日期”窗口中，设置启用日期与对账单期初余额，如图 7-15 所示。

图 7-15　银行对账启用日期设置

4）启用日期设置好后，单击【确定】按钮，返回“银行科目余额表”窗口，再单击“对账单”，出现“银行对账单”窗口，选择“新增”选项，根据实验资料，手工输入余额调节表上的企业未达账项信息，如图 7-16 所示。

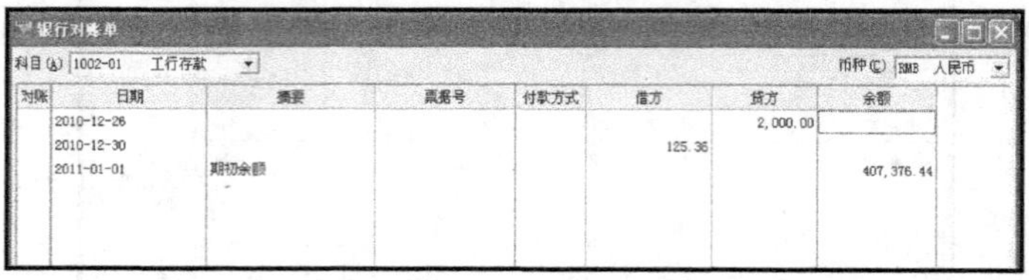

图 7-16　银行对账单期初未达账

5）退出银行对账单期初数据录入，单击“银行账”，录入银行未达账，如图 7-17 所示。

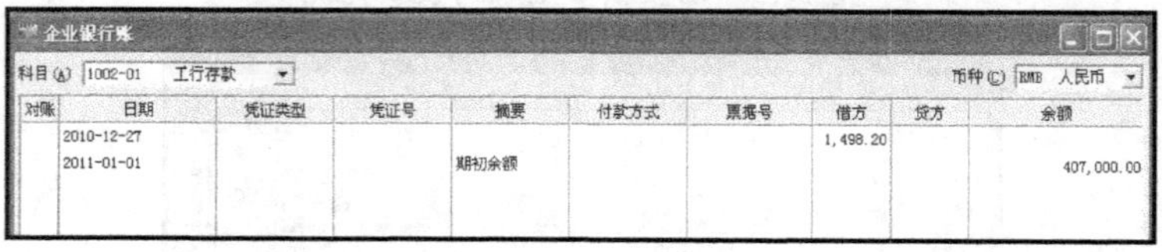

图 7-17　企业银行账期初未达账

6）退出银行账期初未达账项录入窗口，在“银行科目余额表”中，“调整后对账单余额”与“调整后银行账余额”两栏金额平衡相等。

7）单击“对账单”，录入 2011 年 1 月工商银行的对账单数据，如图 7-18 所示。

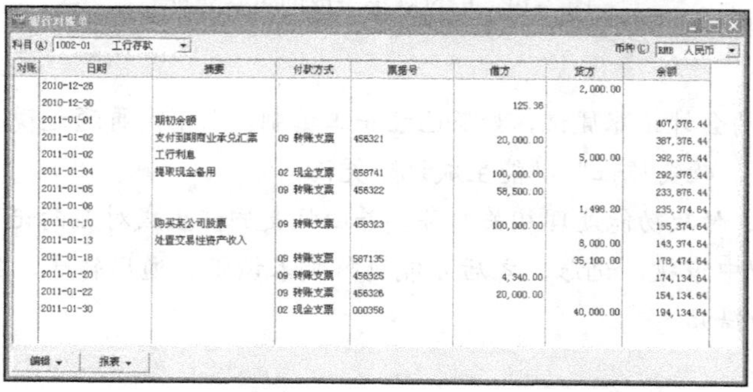

图 7-18　对账单日常业务数据

8）单击“银行账”，系统将根据对账单最后一笔业务的日期，从账务系统中取出涉及的银行存款数据，如图 7-19 所示。

9）在“银行科目余额表”窗口中单击“银行对账”，将出现“银行对账”窗口，如图 7-20 所示。

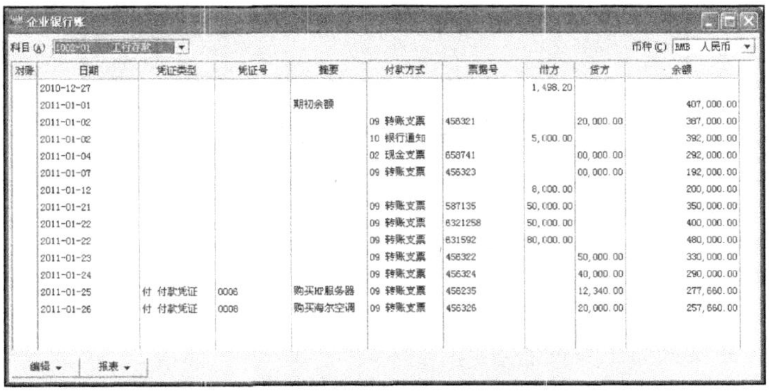

图 7-19　企业银行账数据

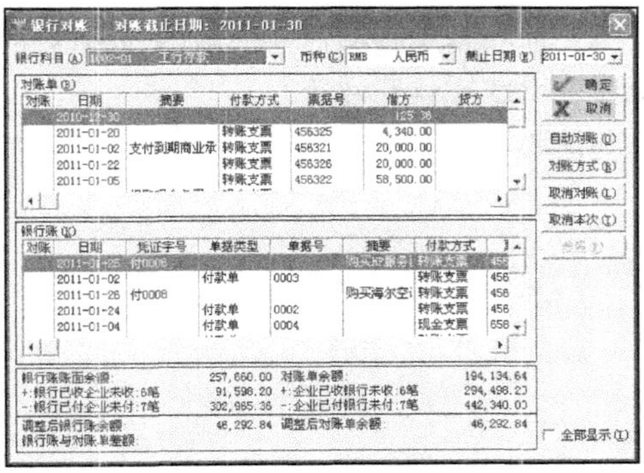

图 7-20　“银行对账”窗口

10）在“银行对账”窗口中单击【对账方式】按钮，将出现“选择对账及参照方式”对话框，根据实验案例，选择对账的具体方式为“票据号＋金额”，如图 7-21 所示。

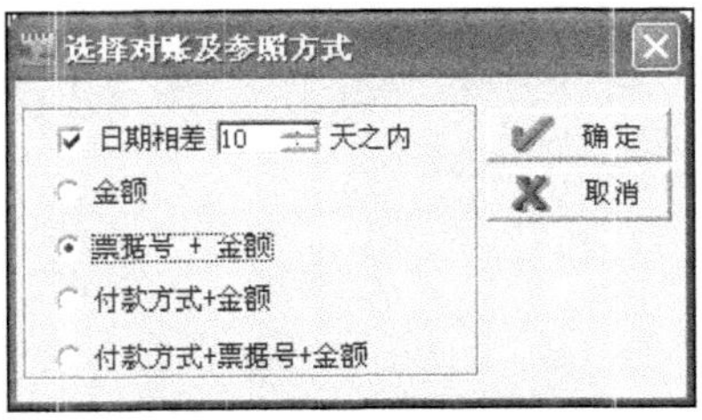

图 7-21　选择对账及参照方式

11）在“银行对账”窗口中单击【自动对账】按钮，系统将按照设置的对账方式实现自动对账。

12）在“银行科目余额表”窗口中单击“余额调节表”，可自动生成余额调节表，如图 7-22 所示。

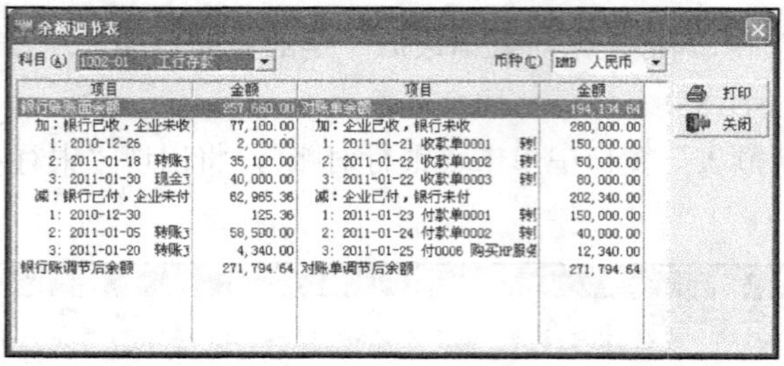

图 7-22　余额调节表

思考题

1. 简述会计科目设置的主要内容。
2. 试算平衡检查的内容有哪些？
3. 银行对账的主要内容是什么？
4. 辅助核算的作用是什么？简述数量辅助核算与部门辅助核算的处理流程。
5. 记账凭证复核与记账时应该注意哪些问题？
6. 简述期末结账的条件与流程。

第3章 固定资产管理

固定资产管理模块的主要作用是管理好企业的各种设备，建立完善的设备档案，随时跟踪固定资产的变动情况，并且为账务系统提供固定资产凭证，同时正确计提折旧，为成本管理系统提供折旧费用数据。

固定资产管理主要包括两方面的内容：一是对固定资产卡片与台账的管理，负责记录使用部门、是否在用等所有有关固定资产的信息，登记固定资产的增加、减少、变动等流水账信息，严格管理固定资产发生的增减变化；二是进行固定资产的会计处理，包括确定固定资产的折旧方法和使用年限、每月计提固定资产折旧、自动生成凭证等。固定资产管理模块能够使企业提高工作效率和管理水平，减少由于管理不当带来的固定资产经济损失。

通常情况下，固定资产管理模块的基本功能可分为基础设置和日常应用两个部分。基础设置部分主要完成固定资产管理模块运行所需的必要的环境参数的设置以及对已有固定资产的卡片进行初始化，为系统的日常应用部分正常运行打好基础。如在卡片建立的过程中，需要对固定资产变动方式、固定资产类别和来源类型以及折旧处理等进行设置，这些都需要在基础设置中进行定义。另外，为了对用户更加实用，系统会提供一些用户自定义的项目供用户设置，通常包括定义固定资产卡片的项目和格式，固定资产报表的项目、格式和查询条件等。日常应用部分主要完成固定资产增加、减少、其他变动的管理，折旧处理，报表生成和查询打印等工作，是固定资产管理模块的主要功能部分。在处理固定资产增减变动时，先通过“固资增加”、“固资减少”等功能填制固资卡片，系统将自动登记相应的固定资产账册，然后计提折旧。在处理“其他变动”之前，必须先计提折旧。采用工作量法计提折旧的固定资产，在固定资产卡片的“折旧资料”中必须录入预计工作总量及工作量计量单位，然后再计提折旧。

固定资产管理系统的基本处理流程如下图所示。

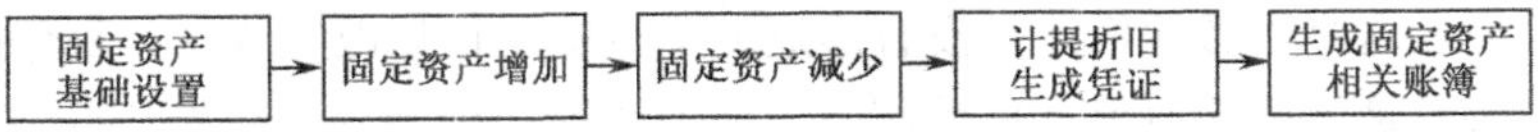

实验8 固定资产管理

【实验预习】

1. 固定资产管理模块的基础设置

在进行固定资产管理模块的基础设置前，需要对企业已有的固定资产进行一次全面的清查和资料整理，并综合考虑固定资产卡片台账管理与固定资产的会计处理两方面的业务需要。固定资产的核实和编码工作是十分重要的。没有信息的收集，就谈不上管理。而且，在进入日常应用后，固定资产有关信息的更改大多将直接影响报表。在进行固定资产编码时，有条件的企业还可以采用二维条形码技术以提高可靠性和准确性。另外，折旧方法在选择和确定时需要遵守一贯性原则，对固定资产原值也要遵守历史成本的计价原则。

在使用固定资产管理模块时，首先应在账套中完成固定资产管理模块的相关设置。第一步就是在基础设置中完成固定资产相关基础编码的设置，包括固定资产的类型、增加减少的方式、使用状态等信息，以及用户根据自己的需要自定义的一些项目。

除了以上提到的基础信息外，系统还需要进行初始信息的录入。需要录入的初始信息包括已有固定资产的编码、名称、规格型号、建造单位或生产厂家、数量、计量单位、原值、启用时间、预计使用年限、已使用年限、累计折旧、预计净残值、折旧方法、年（月）折旧率、保存地点、使用部门、附属设备清单、备注，等等。

2. 固定资产日常业务

（1）固定资产的增加

固定资产采用计算机管理后，当发生购入、投资转入、盘盈，以及其他方式增加企业固定资产时，对新增加的固定资产就要进行“固资增加”的操作。其基本操作与在固定资产初始化阶段所做的工作基本一致，唯一不同的是，在固定资产的基本信息录入完成后，要根据该项业务的内容，由系统按照设置的参数，自动生成记账凭证，而在固定资产初始化阶段录入的固定资产是不需要生成凭证的。

新增加的固定资产第一个月不计提折旧。如果新增的是旧资产，其已计提折旧的月份、累计折旧和累计工作量等信息应准确记录，否则不能正确计算折旧。

（2）固定资产的减少

固定资产的减少，是指系统已经开始计提折旧或生成凭证后再发生的出售、报废、盘亏以及其他方式引起的企业固定资产的减少，否则减少资产只需删除相关固定资产卡片即可。对减少的固定资产就要进行“固资减少”的操作。

减少的固定资产当月仍要计提折旧。

（3）固定资产卡片的修改

在固定资产卡片通过“固资增加”或“固资期初”等方式录入系统后，可能会由于某种原因需要修改，这种修改通常有两种情况，一种是在当月结账前就发现录入的错误，可以直接对卡片进行编辑处理，这时所做的修改是没有痕迹的，也就是说修改完成后，被修改的内容将不能查到。另一种情况是资产的原值、使用部门、使用状况、折旧方法、累计折旧、使用年限、净残值率、资产类别、折旧费用科目等内容未在录入当月及时进行修改的，只能通过系统的变动功能来完成，系统提供了“其他变动”功能来处理这种对固定资产卡片的修改，这时所做的修改是有痕迹的，在固定资产卡片中可以查询到变动的内容。

已经生成固定资产凭证的变动资料不能直接进行删除或修改。如果需要修改或删除已生成记账凭证的变动资料，必须先删除根据该变动资料生成的记账凭证，然后才能对该变动资料进行修改或删除操作，这样可以使账务系统的数据与固定资产管理系统的数据保持一致。

（4）固定资产的折旧处理

对系统中的固定资产自动计提折旧是固定资产管理模块的主要功能之一。对固定资产的计提折旧是相对有规律的操作，系统根据录入的各种固定资产增减变动情况，按照定义的折旧方法自动在每个会计期间的期末计算每项资产的折旧，完成折旧费用的分配，生成记账凭证，自动完成记账，并且自动登记固定资产卡片中累计折旧信息。由于固定资产折旧凭证是自动生成的，所以折旧费用科目和计提折旧的时间在生成固定资产的折旧凭证时应事先定义好，当会计核算方法改变时，这些设置也可以进行相应的修改。“累计折旧”是“固定资产”的默认折旧科目，这一科目只进行总分类核算，而不进行明细分类核算。如果要查看某一项固定资产的累计折旧，可以查阅该固定资产卡片中的累计折旧信息。

在金算盘软件中，固定资产的折旧处理有以下注意事项：

1）本期增加的固定资产不计提折旧，本期减少的固定资产仍需计提折旧；

2）当期已经计提折旧，需重新计提折旧时，必须删除计提折旧凭证后，再计提折旧；

3）如果本期没有计提折旧，在下个期间计提折旧时，系统自动计提两个期间的折旧费用。

固定资产符合以下条件之一，系统将停止对该固定资产计提折旧：

1）净值小于或等于预计净残值；

2）已提折旧期间等于预计使用期间或已提折旧累计工作量等于预计总工作量；

3）折旧类型为“永不计提折旧”的固定资产。

（5）固定资产凭证的生成

固定资产管理模块与账务模块之间存在着数据的传输，而这里的传输是通过制作传送到账务系统的记账凭证来完成的。要生成正确的凭证，首先要正确、完整地设置会计科目，如“固定资产”、“累计折旧”，以及有关生产（经营）成本、费用科目。

在固定资产凭证的生成上，可以生成固定资产增加、固定资产减少和其他变动等固定资产业务的凭证。金算盘软件提供了两种生成方式：“单张生成”与“批量生成”。“单张生成”方式是一次为一张固定资产卡片生成凭证。“批量生成”方式是一次为多张固定资产卡片生成凭证。

“单张生成”时，进入“固定资产列表”窗口，在“变动资料”页中选择找到需生成凭证的固资卡片，双击即可进入固定资产卡片窗口，单击【记账凭证】按钮，系统将自动生成选择的固定资产的凭证。

“批量生成”时，系统提供了凭证生成向导。单击固定资产管理模块流程图中的“固资凭证”图标，进入“固资凭证向导”窗口。按照向导的提示生成凭证即可。

3. 固定资产报表与查询

固定资产管理模块提供了较强的固定资产报表与查询功能。

在系统的提示下，可以完成固定资产报表的格式、项目和查询条件的用户自定义。经常用到的固定资产报表如下。

1）统计类：固定资产汇总表、固定资产增减表、固定资产清单。

2）分析类：固定资产类别构成分析表、固定资产类别价值结构分析表、固定资产部门构成分析表、固定资产使用情况分析表。

3）折旧类：固定资产折旧汇总表、固定资产累计折旧表。

4）账簿类：固定资产总账、固定资产明细账（卡片）。

5）用户自定义的报表。

对固定资产报表的查询，不但可以进行报表项目的设置，对显示的内容也可以设置条件进行过滤，甚至对于报表的格式也可以进行用户自定义。对分析类的报表，有的系统还带有图形分析功能，为固定资产信息的使用者提供了更加直观的信息使用方式，如柱形图、折线图、饼形图，以及三维图形等多种形式。

（1）固定资产卡片查询

通过对固定资产卡片的查询，可以在系统列出的固定资产列表中找到所需要的固定资产信息。系统默认的固定资产列表表头显示了最常用的一些项目，如果在系统给出的项目中没有找到所需的项目，有两种方法可以将所需的内容显示出来：一是在固定资产列表中双击选中的记录，调出该固定资产的卡片，在卡片中查找相关信息；二是系统通常会提供用户对固定资产列表进行重新定义的功能，可以在表头部分增加所需的项目，以便显示出所需信息。

不带查询条件直接调用固定资产列表，可以得到所有的固定资产资料。但是，通常只是需要查询其中的一部分固定资产，因此，对固定资产列表的查询可以加上一些特殊的条件，这些条件可以是卡片编号、所属部门、使用状态、原值、折旧方法等。

固定资产的最新资料及所有的变动记录在固定资产卡片中都做有记录，可以随时进行查询。其具体步骤如下。

1）在流程图中单击“固资卡片”或在“固定资产列表”窗口中单击“固资卡片”标签，进入固定资产卡片列表。在列表的“固资卡片”中显示了当前所有的固定资产，双击某项固定资产就可以查阅该项固定资产的卡片。在弹出的窗口中通过单击【上一张】、【下一张】、【最前】或【最后】按钮还可以翻阅其他固定资产卡片。

2）在“固定资产列表”窗口，如图 8-1 所示，可以查阅到该固定资产的基本资料、折旧资料及变动记录的主要信息。

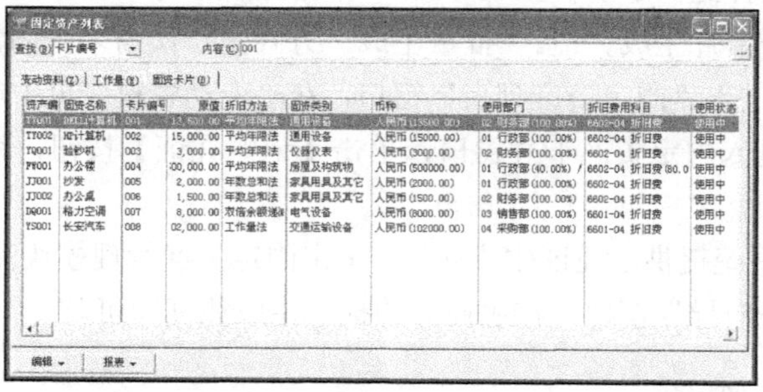

图 8-1　固定资产列表

3）如果需要查询某条特定的固定资产卡片，可以单击“查找”下拉列表框，选择需要作为查询条件的字段，然后再在“内容”输入框中输入条件值，单击查询按钮，则固定资产列表将定位到符合条件的固定资产卡片。

（2）自定义条件查询

如果用户所拥有的固定资产的数量较大，或者需要使用多个条件进行组合查询时，以上方法就显得不够理想，此时可以按照如下方法操作。

1）在流程图中单击“固资卡片”，在“固定资产列表”窗口中单击“固资卡片”标签，进入固定资产卡片列表，选择列表中的“固资卡片”。

2）单击左下角的【编辑】按钮，再选择“筛选”，则出现筛选条件定义窗口，如图 8-2 所示。可以在这里输入多个组合条件，如果输入的条件大于一个，则条件与条件之间是“与”的关系。

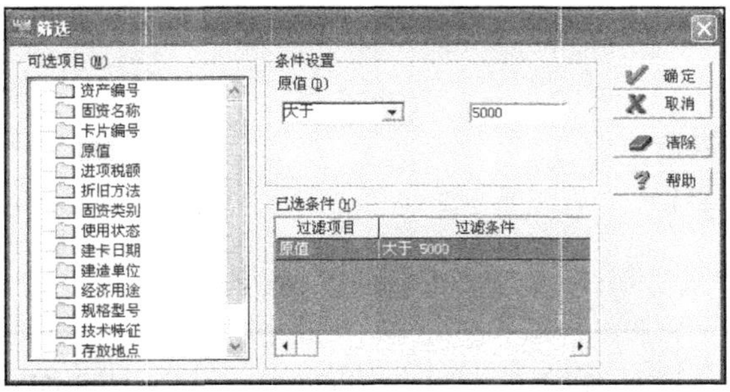

图 8-2　筛选

3）这里假设用户要查找原值在 5 000 元以上的固定资产，则首先在左边的“可选项目”中选中“原值”，再在右边的“条件设置”中把“大于”和“5000”这两个条件填入，然后单击【确定】按钮，系统自动返回“固定资产列表”窗口，并在窗口中列出所有符合条件的固定资产。

（3）固定资产报表查询

账簿类报表可以在“账务”模块的“总分类账”中查到。

统计类和折旧类报表可以在“固定资产”模块中查到。

分析类报表可以在“分析查询”模块的“财务分析”中查到，如图 8-3 所示。

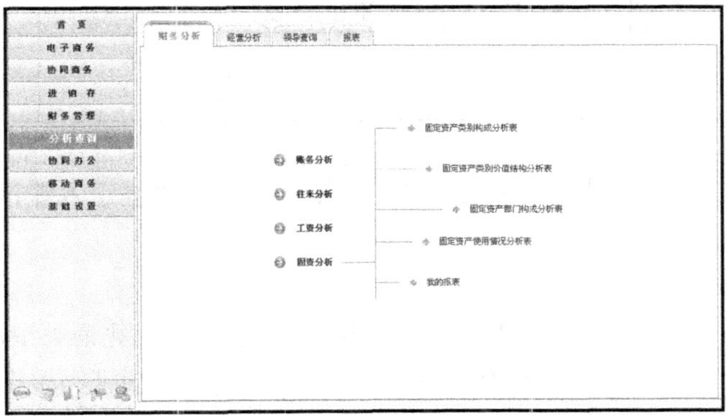

图 8-3　固定资产分析报表

系统自带了很多默认的报表，但有时，默认的报表不能满足查询需要，这时，系统提供了创建新报表的功能，打开一个已有的报表后，可以调整所查询的报表的数据项目、查询条件、报表格式等参数，然后单击【报表另存】按钮，系统会根据设置情况产生新的报表。

【固定资产管理实验】

1. 实验目的

（1）掌握固定资产基础设置。

（2）掌握固定资产日常管理操作。

2. 实验内容

（1）根据金算盘财务软件，完成固定资产的基础设置。

（2）完成固定资产的日常管理。

3. 实验案例

（一）固定资产基础数据

1）固资类别（见表 8-1）

表 8-1　固 资 类 别

类别编码	类别名称	折旧类型	折旧方法	预计使用年限	净残值率	编码规则
1	通用设备	正常计提折旧	平均年限法	3	3%	TY000
2	专用设备	正常计提折旧	平均年限法	5	3%	ZY000
3	交通运输设备	正常计提折旧	工作量法	200000 km（总工作量）	5%	YS000
4	电气设备	正常计提折旧	双倍余额递减法	5	3%	DQ000
5	电子产品及通信设备	正常计提折旧	平均年限法	5	3%	DZ000
6	仪器仪表	正常计提折旧	平均年限法	5	3%	YQ000
7	家具、用具及其他	正常计提折旧	年数总和法	5	3%	JJ000
8	房屋及建筑物	正常计提折旧	平均年限法	30	5%	FW000
9	土地	不计提折旧	不计提折旧			TD000

是否计提折旧，均由使用状态决定。平均年限法均设为“基于入账净值和入账剩余使用期间”。

2）固资变动方式

将“购入”变动方式中的对应科目设置为“1604 在建工程”，凭证类型设置为“转账凭证”；将“出售”变动方式的对应科目设置为“1606 固定资产清理”，凭证类型设置为“转账凭证”，其余变动方式不变。

3）固资期初（见表 8-2）

表 8-2　固 资 期 初

卡片编号	固资编码	固资名称	固资类别	原值	累计折旧	已提折旧期间	使用部门	折旧费用科目
001	TY001	DELL 计算机	通用设备	13500	4365.00	12	财务部	管理费用－折旧费
002	TY002	HP 计算机	通用设备	15000	1212.51	3	行政部	管理费用－折旧费
003	YQ001	验钞机	仪器仪表	3000	242.50	5	财务部	管理费用－折旧费

续表

卡片编号	固资编码	固资名称	固资类别	原值	累计折旧	已提折旧期间	使用部门	折旧费用科目
004	FW001	办公楼	房屋及建筑物	500000	105555.20	80	行政部(40%) 财务部(40%)	管理费用—折旧费 80%
							销售部(10%) 采购部(10%)	销售费用—折旧费 20%
005	JJ001	沙发	家具、用具及其他	2000	485.01	9	行政部	管理费用—折旧费
006	JJ002	办公桌	家具、用具及其他	1500	873.00	24	财务部	管理费用—折旧费
007	DQ001	格力空调	电气设备	8000	4000.04	17	销售部	销售费用—折旧费
008	YS001	长安汽车	交通运输设备	102000	29070.00	60000计量单位：km	采购部	销售费用—折旧费

说明：使用状态均为正常使用中。增加方式均为购入。

（二）经济业务

（1）1月25日，用中行美元账户存款购买计算机一台，价格8000美元，当天汇率为1美元=6.77元人民币，同时用工行存款支付关税3000元，运费9340元，工行转账支票号456325，中行转账支票号151521。折旧按原值和预计使用期间计提折旧，相关内容见表8-3所示。

表8-3 资 产 明 细

卡片编号	固资编码	固资名称	固资类别	原值	使用状态	增加方式	使用部门	折旧费用科目
009	TY003	HP服务器	通用设备	66500	使用中	购入	财务部	管理费用—折旧费

1）支付相关款项（“总账管理”模块处理）：

借：在建工程　　12340

　　贷：银行存款—工行存款　　12340

借：在建工程　　54160

　　贷：银行存款—中行存款　　54160　（美元：$8000）

2）增加固定资产（“固定资产”模块中自动生成）：

借：固定资产　　66500

　　贷：在建工程　　66500

（2）1月26日用工商银行存款购入办公用空调一台（转账支票号456326），折旧计算按原值和预计使用期间计提折旧，相关内容见表8-4所示。

表 8-4 资 产 明 细

卡片编号	固资编码	固资名称	固资类别	原值	使用状态	增加方式	使用部门	折旧费用科目
010	DQ002	海尔空调	电气设备	20000	使用中	购入	财务部	管理费用－折旧费

如下凭证“固定资产”模块中自动生成：

借：固定资产　20000

　　贷：在建工程　　20000

支付相关款项（“总账管理”模块处理）：

借：在建工程　　　20000

　　贷：银行存款－工行存款　　20000

（3）1 月 29 日，录入长安运输车本期工作量 3 000km。

（4）1 月 30 日，按固定资产的使用部门计提折旧（由固定资产模块自动生成）。

借：管理费用－折旧费（财务部）　　858.72

　　管理费用－折旧费（行政部）　　880.28

　　销售费用－折旧费（财务部）　　105.56

　　销售费用－折旧费（行政部）　　105.56

　　销售费用－折旧费（销售部）　　186.39

　　销售费用－折旧费（采购部）　1479.88

　　管理费用－折旧费（销售部）　　105.56

　　管理费用－折旧费（采购部）　　105.56

　　贷：累计折旧　　　　　3827.51

（5）1 月 31 日，将固资编码为 TY001 的固定资产出售，款未收到，暂时只作清理凭证（“固定资产”模块中自动生成）。

借：固定资产清理　　8771.25

　　累计折旧　　　　4728.75

　　贷：固定资产　　　　13500

4. 实验步骤

（1）固定资产基础设置

1）在流程图窗口中选择“固资管理”，再单击“固资类别”，弹出的窗口中有系统预先设置的几个常用的固资类别，如图 8-4 所示。

2）直接双击“通用设备”，也可以选中“通用设备”后单击【编辑】按钮并选择【修改】，弹出“修改固资类型”窗口，如图 8-5 所示。

实验提示

如果系统设置的固资类别中没有用户需要的类别，可以直接单击【编辑】按钮中的【新增】，完成一个新类别的定义。

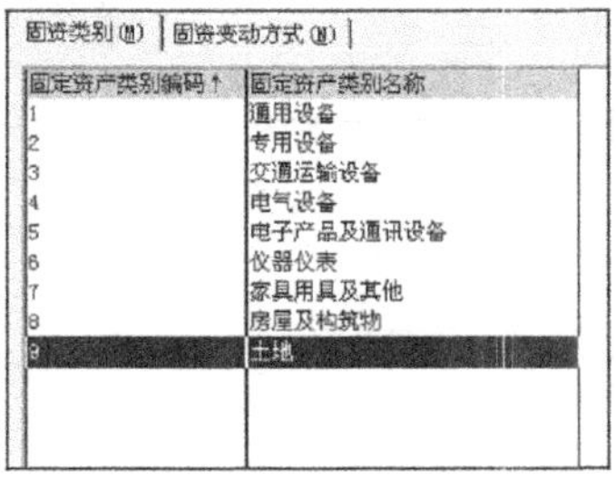

图 8-4　固定资产编码操作界面

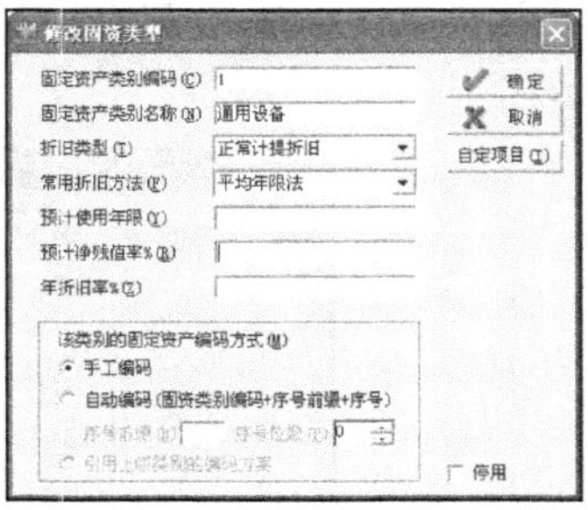

图 8-5　修改固定资产操作界面

3）根据案例资料进行定义并输入固定资产类别编码和名称。

4）进行折旧类型的选择。单击“折旧类型”下拉列表框，系统提供了三种折旧类型：正常计提折旧、永不计提折旧、永远计提折旧。正常计提折旧是指固定资产在未使用、不需用时不计提折旧；永不计提折旧是指固定资产永远不计提折旧，如土地、行政单位的固定资产等；永远计提折旧是指固定资产在不需用、未使用期间仍然计提折旧。

5）选择折旧方法，系统提供了 4 种常用折旧方法：平均年限法、双倍余额递减法、年数总和法、工作量法。如果该类固定资产不计提折旧，可以在“常用折旧方法”列表中选择“不计提折旧”项目表示该类固定资产不计提折旧。

6）填入“预计使用年限”、“预计净残值率”和“年折旧率”，如图 8-6 所示。

7）单击【确定】按钮，系统自动保存。

8）重复步骤 1）～7），将所有的固定资产类别修改完毕。

9）在流程图窗口中选择“固资编码”，再单击“固资变动方式”，如图 8-7 所示。

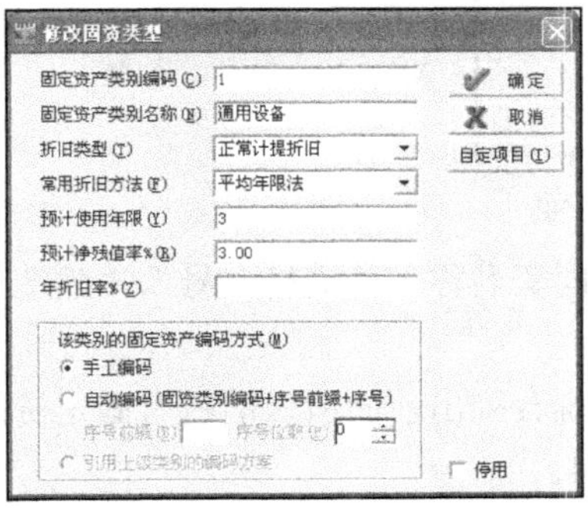

图 8-6　修改固资类型

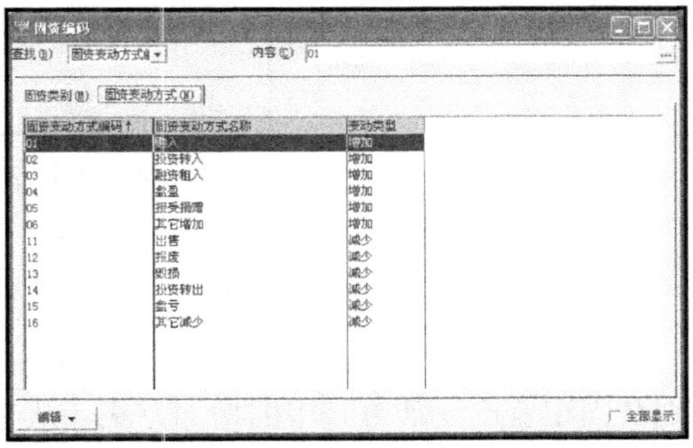

图 8-7　固定资产变动方式操作界面

10）直接双击“购入”，也可以选中“购入”方式后单击【编辑】按钮并选择【修改】，出现“修改固资变动方式”界面，选择对应科目“1603 在建工程”和凭证类型“记账凭证”，单击【确定】按钮，保存信息并退出该窗口。

实验提示

如果系统设置的固定资产变动方式中没有用户需要的方式，可以直接单击“编辑”按钮中的“新增”，完成一个新方式的定义。

11）重复步骤 10，修改变动方式“出售”的相应资料。

12）在流程图中选择“基础设置”，再单击“固资期初”，出现“固定资产期初”窗口，如图 8-8 所示。

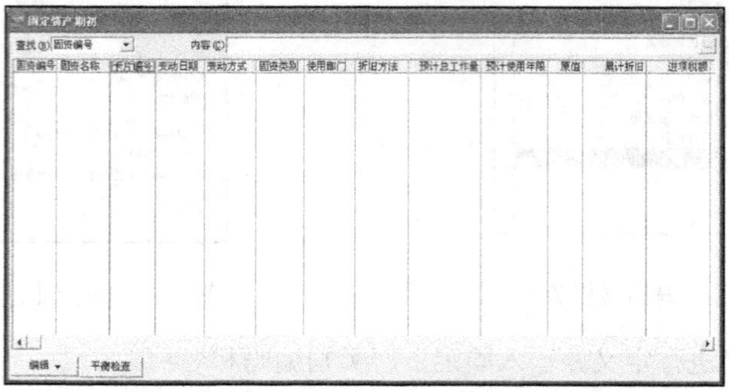

图 8-8　“固定资产期初”界面

13）单击鼠标右键，在弹出的快捷菜单中选择【新增】按钮，出现新增固资界面，如图 8-9 所示。

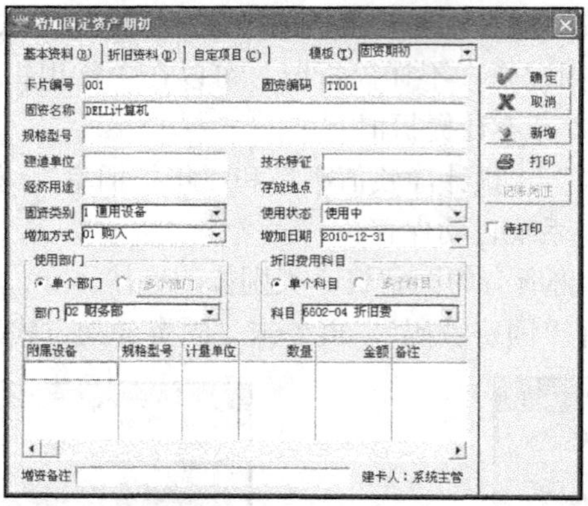

图 8-9　“新增固定资产期初”界面

14）通过该界面可以填入“卡片编号”、“固资编码”、“固资名称”、“规格型号”、“建造单位”、“技术特征”、“经济用途”和“存放地点”。

15）单击“固资类别”和“增加方式”下拉列表框，系统会列出前面所做的所有固定资产类别和固定资产变动方式中的增加方式，从中选出适合的项目。

实验提示

如果在列出的固定资产类别和固定资产变动方式的增加方式中没有找到需要的项目，可以单击【新增】按钮增加新的项目，或单击【修改】按钮通过调整获得需要的项目。

16）单击“使用状态”下拉列表框，系统给出了 4 种使用状态：“使用中”、“未使用”、“不需用”和“出租”，选择“使用中”。

17）单击“增加日期”下拉列表框，在出现的日历中完成日期的选择（由于账套起始日期是 2011 年 1 月 1 号，所以系统提供了一个默认的日期即 2010 年 12 月 31 日）。

18）如果只有一个使用部门，在“单个部门”选项的“部门”下拉列表中选择该部门；如果有多个使用部门，选中“多个部门”后，单击【多个部门】按钮，将出现固定资产使用部门界面，通过该界面可以选择使用部门，并设定每个部门的分摊比例，如图 8-10 所示。

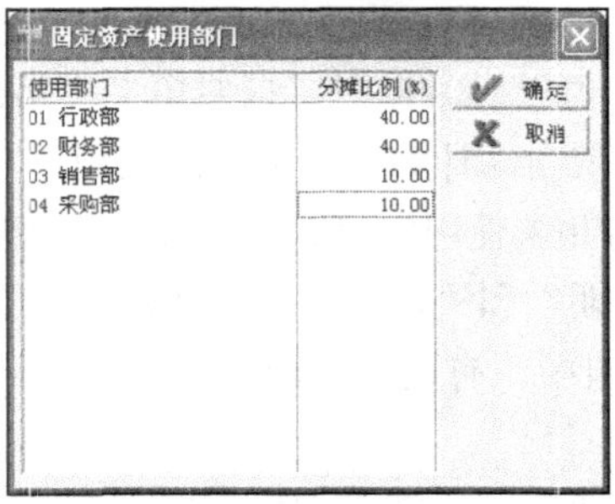

图 8-10　“固定资产使用部门”界面

实验提示

多个使用部门的分摊比例之和必须等于 100%。

19）如果只有一个折旧科目，在“单个科目”选项的“科目”下拉列表中选择该科目；如果有多个折旧科目，选中“多个科目”后，单击【多个科目】按钮，将出现固定资产使用科目界面，通过该界面可以选择折旧科目，并设定每个科目的分摊比例，如图 8-11 所示。

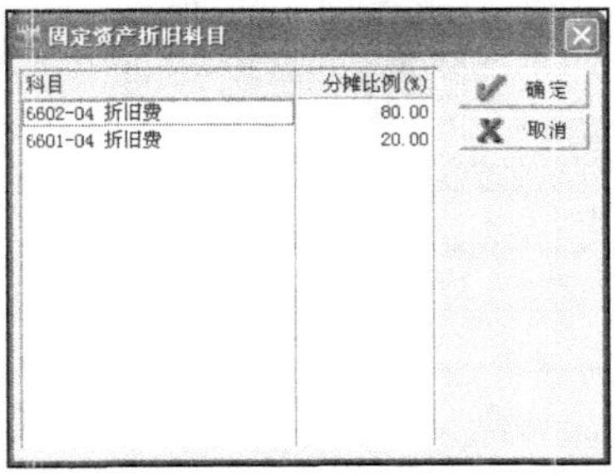

图 8-11　“固定资产折旧科目”界面

实验提示

多个折旧科目的分摊比例之和必须等于 100%。

20）选择“折旧资料”标签页，出现的折旧信息如图 8-12 所示。

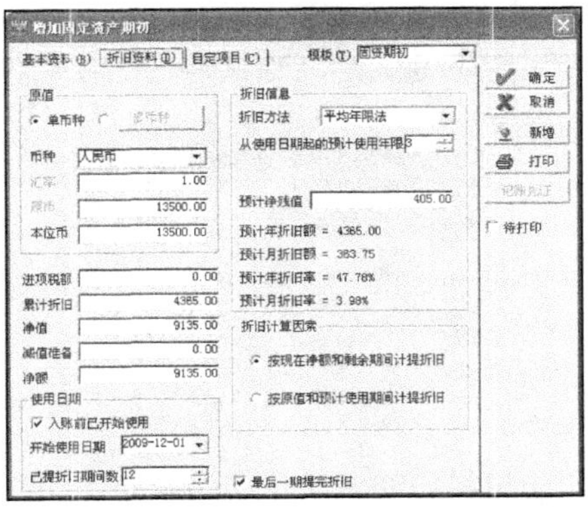

图 8-12　“增加固定资产期初”界面中的“折旧资料”

21）在“原值”选项组中，选择币种，填入汇率、原币和本位币（如果币种为本位币则无需填写汇率和原币）。

22）在“累计折旧”和“净值”对话框中，只要填上“累计折旧”的金额，系统就会根据前一个步骤中填入的固定资产原值自动计算“净值”的金额。

23）如果固定资产在入账前并未使用，可跳过此步骤，否则应选中“入账前已开始使用”复选框，然后填上“开始使用日期”和“已提折旧期间数”。

24）“折旧计算因素”选项组中，有两个选项：“按现在净值和剩余期间计提折旧”和“按原值和预计使用期间计提折旧”。

25）根据案例判断是否选择“最后一期提完折旧”复选框。

26）所有信息录入完成后单击【确定】按钮，系统自动保存。

27）重复步骤 13）～26），将所有固定资产的期初数据录入完毕。

28）平衡检查。在输入完所有的固定资产期初数据后，为了保证输入的数据与科目期初中对应的固定资产、累计折旧科目期初余额一致，还需要进行平衡检查。在固定资产期初列表中，单击“平衡检查”按钮，进行平衡检查，如图 8-13 所示。

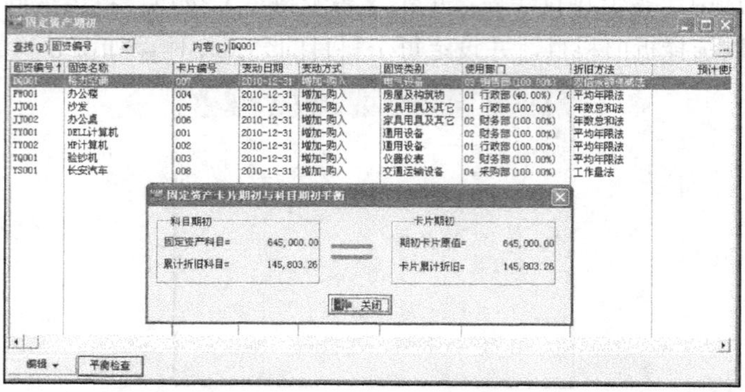

图 8-13　固定资产卡片期初与科目期初平衡

（2）固定资产日常管理操作

固定资产基础设置完成后，再进行固定资产日常管理操作。

1）在流程图中选择“固资管理”，再单击“固资增加”，弹出“固定资产增加”窗口，如图 8-14 所示。

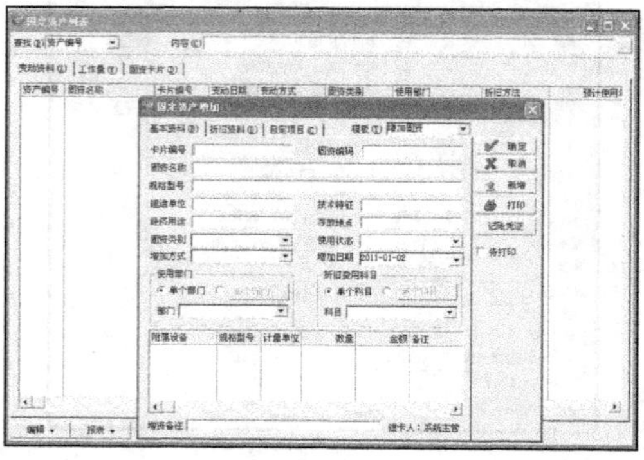

图 8-14　“固定资产增加”界面

2）录入基本信息和折旧信息，如图 8-15 所示。

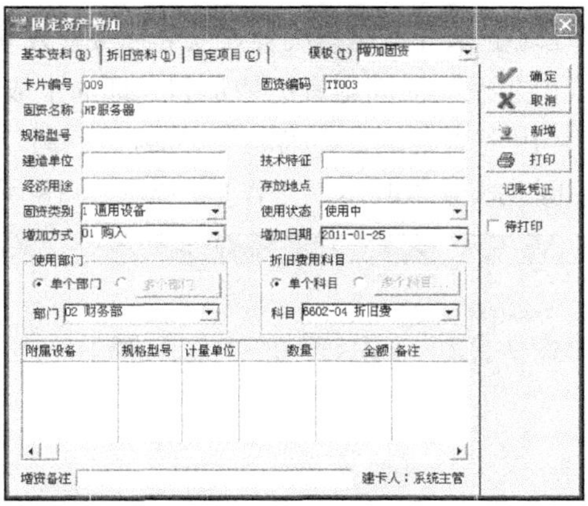

图 8-15　新增固定资产录入界面

✏ 实验提示

该固定资产原值必须通过“多币种”功能进行不同货币数值的录入。

3）选择“记账凭证”，出现“固资凭证向导”界面，如图 8-16 所示。

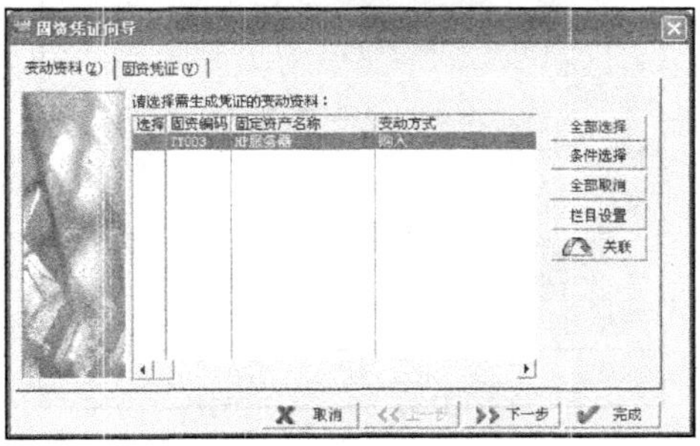

图 8-16　“固资凭证向导”界面

4）选择对应的变动资料项目，单击【下一步】按钮，预览将要生成的记账凭证如图 8-17 所示。

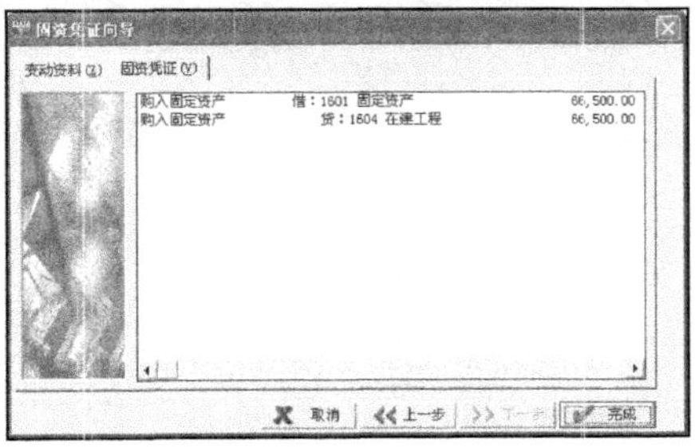

图 8-17　固资凭证

确认无误后，单击【完成】按钮。

实验提示

支付款项的凭证可以通过现金银行功能模块处理或者账务管理模块来进行处理。

5）重复以上步骤，完成海尔空调的固定资产增加和凭证的生成。

6）选择“工作量录入”，出现“固定资产列表”界面，选择长安汽车项目，由于该固定资产折旧方法为“工作量法”，因此需录入其本期工作量，如图 8-18 所示。

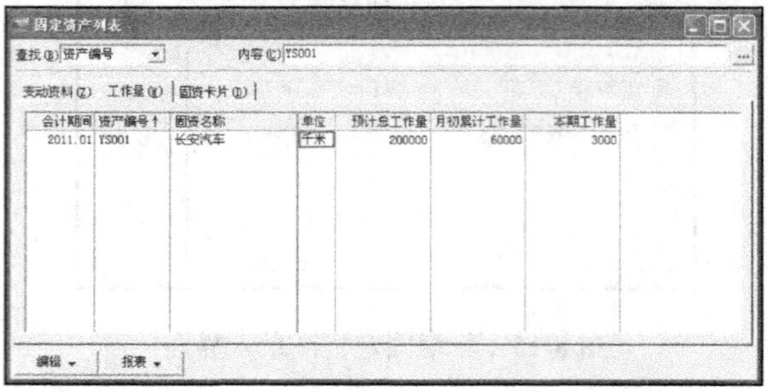

图 8-18　固定资产工作量录入

7）选择“计提折旧”，出现“计提折旧”的界面，如图 8-19 所示。

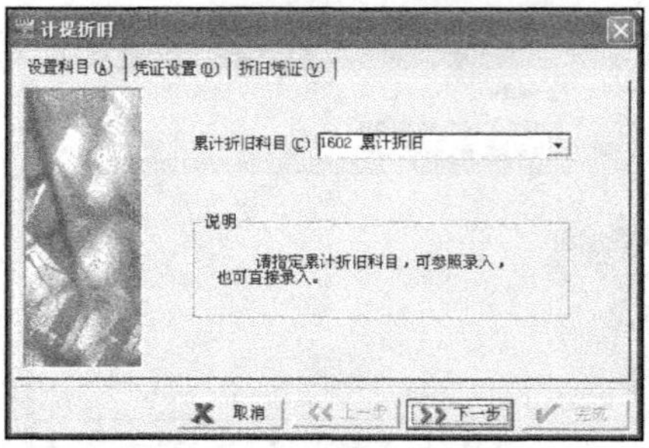

图 8-19　固定资产计提折旧

8）单击【下一步】按钮，出现“凭证设置”，再单击【下一步】按钮，出现“记账凭证”预览。确认无误后，单击【完成】按钮。系统自动生成计提折旧凭证，如图 8-20 所示。

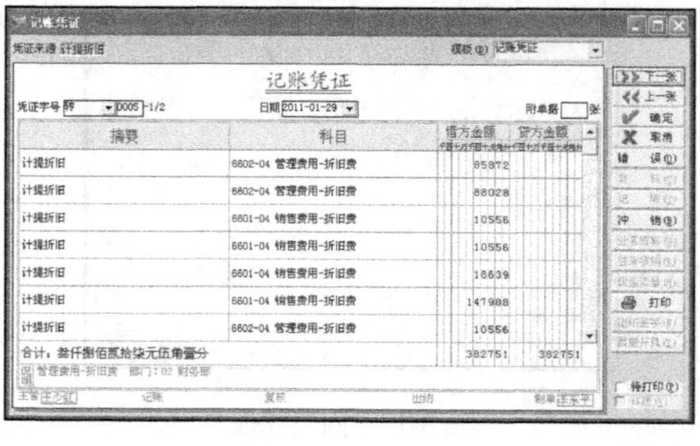

图 8-20　折旧凭证

确认无误后，单击【确定】按钮。

9）选择“固资减少”，出现“固定资产减少”界面，如图 8-21 所示。

10）选择对应的固资编码、设置减少日期及正确的减少方式后，单击【确定】按钮。

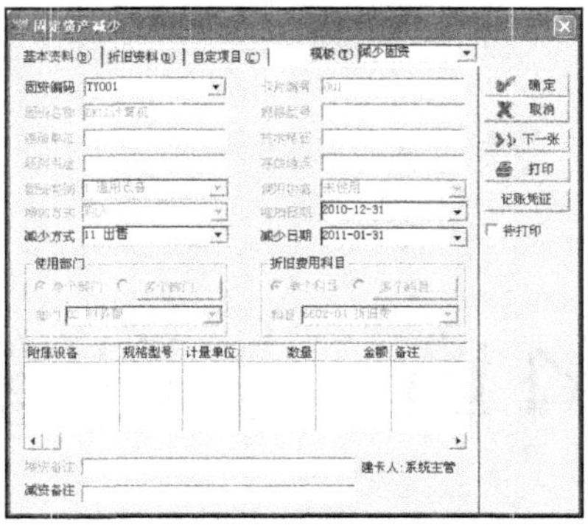

图 8-21 “固定资产减少”界面

11）按照步骤（3）和（4），生成固定资产减少凭证，如图 8-22 所示。

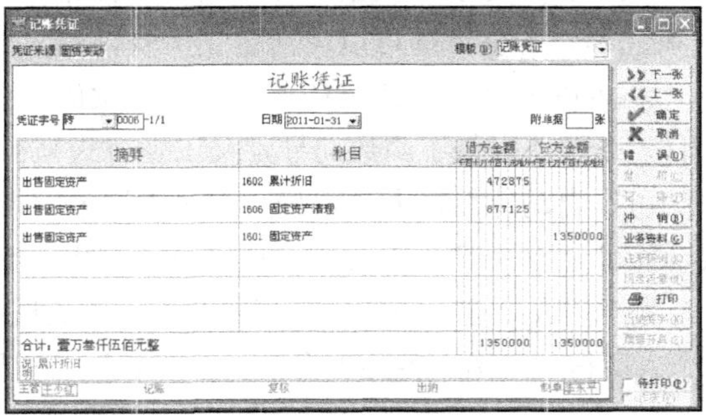

图 8-22 固定资产减少凭证

思考题

1．固定资产系统与账务系统的关系体现在哪些方面？
2．简述固定资产增加、减少业务的处理方法。
3．简述固定资产生成凭证的处理方法。

第4章 工资管理

与金算盘 eERP-B 产品软件其他模块相比，工资管理模块是业务比较简单的一个模块，主要是处理企业支付给职员的劳动报酬，快速完成工资信息的建立、修改、查询、发放等业务。其业务流程一般是先编制工资发放表，再录入数据，然后查询及打印工资表、发放工资条、编制银行代发工资、生成工资凭证等。工资管理可以灵活定义工资项目，并允许一月内多次发放工资，工资项目也可以不同，还可以根据实际情况任意设置工资发放范围和计算范围。此外，由于工资中有较多的计算项目，系统还提供了函数向导定义工资公式来自动计算需要计算的项目。工资数据录入完成后，系统可以自动计算个人所得税；并可以通过银行代发工资。

工资管理模块的主要功能可分为两部分：一是工资管理基础设置，包括部门设置、职员设置、个人所得税设置等功能；二是工资表处理，包括工资表建立、工资数据编辑、工资计算、生成工资转账凭证、银行代发、个人所得税扣缴、各种工资单、工资汇总表及发放表查询打印等功能。

实验9 工资管理

【实验预习】

工资管理系统的基本处理流程如图 9-1 所示。

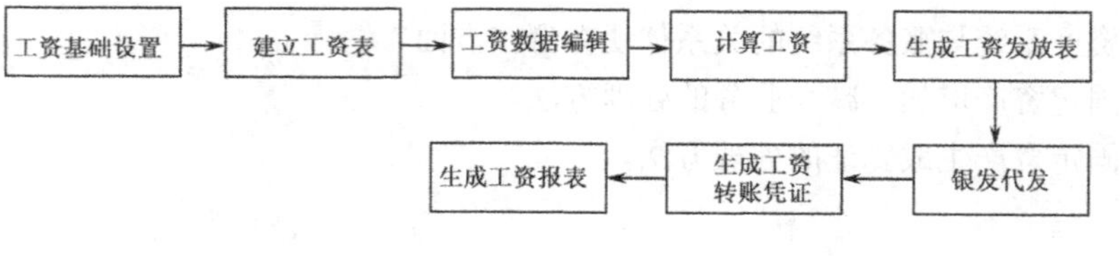

图 9-1 工资管理系统的基本处理流程

工资管理业务操作界面如图 9-2 所示。

1. 工资管理基础设置

（1）部门设置

设置工资管理中需要使用到的部门，详见“实验 5 账套初始化实验”中“部门及职员资料”部分。

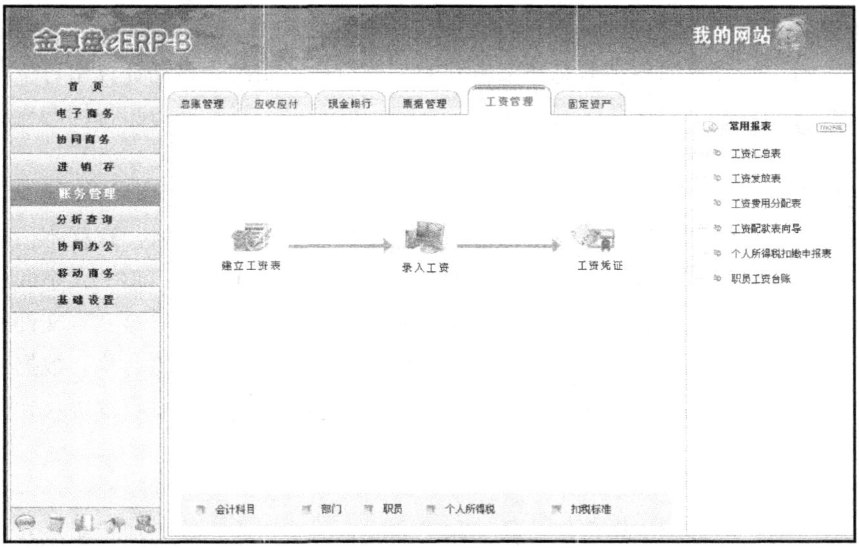

图 9-2　工资业务操作界面

（2）职员设置

因为工资发放的对象主要是本单位人员，所以在进行工资管理前，需要设置本单位的部门和职员的相关信息，这是正确计算工资的第一步。在手工核算工资时，仅手工抄录职工名单一项，工作量就很大。采用计算机辅助进行工资核算处理，将大大提高工作效率。对工资管理而言，在职员设置中，最重要的是要设置好每位员工所适用的个人所得税扣税标准，代发工资银行及账号等信息。

（3）个人所得税设置

设置好个人所得税税率及扣税起征点，在工资数据录入后根据这些设置计算个人所得税。

2. 工资表处理

（1）工资表建立

要发放员工工资，首先需要建立工资表，并且每一次工资发放都需要建立一张工资表。在流程图中单击“建立工资表”图标，即可进入“新增工资表”向导对话框，在这里需要设置工资表的数据来源，定义工资项目、定义工资项目计算公式、确定工资发放范围等。这个过程是本单位工资表基本格式的建立以及正确计算工资的关键。

完成工资表初始设置后，如果是第一次建立工资表，系统只能根据发放范围、发放项目生成一张没有工资数据的空表，该工资表中只有职员栏目有数据，其他项目没有数据，需要用户录入，如果使用以前某一张工资表作为新建工资表的数据来源，则新建工资表自动继承了这张工资表的工资项目、计算公式及具体的工资数据。

（2）工资数据编辑

建立工资表以后，对于没有设置计算公式的工资项目，如基本工资、物价补贴、病假天数、事假天数等项目，用户可以直接录入或修改以前的数据。同时，系统还提供根据修改后的工资数据对计算项目进行重新计算的功能。

（3）计算工资

根据完成的初始设置的各种信息和编辑好的工资数据，系统会自动计算出每位员工每一个工资项目的数额，并生成工资发放表。此外，系统还能根据工资数据与扣税标准自动计算个人所得税。

（4）银行代发

随着银行新业务的不断发展，越来越多的企业选择由银行代发工资，这样不但可以减轻财务人员的工作强度，而且还能方便员工。如果工资是通过银行代发的，那么，企业可根据银行的格式要求设置银行代发工资的格式，并生成相应的文本文件，然后将该文本文件连同支票交送银行即可。在生成银行代发工资文件时，可以根据银行要求定义标题名称、数据来源、数据类型、栏目宽度、补齐字符、补齐方式、数据的排列顺序及输出小数点设置等，使其可以支持不同银行的格式。

（5）生成工资转账凭证

工资发放之后，应当将工资费用分摊到相应的成本、费用中，这是通过生成与工资有关的凭证的方式进行处理的，如工资费用分摊、福利费的计提、职工教育经费的计提等。

在进行工资费用分摊之前，必须首先确定工资总额的组成项目，以及每类职员的工资费用科目，如管理人员的工资费用进入管理费用、生产人员的工资费用进入生产成本，然后才能正确生成工资费用分摊凭证。根据计算好的工资数据，系统将按照工资的用途，自动生成相应的成本、费用记账凭证，并传递到账务处理模块。

（6）生成工资报表

工资模块通常提供的报表有工资发放表、工资条、个人所得税扣缴申报表、工资费用分配表、工资汇总表、职工工资台账等，同时系统还提供用户自定义报表以及根据自己拥有的权限直接查询及打印相关账表的功能。

【工资管理实验】

1. 实验目的

掌握工资业务处理操作。

2. 实验内容

根据实验案例，完成工资业务处理。

3. 实验案例

（1）部门及职员

详见实验 5“账套初始化实验”中“部门及职员资料”部分。

（2）工资发放表的详细资料

1）工资项目

基本工资、职务工资、工龄、工龄工资、书报费、病假天数、病假扣款、事假天数、事假扣款、应发合计、养老保险、代扣税额、扣款合计、实发合计。其中清零项目有：病假天数、病假扣款、事假天数、事假扣款。

2）计算公式

① 职务工资：职务为“主任”或“部门经理”的“职务工资”为500元，职务为“科员”的职务工资为300元，职务为“总经理”的职务工资为800元。

② 书报费：职员类别为“管理人员”的“书报费”为80元，职员类别为“经营人员”的“书报费”为50元。

③ 工龄的计算方法为：以“入职日期”为准，到第二年的当月的工龄算作1，到第三年的当月的工龄算作2，以此类推。例如，“入职日期”为1996年5月20日，到1997年5月时工龄就应该为1。超过当月，不足一年的增加一年。

④ 工龄工资＝工龄×10；

⑤ 应发合计＝基本工资＋职务工资＋工龄工资＋书报费－病假扣款－事假扣款。

⑥ 病假扣款：当“工龄≤5时，病假扣款＝病假天数×基本工资÷21×0.8”；当“10≥工龄＞5时，病假扣款＝病假天数×基本工资÷21×0.7”；当“工龄＞10时，病假扣款＝病假天数×基本工资÷21×0.6”。

⑦ 事假扣款＝事假天数×基本工资÷21。

⑧ 养老保险＝应发合计×0.05。

⑨ 计算个人所得税的扣税项目为“应发合计”。

⑩ 扣款合计＝病假扣款＋事假扣款＋养老保险＋代扣税额。

⑪ 实发合计＝应发合计－扣款合计。

（3）基本工资及考勤资料（见表9-1）

表9-1 基本工资及考勤资料

职员编号	职员姓名	基本工资/元	病假天数	事假天数
0101	张文峰	3 000	1.5	
0102	李天华	2 000		2
0103	孙 正	5 000		
0104	黄文胜	2 500		5
0201	李东平	2 600		
0202	王少红	3 200	0.5	3
0203	张中扬	2 100		3
0204	赵小兵	2 900	3	
0301	周 力	3 500		2
0302	刘一江	2 200	4	1
0303	朱小明	1 900	6	
0401	赵希文	4 000	3	
0402	孙胜业	2 000		0.5
0403	杨 真	1 500		

（4）工资凭证

按职工的“应发合计”金额，记入工资相关费用科目。

（5）银行代发

设置银行代发文件的数据记录格式，见表 9-2。

表 9-2　数据记录方式表

标题名称	数据来源	类　型	补齐方式	栏目分隔符
职员姓名	职员姓名	文本	右	*
工资账号	工资账号	文本	右	*
应发合计	应发合计	数字	左	*

4. 实验步骤

（1）部门职员设置

详见实验 5“账套初始化实验”中实验步骤“（4）设置部门职员”。

（2）新增工资发放表

1）在流程图界面中，单击“工资管理”→“建立工资表”，弹出“新增工资表”对话框，输入此次发放工资的“工资表名称”及“工资表建立日期”，如图 9-3 所示。

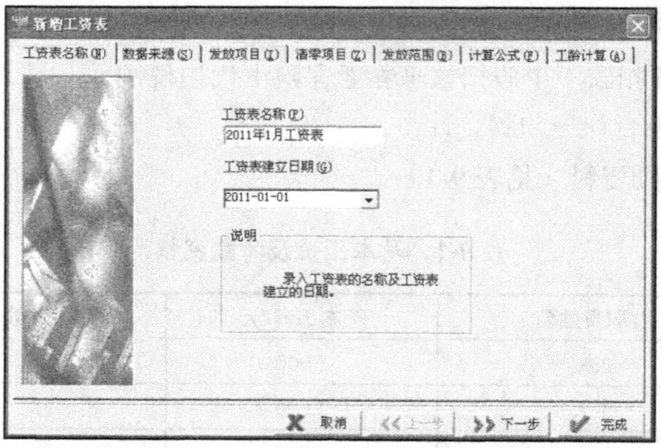

图 9-3　设立工资表名称

实验提示

① 工资表名称是对工资发放内容的简要描述，它是区别于其他工资表的标识，因此要求在录入工资表名称时，不能与其他的工资表重名。

② 工资表的所属期间是根据工资表的建表日期来决定的，因此要求输入的日期不能在已结账期间之内。

2）选择数据来源。如果有已经建好的工资表，可将其数据（包括所有设置）复制到本工资表中，然后以此为基础进行修改，因为很多工资项目的数据和以前的工资表都相同，如基本工资、职务工资等，这样就可以减少数据的重复录入，提高工作效率。如果第一次使用工资管理模块建立工资表，则数据来源中没有可供复制的数据，生成的是一张没有工资数据的空表，如图 9-4 所示。

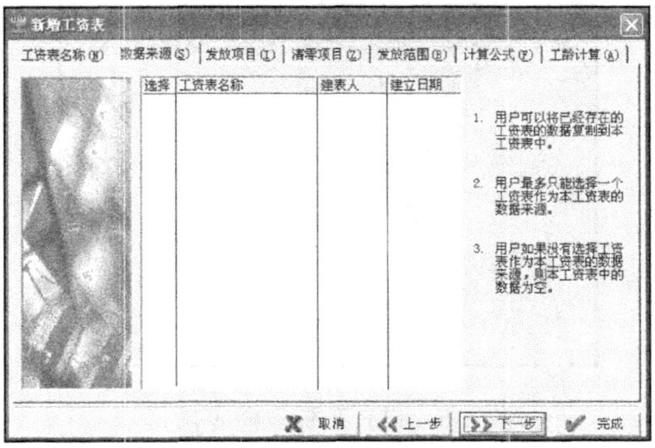

图 9-4 选择工资表数据来源

3）在“发放项目”标签页中，可以设置工资表的发放项目。其中，“可选择的工资项目”栏列出了系统预设的所有发放项目，这些项目可以参与到工资表的计算公式定义，如果所需的工资项目没有，可以增加新的工资项目，此外还可以删除、修改已有的工资项目；“本次发放的工资项目”栏则是本次发放所涉及的工资项目，也就是工资表定义好后，会打印出来的工资表栏目。可以从左边“可选择的工资项目”中选择已有的工资项目到“本次发放的工资项目”列表中，如图 9-5 所示。

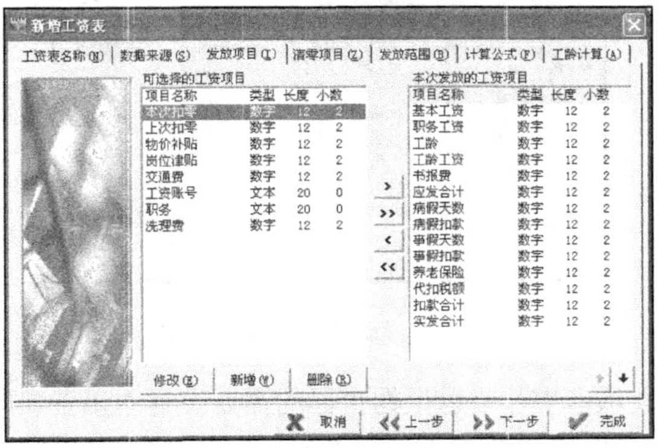

图 9-5 设置工资表发放项目（没有入职日期）

实验提示

在此项的设置中，当需要修改或新增工资项目时，要注意工资项目的类型。如果误将数字类型的项目设成了文本型，那么该项目在后面的计算公式定义时，就不会出现在计算项目中，无法进行计算定义。

4）发放项目选定后，进入“清零项目”选项卡。如果在前面的步骤中选择了数据来源，而来源表的项目与新建表的项目的内容有些可能相同，有些可能不同，因此，需要将新建工资表中那些内容不同的项目清零，以便重新录入。这就要求将这些需清零的项目做上标志，系统新建工资表后将自动清除有清零标志的项目的数据，如图 9-6 所示。

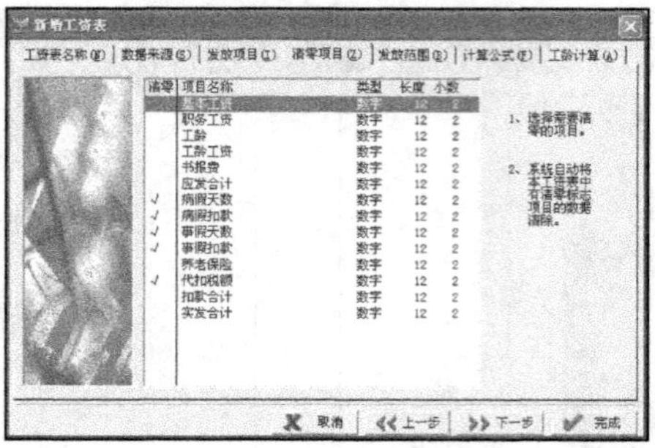

图 9-6　设置工资表清零项目

实验提示

如果在发放项目中选中了“代扣税额”、“本次扣零”、“上次扣零”，这几项将被默认为清零项目。

5）在“发放范围”选项卡中，可在发放范围参照表中选择本次发放工资的职员。系统自动默认本次发放范围与参照表所列出的范围相同，如图 9-7 所示。

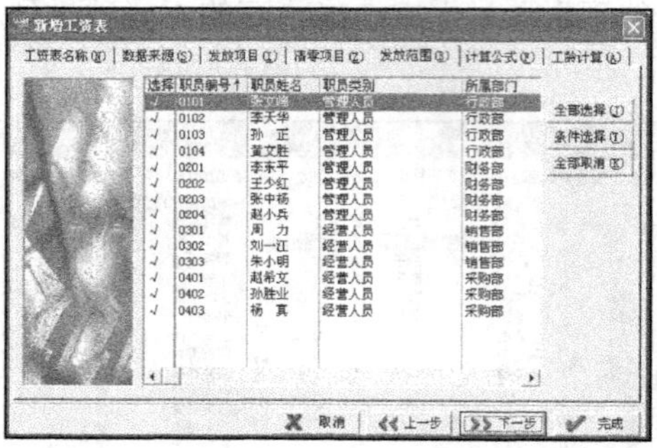

图 9-7　设置工资表发放范围

6）在“计算公式”选项卡中，可以根据自己的需要设置本工资表的计算公式。“计算公式”是工资模块的关键，其中可以添加若干个“计算项目”，这些“计算项目”的类型必须是“数字型”的，并且属于“本次发放项目”中的项目之一。对于每一个“计算项目”，可设置它的“计算公式”和“计算范围”，还可设置“扣零计算”、“发放扣零”和“扣税计算”，如图 9-8 所示。

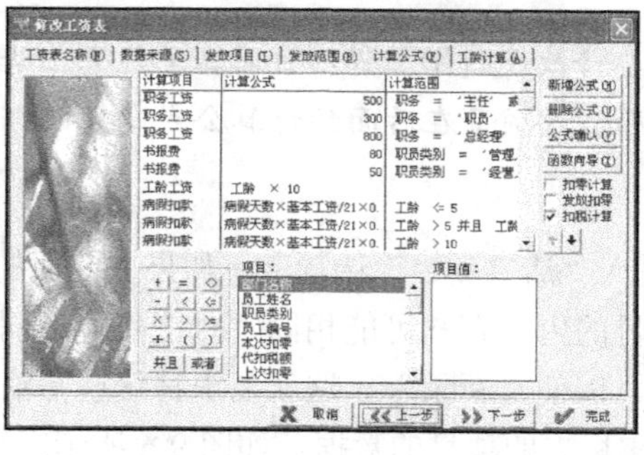

图 9-8　设置工资表计算公式

下面就“计算公式”标签页中的具体设置方法进行举例说明。

【例1】工龄≤5时，病假扣款＝病假天数×基本工资÷21×0.8。

① 单击操作窗口右上端的“新增公式”按钮，确定“计算项目”为“病假扣款”。

② 在对应的“计算公式”中输入“病假天数×基本工资÷21×0.8”。

③ 在对应的“计算范围”中输入“工龄≤5”。

④ 单击【公式确认】按钮。

实验提示

① 对于每个“计算项目”，其“计算公式”都是必不可少的，如果没有具体公式，那么此“计算公式”中的一个具体数值便是其计算公式。

例如，要求职务为“科员”的职务工资为100元，那么在“计算项目”确定为职务工资后，其计算公式就应填这个具体数值100。

② “计算范围”中，若条件不止一个，需用“并且”或“或者”相连时，务必确保各项条件各自完整。

例如，要求计算范围为“工龄小于等于10并且大于5”，那么应输入“工龄≤10并且工龄>5”，而不应输入“工龄≤10并且>5”或“10≥工龄>5”。

③ 每个计算项目（包括其计算公式和计算范围）输入完成后，都应进行公式确认，否则公式无效。

④ 除数字是通过键盘输入外，其他的条件运算符均必须通过窗口内的按钮输入。

【例2】设置个人所得税的计算公式及扣除公式。

① 在“计算公式”选项卡中选中“扣税计算”复选框，系统弹出“扣税设置”窗口，如图9-9所示。

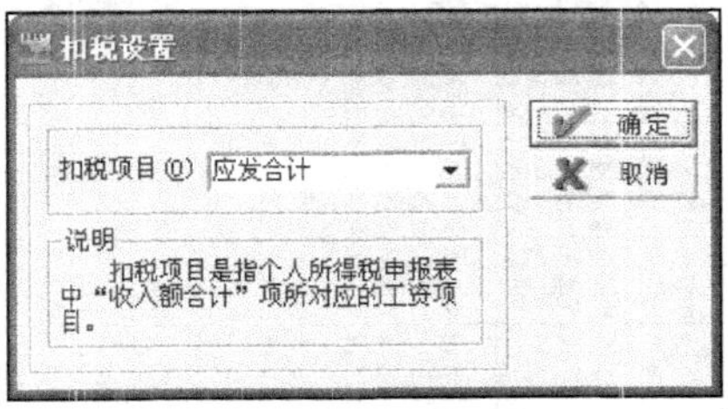

图9-9 “扣税设置”窗口

②单击“扣税项目”下拉列表，选择需要计算个人所得税的工资项目。

③单击【确定】按钮，系统自动生成扣税的计算公式。

实验提示

扣零计算公式的修改只能通过“扣零设置”窗口进行修改；扣零发放的计算公式的修改只能通过“发放扣零”窗口进行修改；扣税计算公式的修改只能通过“扣税设置”窗口进行修改。

7）在“工龄计算”选项卡中，可以指定工龄计算的方法，系统已经预置了三种计算方法：按年计算、按月计算、按天计算，并设置了相应的计算公式。系统预设的公式可以修改，工龄计算的依据为工资表的“发放日期”和职员信息中的“入职日期”，如图9-10所示。

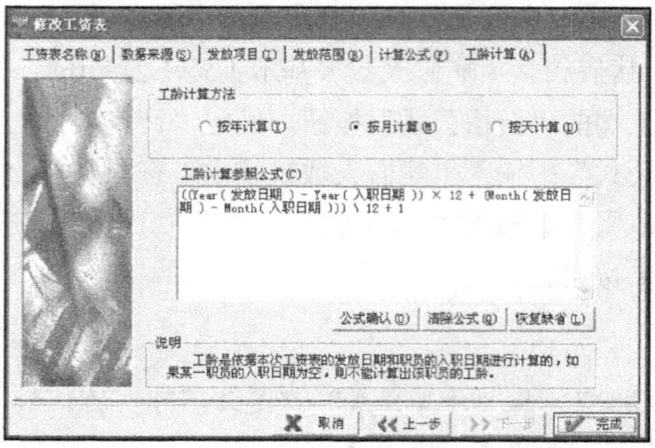

图 9-10　设置工资表中工龄计算公式

实验提示

在图 9-10 中，【公式确认】按钮用于进行公式合法性的检查，【清除公式】按钮用于删除设置好的公式，【恢复缺省】按钮用于重新将公式内容设置成为系统预置的公式。

8）完成新增工资表各项目的录入后，单击窗口右下角的【完成】按钮，完成整张工资表的建立。

（3）录入工资数据

工资发放表建立完成后，系统将自动进入工资录入窗口。也可以在工资模块的日常业务中单击“工资录入”项，系统会列出当前工资表的名称及具体的工资项目，选择需要录入的工资表，然后进入“工资表数据录入”窗口，录入相应的工资数据即可，如图 9-11 所示。

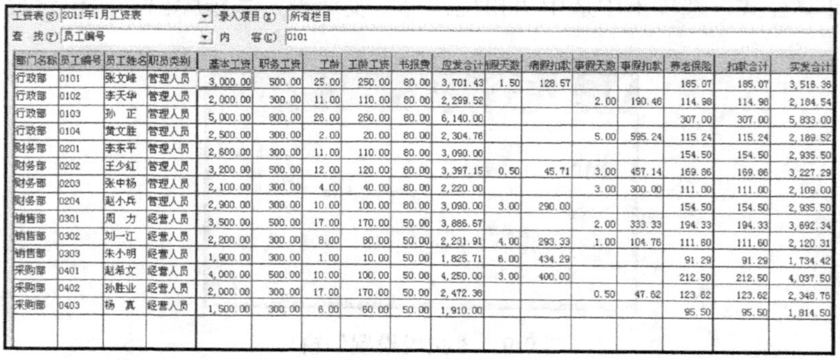

工资表(S) 2011年1月工资表　录入项目(X) 所有栏目

查　找(F) 员工编号　内　容(C) 0101

部门名称	员工编号	员工姓名	职员类别	基本工资	职务工资	工龄	工龄工资	书报费	应发合计	假天数	病假扣款	事假天数	事假扣款	养老保险	扣款合计	实发合计
行政部	0101	张文峰	管理人员	3,000.00	500.00	25.00	250.00	80.00	3,701.43	1.50	128.57			185.07	185.07	3,516.36
行政部	0102	李天华	管理人员	2,000.00	300.00	11.00	110.00	80.00	2,299.52			2.00	190.46	114.98	114.98	2,184.54
行政部	0103	孙　正	管理人员	5,000.00	800.00	26.00	260.00	80.00	6,140.00					307.00	307.00	5,833.00
行政部	0104	黄文胜	管理人员	2,500.00	300.00	2.00	20.00	80.00	2,304.76			5.00	595.24	115.24	115.24	2,189.52
财务部	0201	李东平	管理人员	2,600.00	300.00	11.00	110.00	80.00	3,090.00					154.50	154.50	2,935.50
财务部	0202	王少红	管理人员	3,200.00	500.00	12.00	120.00	80.00	3,397.15	0.50	45.71	3.00	457.14	169.86	169.86	3,227.29
财务部	0203	张中杨	管理人员	2,100.00	300.00	4.00	40.00	80.00	2,220.00			3.00	300.00	111.00	111.00	2,109.00
财务部	0204	赵小兵	管理人员	2,900.00	300.00	10.00	100.00	80.00	3,090.00	3.00	290.00			154.50	154.50	2,935.50
销售部	0301	周　力	经营人员	3,500.00	500.00	17.00	170.00	50.00	3,886.67			2.00	333.33	194.33	194.33	3,692.34
销售部	0302	刘一江	经营人员	2,200.00	300.00	8.00	80.00	50.00	2,231.91	4.00	293.33	1.00	104.76	111.60	111.60	2,120.31
销售部	0303	朱小明	经营人员	1,900.00	300.00	1.00	10.00	50.00	1,825.71	6.00	434.29			91.29	91.29	1,734.42
采购部	0401	赵希文	经营人员	4,000.00	500.00	10.00	100.00	50.00	4,250.00	3.00	400.00			212.50	212.50	4,037.50
采购部	0402	孙胜业	经营人员	2,000.00	300.00	17.00	170.00	50.00	2,472.38			0.50	47.62	123.62	123.62	2,348.76
采购部	0403	杨　真	经营人员	1,500.00	300.00	6.00	60.00	50.00	1,910.00					95.50	95.50	1,814.50

图 9-11　工资表数据录入

实验提示

在“工资表数据录入”窗口中不能录入已设置好计算公式的工资项目。

如果没有选中“自动计算”复选框，则在输入基础数据后，系统不会自动按照预先定义的计算公式算出其他项目的数据，需要单击【编辑】按钮（或单击鼠标右键），选择“重新计算”命令才能得到计算结果。如果选中“自动计算”复选框，一旦输入了基本项目的数据后，系统会及时计算出其他项目的数据。

（4）生成工资凭证

工资凭证生成的具体步骤如下。

1）在流程图窗口中，单击“工资管理”→“工资凭证”，进入“工资凭证向导”窗口，如图 9-12 所示。

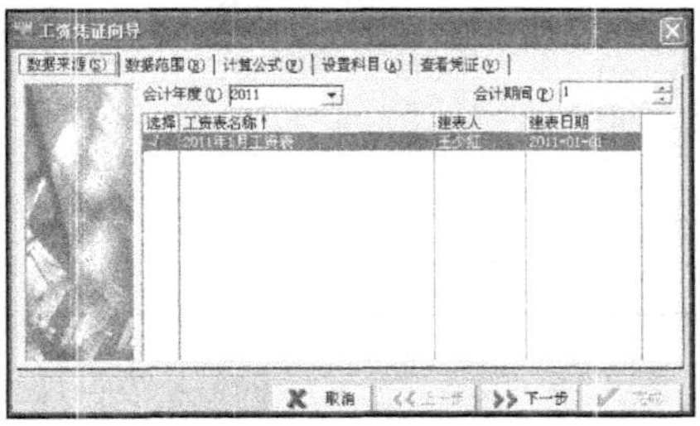

图 9-12　“工资凭证向导”窗口

2）在“工资凭证向导”窗口的“数据来源”标签页中，首先确定需生成凭证的工资表的会计期间，即需将哪年哪月的工资表生成凭证，在选中的工资表前做上选择标记。

3）在“数据范围”标签页中，可以筛选过滤本张凭证生成的各种必要条件，设置工资费用分摊的范围，如图 9-13 所示。

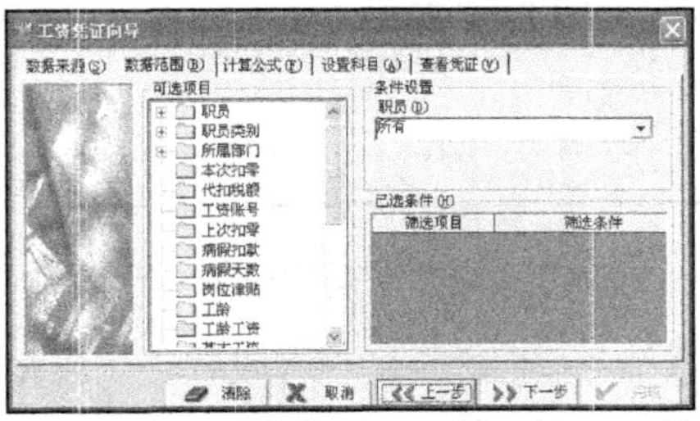

图 9-13　设置工资凭证的数据范围

4）在“计算公式”标签页中，设置工资总额的组成公式及公式名称，如图 9-14 所示。

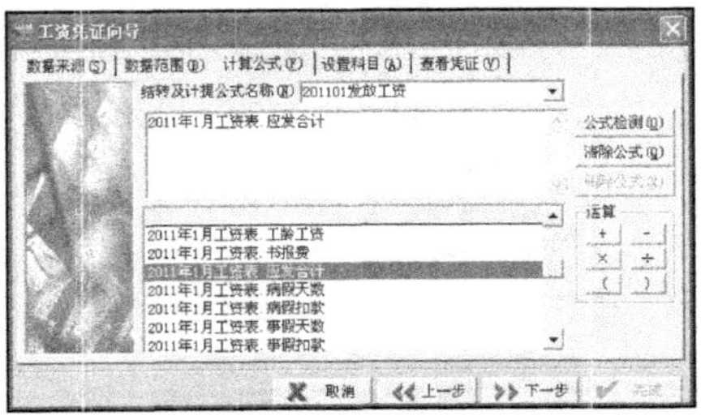

图 9-14　工资凭证计算公式设置

实验提示

系统将保存与该工资总额的组成公式名称相对应的结转公式、结转科目，以及凭证模板、凭证类型及摘要等。在下次进行相同的结转时，可以直接调用该公式名称，系统将自动保存结转公式、结转科目以及凭证选项等栏目，以避免公式的重复设置。

5）设置了计算公式后，还需在“设置科目”标签页中设置工资凭证的借贷方科目，如图 9-15 所示。

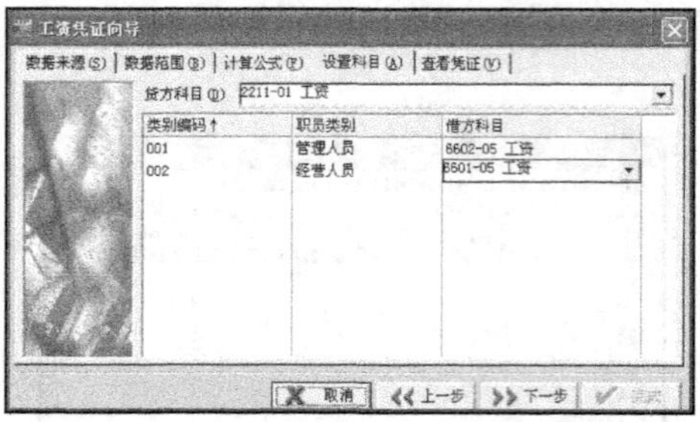

图 9-15　设置工资凭证的借贷方科目

6）在“查看凭证”标签页，可以看到该张凭证的基本数据，还需要设置“凭证类型”、“凭证模板”和“凭证摘要”，预览凭证数据是否正确，如图 9-16 所示。

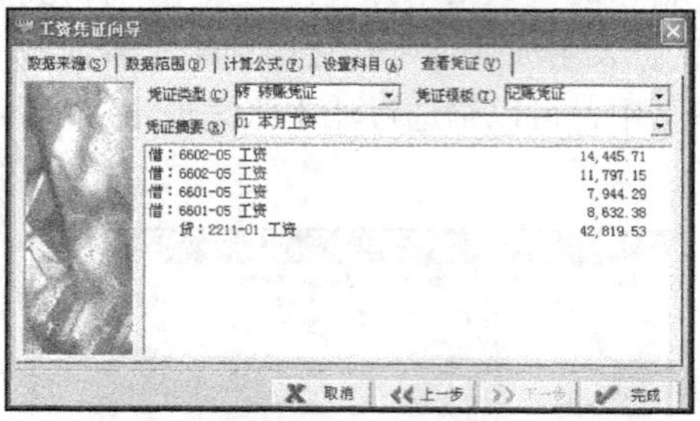

图 9-16　预览将要产生的工资凭证

7）单击【完成】按钮，系统就按照之前的保存设置，生成凭证，如图 9-17 所示。

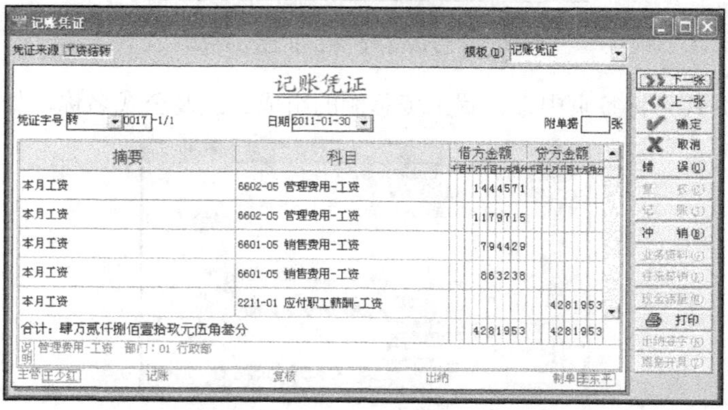

图 9-17　工资凭证

（5）银行代发

1）在工资模块的“建立工资表”或“工资录入”中，选择需要生成代发文件的工资表，然后单击【报表】按钮，选中“银行代发文件”，弹出“银行代发格式设置”窗口。其中的“代发银行”下拉列表框，列出了所有职员卡片中涉及的银行名称，可根据需要进行选择。“单位编号”是指代发银行分配给本单位的一个编号，由银行确定，而不是由单位内部确定。“代发文件”是指银行代发文件名，由银行确定。单击该栏的浏览按钮，可以指定生成代发文件的路径，如果不指明路径，系统自动默认为本系统所在的路径，如图 9-18 所示。

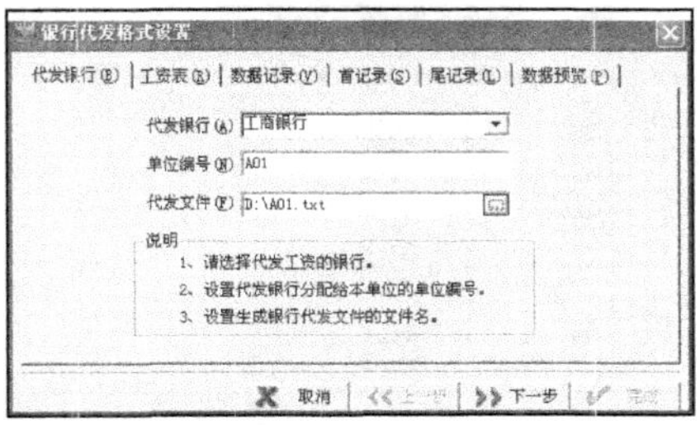

图 9-18　设置代发银行相关参数

2）在“工资表”选项卡中列出了所有生成的工资表，根据需要选择生成代发文件的工资表，如图 9-19 所示。

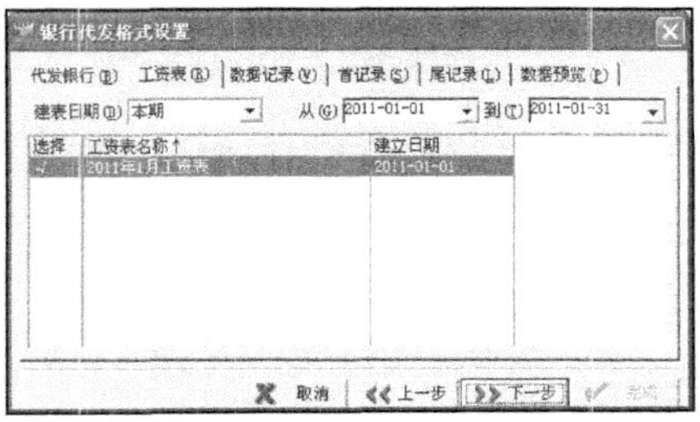

图 9-19　设置生成代发文件的工资表

3）在“数据记录”标签页中，设置代发文件数据记录的格式，标题名称可以是任意字符。数据来源包括所有工资项目及用户直接输入的任意字符、当前日期等项目。类型包括数字、日期、文本三种，如果类型为数字型，可以指定小数的位数。补齐字符是指数据宽度小于栏目宽度时应当补齐的字符，可以根据代发银行的要求输入相应字符作为补齐字符；补齐方式是指数据宽度小于栏目宽度时，用补齐字符填充的方式，具体项目参照表 9-2 来设置，设置后如图 9-20 所示。

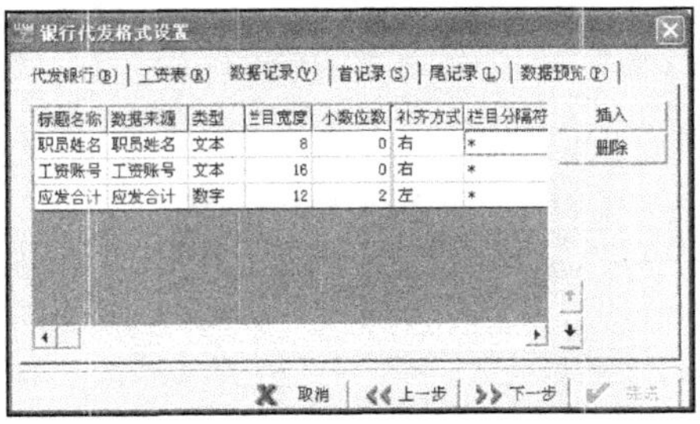

图 9-20　设置银行代发文件的数据记录格式

4）设置首、尾记录格式。在首记录、尾记录格式设置窗口中，可以将所有的工资项目、当前年度、当前月份、当前日期、求人数函数、求合计函数、单位编号以及用户直接录入的任意字符作为数据来源。

5）在“数据预览”标签页中，系统将根据已经设置的代发格式，显示出代发文件的内容，如图 9-21 所示。

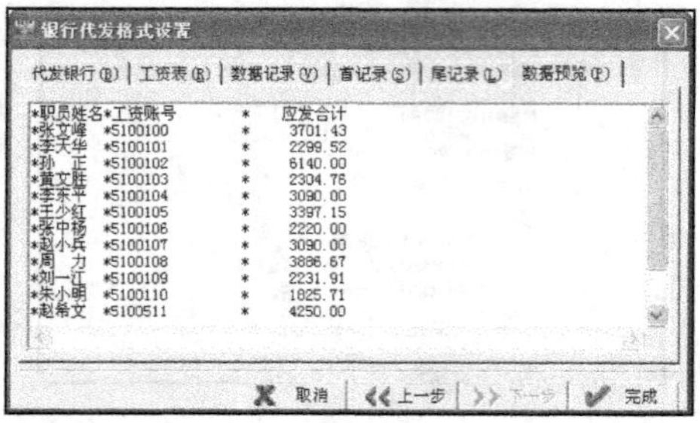

图 9-21　预览将要生成的代发文件内容

6）完成代发文件的设置，单击【完成】按钮，系统根据设计的格式生成代发文件，并保存该代发银行的代发格式。

实验提示

如果选择由银行来代发工资，首先必须在“部门职员”窗口的设置中填入“代发银行”和“工资账号”。

思考题

1. 如何定义工资表的计算公式？
2. 如何新增工资项目？
3. 工资系统与账务系统的联系体现在哪些方面？

第5章 采购、销售、库存管理

实验10 采购管理

【实验预习】

采购模块是金算盘软件购销存中的一个重要部分，其主要的功能有采购管理及采购核算。

通过采购业务管理，用户可在经营计划中拟订采购计划，合理配置采购资金和人力资源，实时监控计划的执行情况。同时，用户可对供应渠道、商品质量、价格、优惠条件进行管理，选择优秀的合作伙伴，提高商品采购的性价比。当然，用户也可对业务部门及业务人员进行业绩考评。而采购核算的功能则是处理商品或材料的购进业务，以及对采购过程中发生的各种费用的摊销。系统通过采购单据来记载采购的过程，并根据这些采购单据形成对供应商的应付账款。

在金算盘软件"流程图"→"进销存"界面中选择"采购管理"，即出现商品采购处理的业务流程图，如图10-1所示。

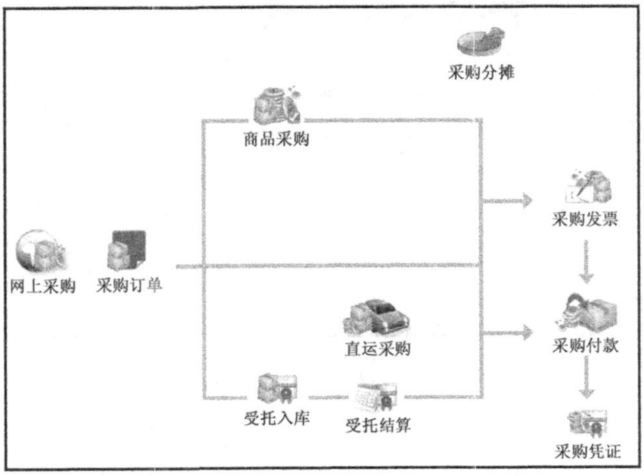

图10-1 采购业务流程图

其中网上采购是与电子商务相集成的功能，单击该功能直接进入亿禧网中的供应信息页面，如图 10-2 所示。

图 10-2　网上采购

该功能的具体用法见电子商务网站的帮助信息。

1. 采购订单

采购订单主要反映业务部门与供应商签订的采购和受托代销合同，它是统计采购合同执行情况的依据；可生成商品采购单和受托入库单，监督到货情况，随时了解订单的执行情况。

在实际工作中，如果需要记录购货合同（或订单），或需要查询订单明细及到货信息，就可以利用采购订单功能来管理采购业务。这里需要注意的是，采购订单反映的只是一种合同或采购计划，因此，采购订单不记入任何库存账，系统提供订单汇总及明细表供查询订单的执行情况，即商品的到货信息，而不反映库存数量的增减变化。所以，可以通过采购订单制作商品采购单及受托代销入库单。当然，商品采购单和受托入库单也可不通过采购订单而直接填制。

单击“流程图”→“进销存”→“采购管理”窗口中的“采购订单”，出现采购订单窗口，如图 10-3 所示。

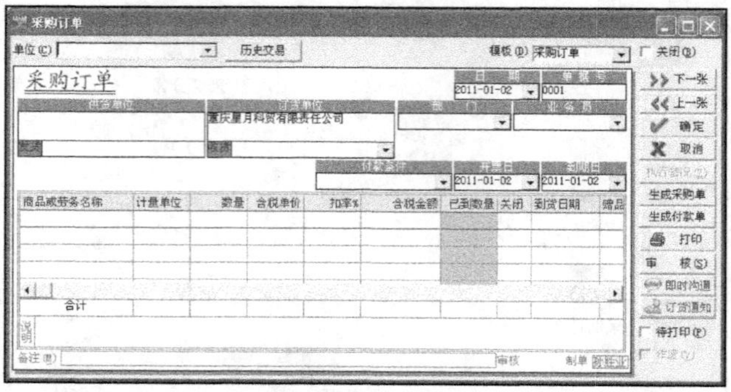

图 10-3　“采购订单”录入界面

（1）选择单位

在“基础设置”→“往来单位”中所记录的具有“供应商”、“供销”或“其他”等单位性质，并且已指定应付账款科目的单位，此时将出现在“单位”下拉框中。如果是下拉框中没有的新单位，也可在此单击“新增”命令，动态增加单位。

（2）选择模板

进入采购订单后，系统将自动默认为采购订单模板，也可根据需要选择其他的模板，单据的显示与打印格式将随模板的不同而发生改变。

（3）单据头的填制

根据需要选择采购部门及业务员，业务员信息是在职员设置中具有“采购”业务范围的职员。这些信息是可以动态增加的。

输入日期、单据号：日期、单据号均可由系统自动生成，也可根据需要进行修改。特别是单据号，可根据分类的需要加前缀（数字或字符）。单据号总长为10位，前缀为6位。

选择收发地址：若在单位信息中没有定义收发地址，可在此动态增加。

选择付款条件：系统根据付款条件中的优惠日和折扣率自动计算折扣金额，并根据付款条件和开票日期自动计算后填列“到期日”。

（4）填制单据体

选择商品劳务、计量单位。对于新商品劳务和计量单位可进行动态增加。

输入订货数量、单价、金额，只需输入任意两项，便可自动计算出另一项。需要提醒的是，如果商品采用了多种计量单位，且各计量单位之间是非十进制的换算关系，如1箱=24瓶，在输入数量时，系统有提示信息自动将十进制转换成为实际单位进制，只需输入十进制的数量（如输入10.25箱），系统将自动把二十四进制的数量计算出来（10箱6瓶），免去了人工计算的烦琐，如图10-4所示。

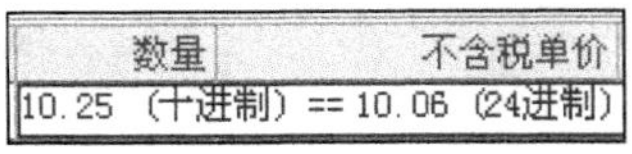

图10-4　不同计量单位间的自动换算

单据体中的“已到数量”栏，反映采购订单中该商品实际到货数量，当采购单根据采购订单生成时，该栏目由系统通过采购单自动产生，且不允许修改。

另外，在单据体下方，还可以输入备注信息，对该采购订单进行说明或详细注释。

（5）关闭

关闭分为两种情况。一种是关闭订单，即该采购订单不再使用；另一种是关闭订单中的某一具体商品，即该种商品在订单中暂时不执行。

如果商品采购单由订单生成，当某种商品的入库数量与订单中该商品数量相等时，系统会自动关闭该商品；当采购单的所有商品入库数量与订单中所有商品的数量相等时，系统会自动关闭该订单。

单击【确认】按钮，完成并存盘退出订单。

采购订单录入完成后，可以对已经执行的订单，查询其执行情况，即进入到某一具体订单的“采购订单”窗口，单击【执行情况】按钮，查询该订单涉及的商品采购单，以及具体的货物数量是多少。

2. 商品采购

商品采购单主要记载购货过程中发生的经济业务，是产生库存账、现金/银行账和应付账款的依据。其操作界面如图10-5所示。

当收到一批货物时，无论发票是否随货同行，都要填制商品采购单进行入库处理。

（1）票货同到

若采购发票与货物同时到达，在填制商品采购单的同时必须选择“开票标志”复选框，直接进行发票填制，如图 10-6 所示。

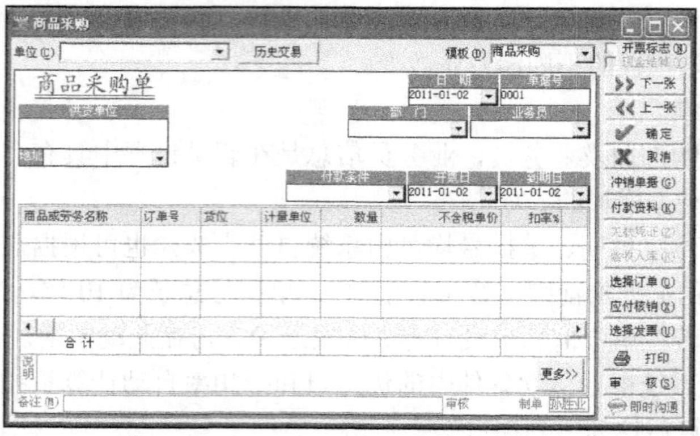

图 10-5　商品采购单录入窗口

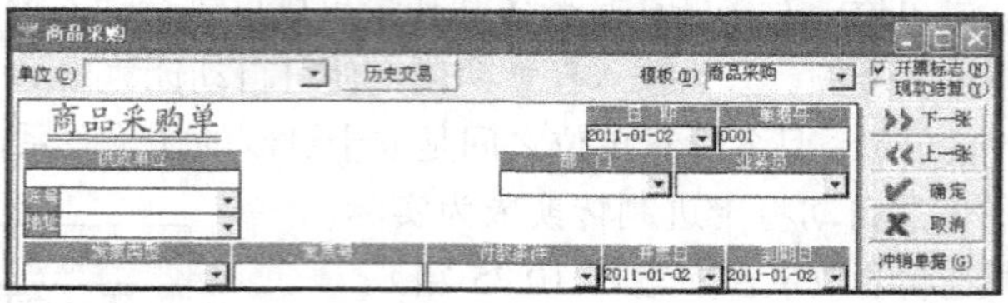

图 10-6　填写发票信息

若该笔采购付款采用现金结算，选择“开票标志”复选框后可选择“现款结算”复选框，进行付款操作，如图 10-7 所示。

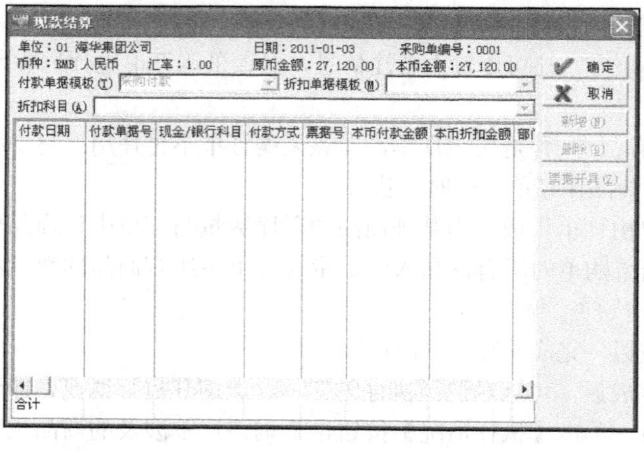

图 10-7　“现款结算”操作窗口

（2）票到货未到

如果采购的商品发票先行到达，而货物尚未到达，可先填制采购发票，系统自动记入单到货未到报表。当商品到达时再填制采购单入库，此时系统自动记入货到单未到报表，然后单击【选择发票】按钮，进行采购单和采购发票的核销。需要注意的是，只要商品单价一致，可以将对应的采购单与采购发票进行核销操作，其对应方式有一对一（一张采购单对应一张发票）、一对多（一张采购单对应多张发票）、多对一（多张采购单对应一张发票）、多对多（多张采购单对应多张发票）。

（3）货到票未到

如果采购的货物先到而采购发票未送到，可以采用估价入库的方式，根据与供应商约定的价格填制采购单，待发票到后，首先根据收到的发票填制采购发票单据，然后在发票录入窗口中使用选择单据功能，以便确定该发票所对应的入库单据。如果两种单据的数量、金额都一致，可以立即核销货到票未到商品；如果商品价格不一致（无论数量是否全部到齐），可以采取以下两种方式进行处理。

1）采购入库单据已经生成凭证。为了保证财务数据与业务数据的一致性，此时不能修改暂估入库的采购单据，可以根据收到的实际发票直接填制采购发票单据，然后单击“选择单据”选项，进入入库单据核销窗口，系统自动在“本次开票数量”和“本次开票金额”栏内填入当前发票的数量和含税金额。注意，如果该采购单据没有生成凭证，就不能在填制采购发票时选择采购单。

在采购发票自动生成凭证时，对于出现的暂估差异，系统提供两种处理方式：在生成凭证时，可以选择“红冲调整”（冲销原入库单据后，再重新填制一张正确单价的商品采购单），也可以选择“差额调整”（仅仅补充一笔没有数量、只有差异金额的商品采购单作为补充入库单据），这样，系统在自动生成发票对应的凭证时，也根据所选择的差额调整方式自动生成了相关的入库调整单据。其处理方式的选择如图 10-8 所示。

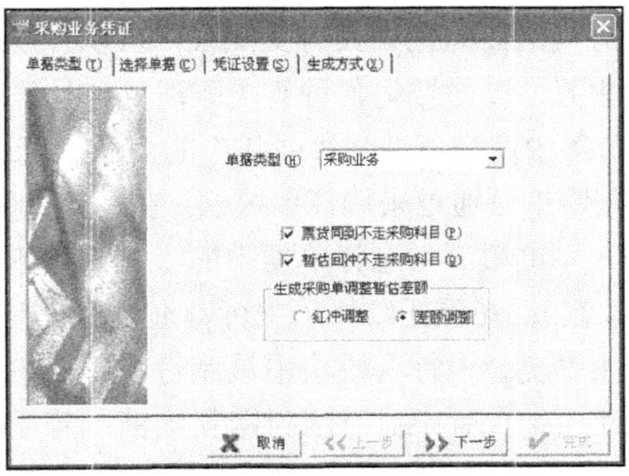

图 10-8　暂估差额处理方式的选择

2）采购入库单据没有生成凭证。如果在当前会计期间收到发票，可以根据发票直接修改暂估入库单据。如果当前期间已经结账，可以根据最终的采购单据与发票单据的差异，首先全额冲销暂估入库单据，然后填制一张与采购发票一致的入库单据，并重新进入采购发票单据中通过“选择单据”进行核销。此时核销窗口中有三张该商品的入库单据，即暂估入库、冲销暂估的红字入库、与发票一致的入库单据。在核销与发票一致的入库单据的同时，还需要在核销窗口中将其他两种入库单据打上关闭标志，以避免在货到票未到报表中反映这两笔相互冲销的数据。

在调整货先到票后到方式所造成的差异时，要注意的是，无论发票数量是否已经等于暂估入库数量（无论是否多次开票），只要单价有差异，系统就会自动进行冲销，但仅仅冲销发票上对应数量所带来的差异，不需要发票数量与入库单据数量完全一致后才进行冲销；同时这种自动调整的功能必须在暂估入库单据生成凭证后才能有效进行。否则在结账后，由于不能再修改已结账期间的单据，只能以手工方式来进行差额调整，并且只能进行全额回冲，否则无法进行核销。

（4）商品账登记与查询

商品采购单保存后，系统自动登记商品库存账、货位账、对供应商的应付账款；付款后，会登记付款汇总及明细表。如果采用现结（现金结算）方式，则直接登记库存账和现金/银行账，不再登记应付账款。

票货未同到时，系统自动登记货到票未到、票到货未到报表，两者核销后，将自动清除。

在流程图窗口中，系统提供商品采购汇总表供查询，同时，还提供采购明细表、单到货未到及货到单未到各种账表供查询。

3. 直运采购

直运采购，主要为直运销售而设置，在发票到达后即可录入直运采购单，不需要指定货位，直运采购不影响实际库存，只是为直运销售提供成本价。

与商品采购单一样，直运采购单也可通过采购订单填制，还可直接填制。在直运采购单中可查询商品的付款资料，若需要付款，可在付款资料中直接填制付款单；可在付款单中进行应付账款核销，还可在直运采购单中直接对应付账款进行核销；可在直运采购单中核销采购发票；该直运采购单生成凭证后，在直运采购单中可直接关联凭证。

其操作与商品采购单类似。

4. 受托入库

受托商品到货时，企业对代销商品已经具有支配权，可以开展销售业务，因此需要录入受托入库单反映受托代销入库业务，以便登记各种有关账册。当结算受托代销商品款时，填制受托结算单。但是只有在商品劳务中商品属性为“受托”的商品才可进行受托业务处理。

与商品采购一样，受托入库单可通过采购订单填制；在受托入库单中可查询受托结算资料。

受托结算单可根据受托入库单填制（选择单据中的“受托业务单”），也可由受托入库单自动生成（通过“选择单据”按钮）；在受托结算单中可查询付款资料，若需要付款，可在付款资料中直接填制付款单，也可在“现金银行”模块中填制付款单；在付款单中可进行应付核销，冲减应付账款，还可直接在受托结算单中进行应付账款核销；若受托结算单已生成凭证，可直接关联查询凭证。并且，受托入库单据中必须指定对应的受托结算单，否则系统不允许存盘。

5. 采购业务处理中涉及的其他功能

在进行商品采购、直运采购、受托入库三种采购方式的操作时，还会涉及一些重要的功能。

（1）验收入库

收到货物时，填制商品采购单，系统会自动在库存账上进行登记，反映库存数量的变化。但在“商品采购单”与“受托入库单”中，系统还提供了“验收入库”功能。

“验收入库”是专门为库管员而设置的，表明库房实际收到货物的情况。当库管员收到货物时，单击【验收入库】按钮，可进行入库处理。若未进行验收入库，系统在“库存变动”账表中将提供“未入库商品汇总表”和“未入库商品明细表”供查询。

也就是说，系统在录入采购单后，无论是否进行“验收入库”环节的处理，系统都会登记库存账；验收入库只是针对库管员而言，并不影响库存账，系统提供未入库汇总表、未入库明细表供库管员查询。

（2）选择订单

如果某批到货商品事前进行了采购订单的录入，那么此时的商品采购单就可根据采购订单自动生成，在输入了“单位”后，单击【选择订单】按钮，选择符合要求的采购订单，也可通过单据体中的“订单号”栏选择订单中的具体商品，系统根据所选的采购订单自动生成商品采购单，并允许用户修改。

（3）付款资料

选择“付款资料”功能，系统会根据不同的结算情况进行处理：

1）钱货两清，即现结。采购时属于此种情况的，首先需要在“开票标志”栏做上选择标志，然后选择“现金结算”复选框，进入现金结算窗口，直接付款；或在标有“现金结算”的采购单中单击【付款资料】按钮，在付款资料中付款，系统同样会进入现金结算窗口，输入付款信息即可。相比较而言，前面一种方法更为简捷。采用现结方式付款时，系统直接登记现金/银行账，不再登记应付账，也无须进行应付款的核销。

2）挂账，即先款后货或先货后款。此种情况即使在“开票标志”处做了选择标志，只要不选择“现金结算”复选框，系统都将作为挂账处理。单击【付款资料】按钮可查询商品的付款情况，若需要付款，可单击【付款】按钮填制采购付款单，在付款单中可对应付账款进行核销；如果在填制采购单之前已经填制了采购付款单，即货到之前已经付了款，那么在商品采购单中可直接进行应付账款的核销。还可在“现金银行”模块中填制采购付款单。

由此可以看出，在付款资料中单击【付款】后出现的窗口将根据是否选择了“现金结算”复选框而有所不同。选择了“现金结算”复选框时，将进入现金结算窗口进行付款；没有选择“现金结算”复选框时，将进入采购付款单中进行付款。

（4）选择发票

如果在填制采购单时，已经输入了该单据所对应的发票，就可以通过“选择发票”功能指定对应的发票，表明该采购单的商品已经开票，否则系统认为没有开票（除非在采购单中打上开票标志）。系统提供了货到票未到（只有采购单）和票到货未到（只有采购发票）报表，以及采购发票核销对照表等。需要注意的是，系统并没有强制一张采购单只能针对一张采购发票，两者之间可以一对一、一对多、多对一、多对多地进行核销。

（5）采购分摊

企业进行了商品采购业务的处理后，对于采购费用如果不直接计入经营费用，而是要将采购费用计入采购的商品成本中时，就需要使用系统提供的采购分摊功能。

如果要使用系统的采购分摊功能来分摊采购费用，那么在“基础设置”中，采购费用要作为商品（在商品列表中将采购费用作为商品输入，并且其商品性质中的商品类别为“费用”）进行初始设置，然后进行采购管理的资料输入时，将其同采购的正常商品一起输入到采购单据中。

6. 采购发票

在“商品采购”中提到“单货同到”，当选择了“开票标志”复选框，在商品采购单上将填写发票的相关信息，此时商品采购单具有发票的性质，因此，对于“单货同到”来讲，就不需要单独填写采购发票。

单独填制发票，系统认为是票到货未到，此时先填制采购发票，待商品到达时，再填制商品采购单入库，并选择相应的发票进行发票核销，核销在途商品账。

对于“货到单未到”情况，先单独填制采购单，待发票到后，可通过“选择单据”功能指定对应采购单，并确定该张发票的开票数量及开票金额。

7. 采购凭证

所有的采购单据均可由系统自动生成记账凭证，不同单据生成的凭证对应科目不同，登记的账簿也有所不同。

单击“商品采购”中的“采购凭证”，出现“采购业务凭证”向导窗口，如图 10-8 所示，在该窗口中设置以下内容。

（1）单据类型

1）票货同到不走采购科目：若选择，则表示当单货同到时生成的凭证直接登记库存商品、应交税金、应付账款科目，不再登记商品采购科目；若不选，则表示当单货同到时，生成的凭证仍然要登记商品采购科目。

2）暂估回冲不走采购科目：若选择，表示进行暂估回冲时，不登记商品采购科目。

3）生成采购单调整暂估差额：对于货先到发票后到的采购业务，如果出现暂估差额，在将发票生成凭证时，系统可以自动根据所选择的调整方式（红冲调整、差额调整）来自动生成用于调整的采购单据。

（2）选择单据

在该页面，直接选择需要生成凭证的单据，并作上“√”标志。单击【关联】按钮，可直接查询采购单据。

（3）凭证设置

在“凭证设置”标签页中选择凭证模板、凭证类型、凭证摘要等信息，如图 10-9 所示。

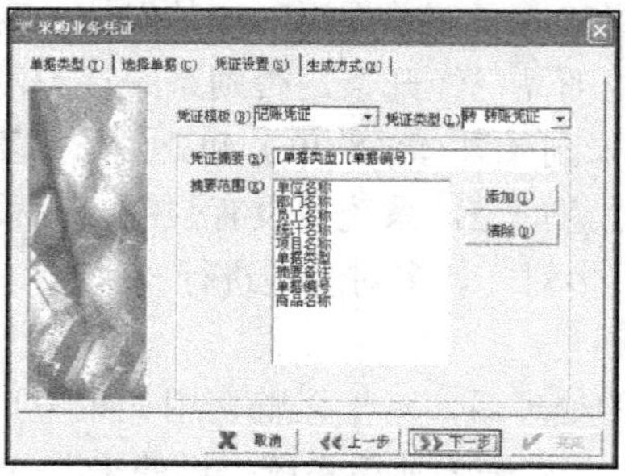

图 10-9　凭证设置

（4）生成方式

在“生成方式”标签页中选择凭证生成方式。系统提供按单据、按单位、按单据类型、按单位和单据类型等四种生成方式。

将以上 4 个步骤的内容设置完毕，单击【完成】按钮，系统根据设定自动生成记账凭证。

采购单据生成凭证后，可以通过单据查询凭证，也可以通过凭证查询业务单据。此时如果发现业务单据有错，那么只能先删除对应的凭证后，才能修改业务单据。

【采购管理实验】

1. 实验目的

（1）了解采购订单在采购管理中的作用。

（2）熟练掌握不同的到货方式下，采购管理的处理流程。

2. 实验内容

根据实验案例，利用金算盘财务软件的采购管理功能，完成采购业务的处理。

3. 实验案例

（1）业务 A，单位：01 海华集团公司，日期：2011-01-03。2011 年 1 月 1 日订货，预计交货时间为 2011 年 1 月 3 日，单货同到，明细见表 10-1 所示。

表 10-1　单据明细

商　品	货　位	单　位	数　量	不含税单价（元/条）
001 宇宙牌	01 总库	条	50	43.589 744
002 太阳牌	01 总库	条	1 300	16.153 847

（2）业务 B，单位：02 大元商贸公司，日期：2011-01-05。2011 年 1 月 3 日订货，预计交货时间 2011 年 1 月 10 日。单到货未到，明细见表 10-2 所示。

表 10-2　单据明细

商　品	货　位	单　位	数　量	不含税单价（元/条）
003 月亮牌	01 总库	条	500	36.324 800
004 星星牌	01 总库	条	250	90.598 280

（3）业务 C，单位：03 联星烟草批发部，日期：2011-01-06。2011 年 1 月 4 日订货，预计交货时间 2011 年 1 月 8 日。货到单未到，明细见表 10-3 所示。

表 10-3　单据明细

商　品	货　位	单　位	数　量	不含税单价（元/条）
001 宇宙牌	01 总库	条	2 500	42.735 044
002 太阳牌	01 总库	条	2 000	12.821 200
003 月亮牌	01 总库	条	150	36.752 133
004 星星牌	01 总库	条	100	89.675 000

要求：将以上单据生成凭证，暂估入库科目 2121 应付账款，票货同到不走采购科目。生成的凭证如图 10-17、图 10-20 和图 10-23 所示。

（4）业务 D，2011 年 1 月 10 日业务 B 的发票货物到，单据与发票数据一致，试填制该单据并核销对应单据，两种商品存放货位均为 01 总库。

（5）业务 E，2011 年 1 月 11 日业务 C 的单据发票到，发票上商品 004 星星牌的不含税单价为 89.680 000 元/条，其他数据一致，试填制该发票并核销对应单据。

要求：将业务 D、E 的单据生成对应凭证，暂估回冲不走采购科目，暂估差额采用差额调整。生成的凭证如图 10-22 和图 10-27 所示。

（6）业务 F，单位：03 联星烟草批发部，日期：2011-01-28。2011 年 1 月 25 日订货，预计交货时间 2011 年 1 月 28 日。单到货未到，明细见表 10-4 所示。

表 10-4　单据明细

商　品	货　位	单　位	数　量	不含税单价（元/条）
003 月亮牌	01 总库	条	1000	42.735043
004 星星牌	01 总库	条	500	12.821202

到月末，本业务发票未到。将以上单据生成凭证，暂估入库。

注意：业务发生时就制作相关的凭证。发票没有特别说明，采用年月日再加业务编号来代替，如业务 B 的发票号为 201101050002。

4. 实验步骤

（1）采购订单处理

1）选择具有采购管理权限的操作员，单击“流程图”→“采购管理”→“采购订单”，出现“采购订单”窗口，如图 10-10 所示。

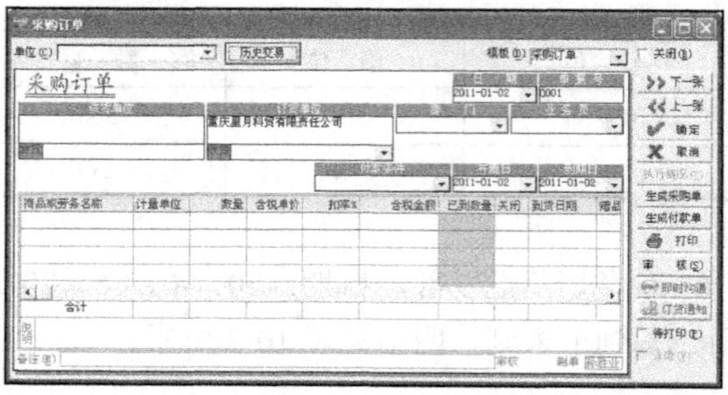

图 10-10　“采购订单”窗口

2）根据业务 B，从“单位”下拉框中选择“海华集团公司”，修正业务发生日期，由于采购订单一般在采购业务发生之前填制，因此业务发生时间只要在采购业务发生的时间 2011-01-03 之前即可，下面的“开票日”与“到期日”的填写原理相同。

3）在采购订单的单据中，按照业务 A 的采购内容填写相关的商品采购情况，只是这里需要将业务 A 中的不含税单价换算为含税单价填列，如图 10-11 所示。

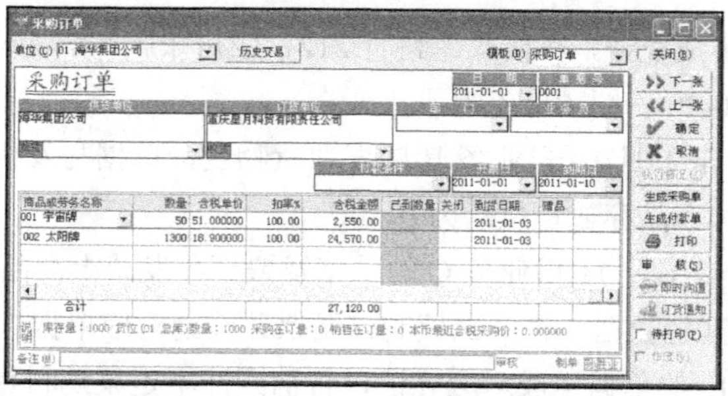

图 10-11　填写好的采购订单

4）填写好采购订单，该笔订单中的商品到货后，“已到数量”栏中将显示到货数量，如果到货数量与采购订单“数量”栏中的相等，系统将自动在该商品的“关闭”栏中打上“√”，表示该商品的采购计划已执行完毕。

需要注意的是，如果某种商品的到货数量与采购订单中的数量不相等，或者某商品虽然没到货但不再执行采购计划，那么可以在该商品的“关闭”栏由操作员手工打上“√”。如果某采购订单全部不再执行了，可以选择该采购订单右上角的“关闭”复选框，直接关闭采购订单。

（2）商品采购处理

1）单货同到的业务处理

① 单击“商品采购”，进入商品采购单录入窗口，根据业务 A 的资料，在“单位”框中选择“海华集团公司”，然后将日期修改为 2011-01-03。因为业务 A 是属于单货同到的业务类型，所以还要再选择“开票标志”复选框，然后选择发票类型“增值税专用发票”，发票号 201101030001，如图 10-12 所示。

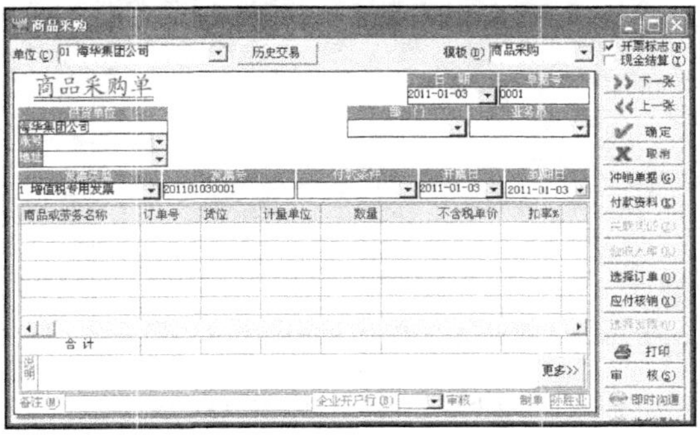

图 10-12　单货同到的商品采购单的填写

② 因为业务 A 已经填写了采购订单，因此可以直接通过【选择订单】按钮由采购订单生成相应的商品采购单信息，如图 10-13 所示。

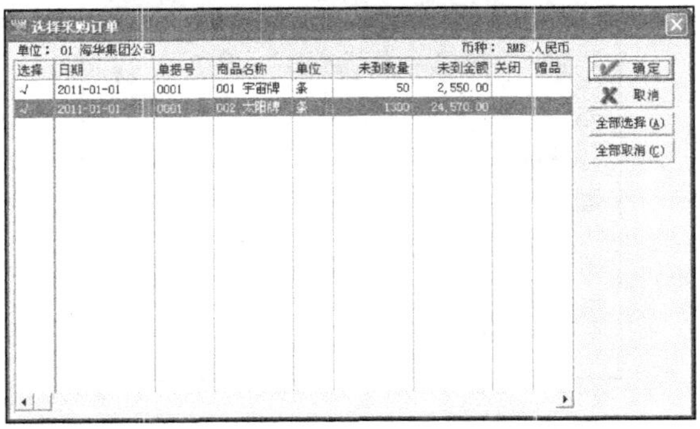

图 10-13　通过选择采购订单来生成商品采购单

③ 根据采购订单生成商品采购单后，修改到货的库位、数量、单价等信息，如图 10-14 所示。

④ 单击【确定】按钮保存，或者单击【下一张】按钮，系统将自动保存并进入到新的商品采购单窗口继续录入其他的商品采购单。

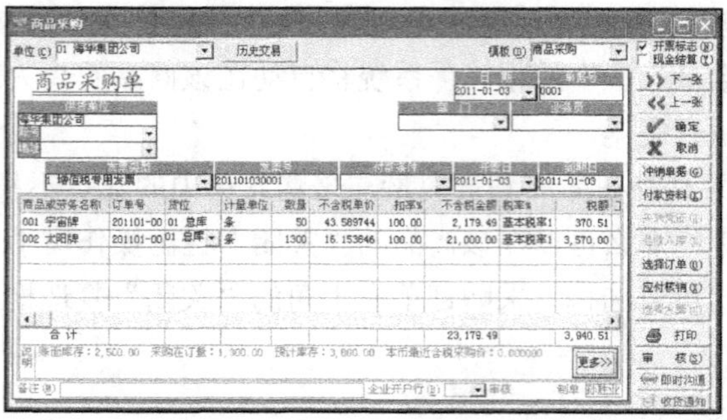

图 10-14　修改好的商品采购单

⑤ 此时回到采购订单窗口，可以看到商品的“已到数量”栏中系统已自动填上了到货数量，“关闭”栏也已经打上了“√”标志，如图 10-15 所示。

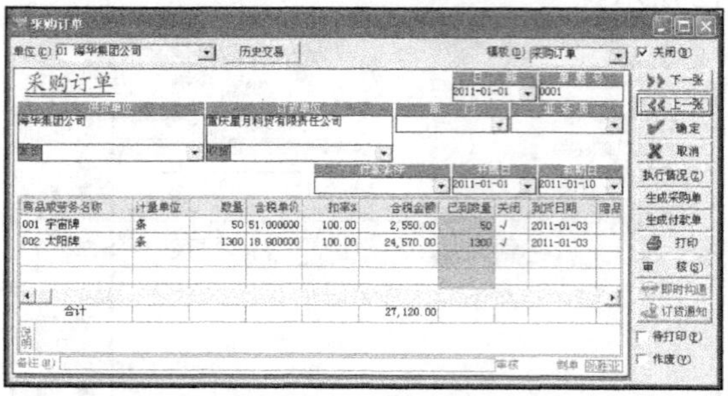

图 10-15　已执行的采购订单

⑥ 切换操作员。选择具有“采购凭证”权限的操作员“李东平”进入系统，单击“流程图”→“进销存”→“采购管理”→“采购凭证”，在“选择单据”标签页中选择要生成凭证的业务单据，如图 10-16 所示。

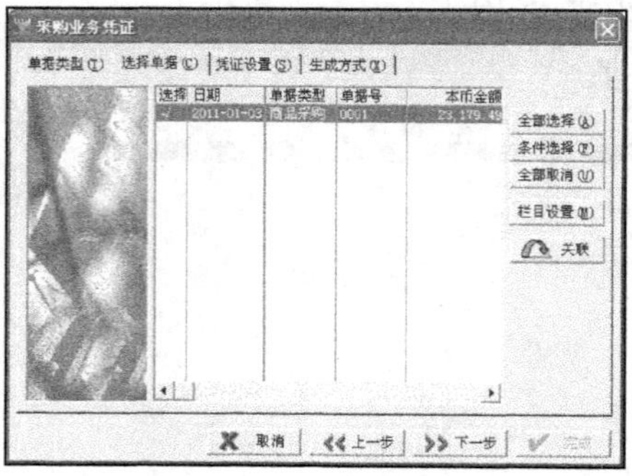

图 10-16　选择单据生成采购业务凭证

⑦ 其他参数设置按照实验案例中的说明进行设置，案例中没有说明的按照系统默认参数设置，完成后单击【完成】按钮，生成凭证，如图 10-17 所示。

2）单到货未到的业务处理

① 由采购员“孙胜业”单击“流程图”→“采购管理”→“采购发票”，将业务 B 中的有关商品信息在采购发票中录入，如图 10-18 所示。

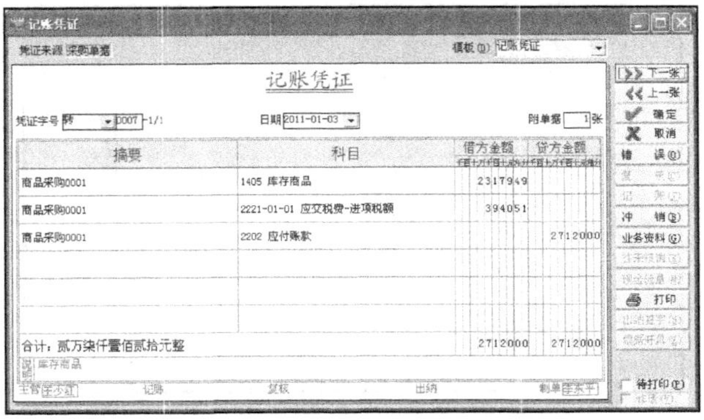

图 10-17　由商品采购单生成的采购业务凭证

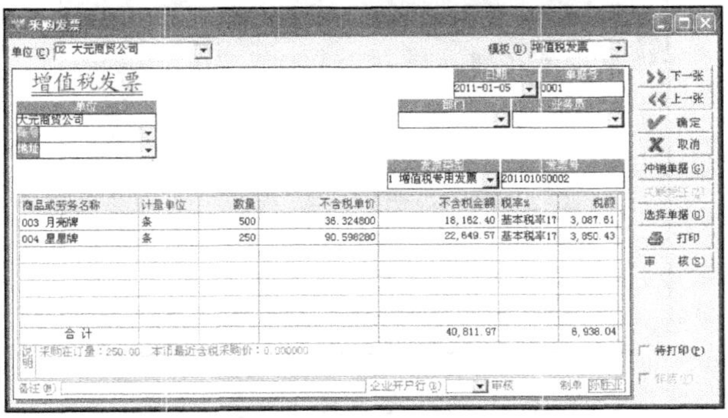

图 10-18　采购发票录入

② 切换操作员，由录入员“李东平”单击“流程图”→“进销存”→“采购管理”→“采购凭证”，进入采购凭证生成窗口，选择采购发票，如图 10-19 所示。

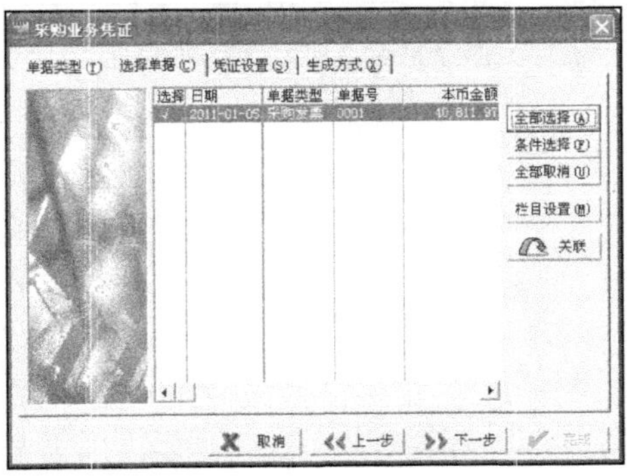

图 10-19　选择采购发票生成采购凭证

③ 设置好其他参数后，生成凭证，如图 10-20 所示。

④ 根据业务 D，货到后，操作员换回到“孙胜业”，进入商品采购单，录入业务 B 中的商品到货情况。

⑤ 选中商品采购单中的“003 月亮牌”，单击【选择发票】按钮，出现“发票选择”窗口，选择与该商品采购单相对应的发票，如图 10-21 所示。

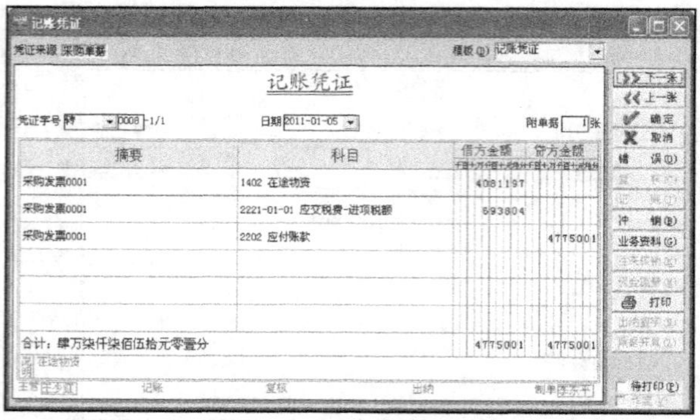

图 10-20　单到货未到情况下生成的凭证

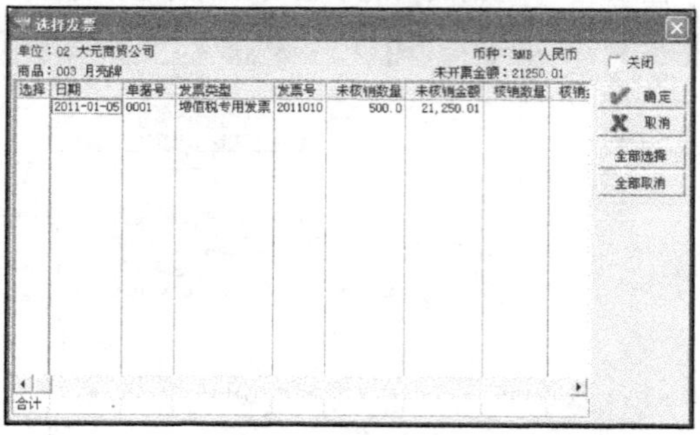

图 10-21　货后到选择发票进行关联

⑥ 按照步骤⑤，选择其他到货的商品，一一进行发票选择关联。

⑦ 所有到货商品与发票关联完毕后，操作员换到录入员“李东平”，进入“采购凭证”窗口，选择要生成凭证的商品采购单，设置其他参数，然后生成凭证，如图 10-22 所示。

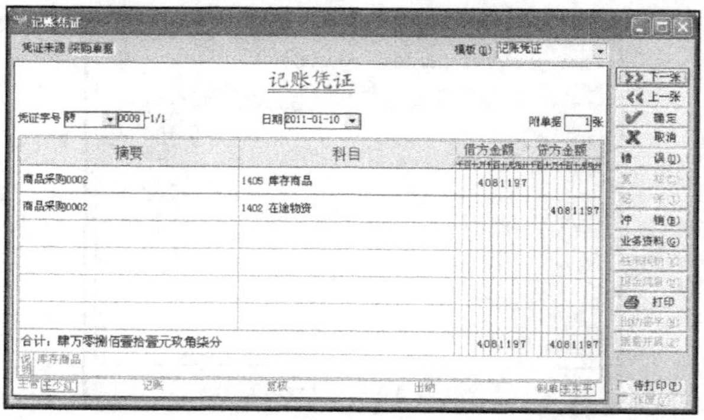

图 10-22　货到后生成的凭证

3）货到单未到业务处理

① 由操作员“孙胜业”进入商品采购单，将业务 C 中的数据录入，由于发票未到，因此不能选择“开票标志”标记。

② 由操作员“李东平”进入采购凭证窗口，将业务 C 的商品采购单生成采购凭证，如图 10-23 所示。

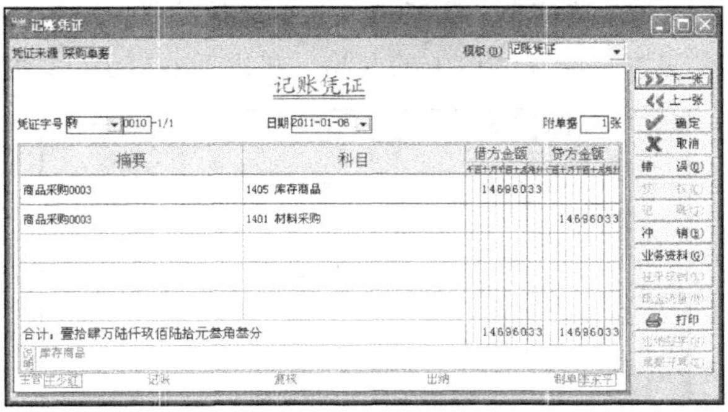

图 10-23　货到单未到情况下生成的暂估入库记账凭证

③ 根据业务 E 资料，“孙胜业”进入采购发票窗口，将单位、时间、发票类型、发票号录入。

④ 对于业务 E 的商品信息录入，有以下两种处理方法。

第一，在单据体中，将商品信息录入，然后单击【选择单据】按钮，将发票上的商品与商品采购单上的信息一一对应关联。

第二，直接单击【选择单据】按钮，进入“选择开票入库单”窗口，选择有关的商品。需要注意的是，由于“004 星星牌”的发票上注明的单价与商品采购单上的暂估入库单价不同，因此不能选择“004 星星牌”，如图 10-24 所示。

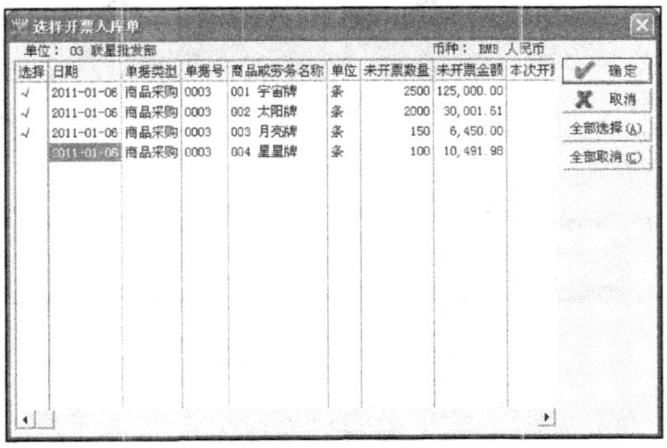

图 10-24　选择与发票上的单价、数量一致的商品采购单上的商品

单击【确定】按钮，生成上述三种商品的发票信息，如图 10-25 所示。

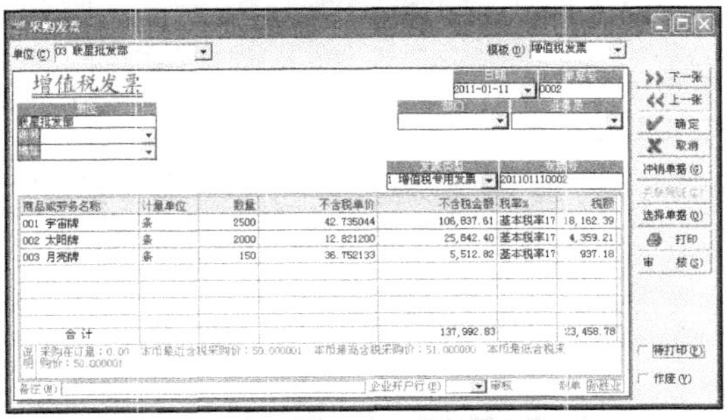

图 10-25　由商品采购单生成发票信息

此时再录入“004 星星牌”的信息，注意录入的单价是发票上注明的单价，然后单击【选择单据】按钮，将该商品信息与商品采购单上的商品信息进行对应关联，如图 10-26 所示。

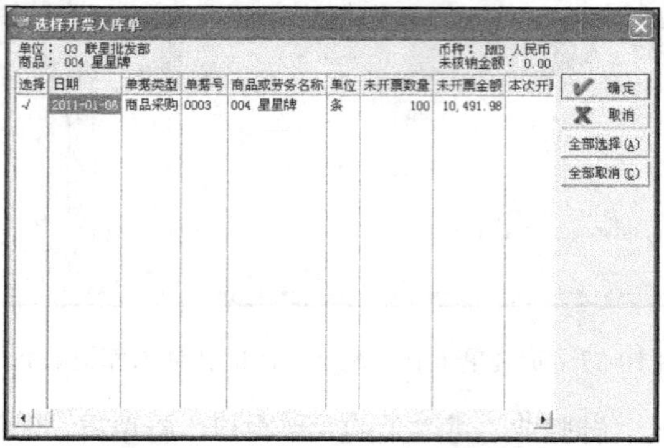

图 10-26　选择单价有变化的商品

⑤ 在采购发票窗口单击【确定】按钮，完成发票信息的录入。

⑥ 由操作员“李东平”进入“采购凭证”窗口，选择需要生成凭证的采购发票，设置好参数，生成凭证，如图 10-27 所示。

图 10-27　发票到后生成的凭证

⑦ 在生成凭证时，对商品采购单产生的暂估差额采用的是“差额调整”方法，因此，进入商品采购窗口可查询到由录入员“李东平”生成的调整了“004 星星牌”入库金额的商品采购单，如图 10-28 所示。

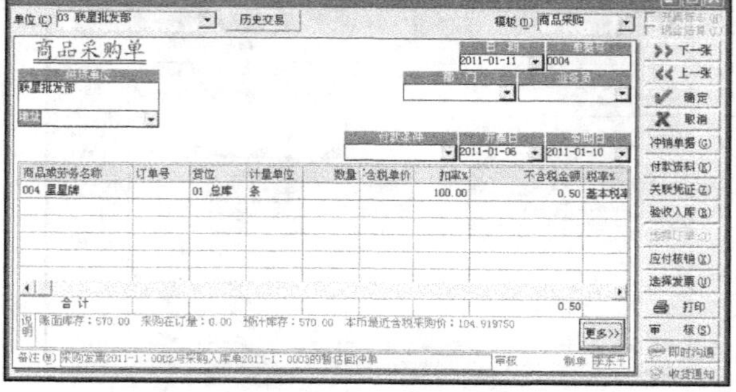

图 10-28　“差额调整”法生成的商品采购单

⑧ 对于业务 F 的处理，类似于业务 C。由操作员“孙胜业”进入商品采购单，将业务 F 中的数据录入，由于发票未到，因此不能选择“开票标志”标记，生成商品采购单，如图 10-29 所示。

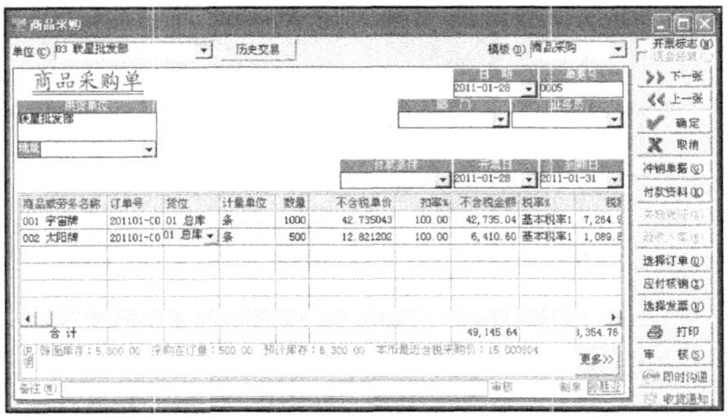

图 10-29　货到单未到法生成的商品采购单

由操作员“李东平”进入“采购凭证”窗口，将业务 F 的商品采购单生成采购凭证，如图 10-30 所示。

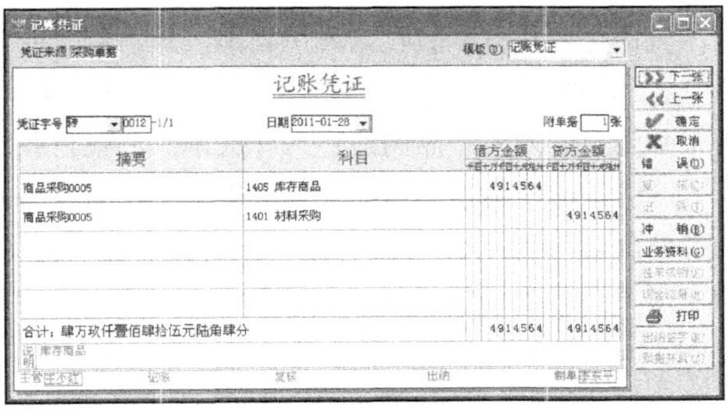

图 10-30　货到单未到法生成的采购凭证

由于到月末，本业务的发票未到，所以暂不处理采购发票。

实验 11　库存管理

【实验预习】

对于任何一个企业来说，库存都是既重要又烦琐的环节，它是指企业为销售或耗用而储备的各种有形资产，如各种原材料、燃料、包装物、低值易耗品、委托加工材料、在产品、商品等，库存管理需要反映存货的变动、保管等情况，并且核算存货的收入、发出、结余成本。

在金算盘软件“流程图”→“进销存”界面中选择“库存管理”，即出现商品库存管理的业务流程图，如图 11-1 所示。

1. 自制入库与入库成本

当企业利用原材料自己加工成产品并验收入库时，可填制自制入库单反映该业务。入库时，若不能确定产品的入库成本，可只输入入库数量，月末再通过“入库成本”模块输入产品的实际入库成本。若产品在入库时已经能够确定入库成本，可直接输入入库数量及金额，可以不使用“入库成本”模块。

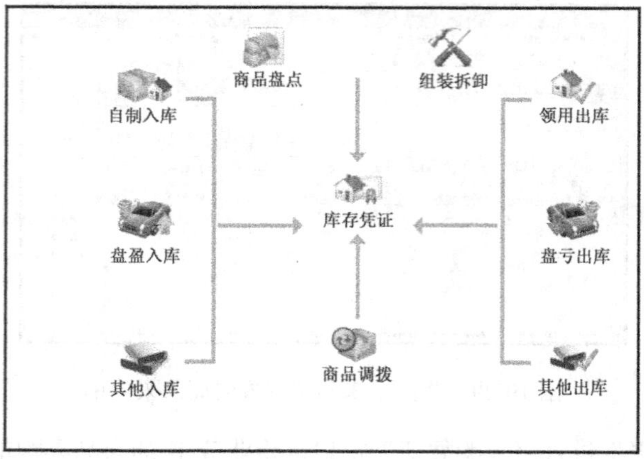

图 11-1　库存管理业务流程图

同商品采购单类似，无论是否执行“验收入库”功能，当自制入库单填写保存以后，系统就在商品库存账上作了登记。验收入库只是针对库管员而言，并不影响库存账。

入库成本单主要用来确定自制入库产品的最终入库成本。如果自制产品入库时填写了入库金额，但单价为估计成本价格，一旦确定了实际入库成本时，就需要另外填制入库成本单，此时，系统将根据入库成本单自动调整自制产品的入库成本。因此，需要注意的是，一旦使用了“入库成本”模块，那么无论在填制自制入库单时是否输入了金额，系统都将以入库成本单据中的金额作为自制入库产品的成本金额，同时，将自动修改自制入库单中的金额。

2. 其他入库与其他出库

其他入库主要指接受其他单位或个人捐赠、接受投资，以及商品采购的溢余等商品入库情况，发生了这些业务，就需填制其他入库单。

其他出库主要指捐赠出库、样品礼品出库和商品采购的短缺及损耗等商品出库情况，因此一旦发生了此类业务，就需填制其他出库单。

同样，系统在录入其他入库单（或其他出库单）后，无论是否进行“验收入库”（或“发货”）环节，系统都会登记库存商品账；验收入库（或发货）只是针对库管员而言，并不影响库存账实质数量的增减变动。

3. 领用出库

领用出库主要指企业内部的商品或产品的领用，可以是各部门领用原材料自行加工，也可以是各部门领用的耗材等。

4. 商品调拨

商品调拨主要指企业内部各部门、各仓库之间的商品调动，一般不涉及商品成本的变动，因此商品调拨单只需录入调拨数量，调拨金额由系统根据所选的成本计算方法自动计算。

由于商品调拨是在企业内部之间发生的业务，因此，它只影响各部门、各货位的库存账，并不影响企业总的库存账。但是，需要注意的是，如果针对某仓库商品的出库量（包括销售等）超过了其库存量，那么系统将自动报警提示库存不足，不能进行相应的操作。因此，必须先从其他仓库调拨商品或采购商品入库，以补足库存量。

5. 商品调价

商品调价功能仅适用于采用计划价和实际差价率核算的商品进行零售价和计划价的调整。此外，对于采用进价核算售价控制的商品，其控制价的调整也通过商品调价单进行。调整了商品价格后，在“商品劳务”中的“历史价格”页将记录调价信息供查询。

6. 组装拆卸

商品组装是指将多个部件商品组合成一个整件（套装）商品的业务。商品拆卸是指将一个商品拆分成多个部件商品的业务。

由于拆卸组装只是商品本身发生变化，就商品而言，并未形成所有权的转移，因此，在填制商品拆卸组装单后，系统按拆卸组装比例自动调整库存数量账，对金额账并没有影响，只有在实现购进或销售业务后，才会登记相应的金额账。

需要注意的是，只有在“基础设置”的“商品劳务”卡片中输入了部件商品信息的商品，才能填制拆卸组装单。

7. 商品盘点

商品盘点主要指对库存商品进行定期或不定期的清查。通过盘点，可清查商品数量有无损耗和盈余，可发现库存结构上存在的问题，以便及时采取措施，减少企业损失。

在系统中，填写“商品盘点表”后，单击【盘点处理】按钮，系统会按商品、部门自动生成盘盈、盘亏单据，盘盈为入库单，盘亏为出库单。

需要注意的是，一张盘点表只能进行一次盘点处理。盘盈时，需要输入盘盈商品的入库金额；盘亏时，系统通过成本计算后按照存货单价自动填写盘亏金额。此外，经过盘点处理的盘点表不允许修改。如果删除了经过盘点处理的盘点表，那么同时删除已生成的盘盈、盘亏单。

另外，通过“菜单树”→“库存管理”→“日常业务”，也可以选择盘盈入库或盘亏出库，直接填写盘盈或盘亏单据，而不通过商品盘点表生成。

8. 库存凭证

对于库存管理中所涉及的有关业务，如商品调价、盘点等，系统可自动生成不同的记账凭证，登记不同的账簿。

【库存管理实验】

1. 实验目的

掌握库存管理中的调拨功能。

2. 实验内容

根据实验案例，完成库存商品在不同库房的调拨业务处理。

3. 实验案例

日期：2011-01-15

商　品	调出货位	计量单位	调入货位	调拨数量
001 宇宙牌	01 总库	条	02 批发库	3 500
002 太阳牌	01 总库	条	02 批发库	5 000
003 月亮牌	01 总库	条	02 批发库	1 200
004 星星牌	01 总库	条	02 批发库	460

4. 实验步骤

（1）由操作员“库管员”→“李天华”进入系统，单击“流程图”→“进销存”→“库存管理”→“商品调拨”，进入“商品调拨单”窗口，如图 11-2 所示。

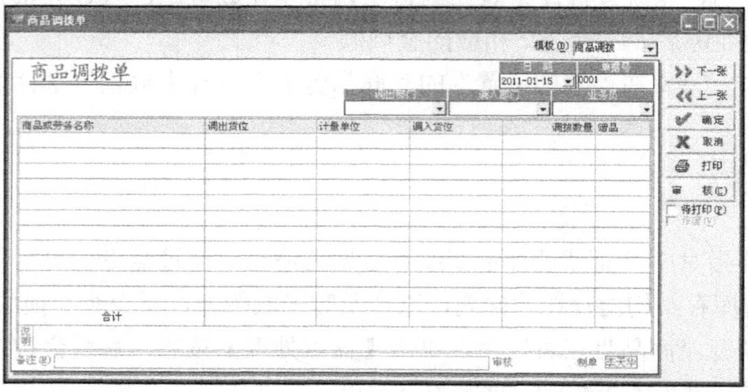

图 11-2　“商品调拨单”窗口

（2）将案例资料中的信息录入商品调拨单，完成商品调拨业务，如图 11-3 所示。

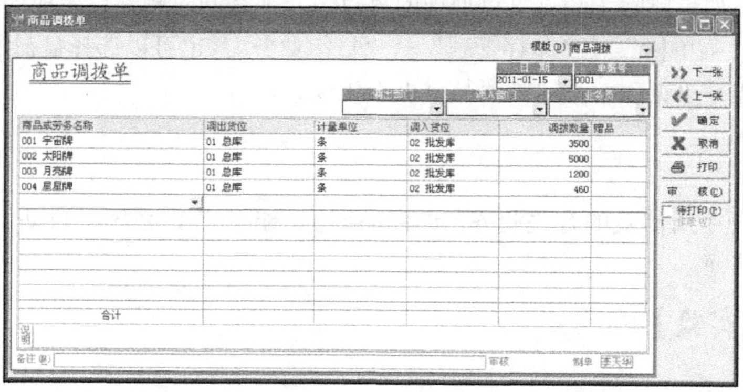

图 11-3　录入商品调拨信息

实验 12　销售管理

【实验预习】

销售模块是金算盘供应链中的一个重要部分，其主要的功能有销售业务管理及销售核算，其中销售核算是销售管理模块的基础，也是系统最重要的功能之一。从功能原理上讲，销售管理的相关操作与采购管理相类似，只是其实质代表的业务流向与采购是相反的。

在金算盘软件“流程图”→“进销存”界面中，选择“销售管理”，即出现商品销售处理的业务流程图，如图 12-1 所示。

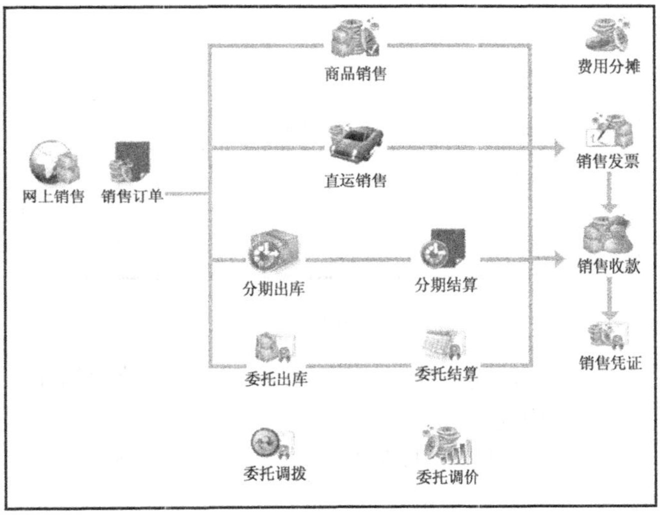

图 12-1　商品销售业务流程图

其中“网上销售”与“采购管理”中的“网上采购”相似，也是与电子商务相集成的功能，单击该功能将进入亿禧网中的求购信息页面，如图 10-2 所示。

“销售订单”的操作同“采购订单”类似，其主要功能是处理业务部门与客户签订的商品销售合同信息，它是统计商品销售合同执行情况的依据。由销售订单可直接生成销售单、直运销售单、分期发出单、委托代销出库单等，监督发货情况，随时了解订单的执行情况。

1. 商品销售

商品销售功能与商品采购功能相同。当销售出库一批货物时，无论是否开具销售发票，都要填制商品销售单进行出库处理；若为钱货两清，可在销售单中直接进行收款、开票处理。

销售货物同时开具发票，在填制销售单时做上开票标志，然后在“现金结算”中进行收款，也可在收款资料中收款。

只开了发票，货物还未出库时，直接填制销售发票，当商品发出时再填制销售单出库。这里需要注意的是，系统将根据出库单确定成本，若只开了票，还没有提货，系统将不会计算销售成本，在“商品销售”账表中提供已开票未销售商品汇总表、已开票未销售明细表供查询。

销售货物未开票，可根据与客户约定的价格填制销售单，待开票时，在销售发票中填制发票即可。这里也需要注意的是，系统对于销售收入是按照销售单确定还是按照销售发票确定，其依据是“基础设置”→“账套属性”→“核算选项”中的相关设置，一旦确定并生成了销售收入凭证，系统将不允许进行修改，如图 12-2 所示。

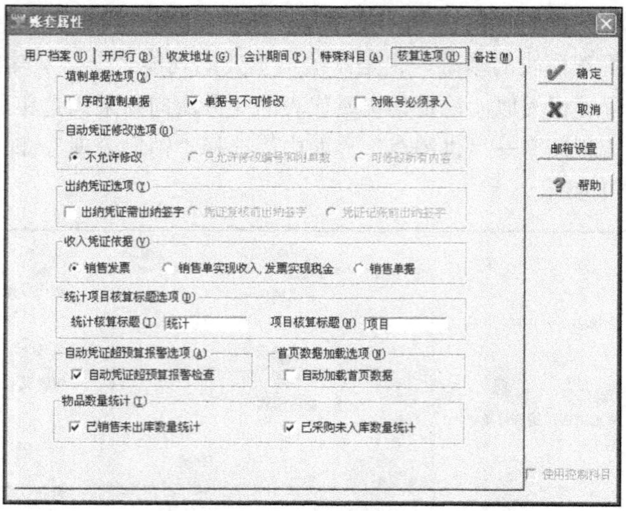

图 12-2　收入凭证依据设置

销售退货业务，可直接录入红字销售单。对于退货业务的红字单据和冲销业务的红字单据，可通过单据编号中的前缀加以区别。

对于销售收款业务的处理，系统也按照“钱货两清”与“挂账”两种方式进行处理，具体操作步骤同实验 10 中“商品采购”部分。

2. 直运销售

直运销售是指企业购进的商品不经过仓库储存，直接从供货单位发往购货单位的一种销售方式。直运销售商品的成本根据直运采购商品的实际进价成本，分销售批次随时进行结转。

由于直运销售的商品不经过仓库存储，因此，直运销售不登记库存账。系统提供直运销售汇总及明细表可查询直运销售收入、成本及毛利等信息。填制了直运销售单后，系统将根据指定的直运采购单自动计算销售成本，不用再进行成本计算。

直运销售单可以直接填制，也可以在直运销售单窗口中，通过【选择单据】按钮选择相应的直运采购单来自动生成。

3. 分期出库与分期结算

企业对商品采取先发货、再分期收款的销售方式时，可根据“商品分期收款购销合同”，填制“分期收款发出商品发货单”，并确定分期收款的期限及金额，到期进行结算。在合同规定的结算日期收取货款时，填制分期收款结算单进行货款结算。在成本计算时，系统将根据结算金额计算销售成本。

分期收款出库单可通过销售订单进行填制，也可以直接填制。

分期收款结算单根据分期收款出库单生成。如果进行收款处理，可在收款资料中直接填制收款单，也可在“现金银行”模块中填制收款单。对于应收账款的核销，可以在收款单中进行冲减核销，也可以直接在结算单中对应收账款进行核销；该结算单生成凭证后，在结算单中可直接关联凭证。此外，在填写分期收款结算单时，必须指定对应的分期收款出库单，否则，系统不允许保存。

4. 委托出库与委托结算

当企业将商品发给购货单位，委托其代销时，需要填制委托出库单；当企业及购货单位根据所签合同定期进行结算、各受托代销单位对委托调拨进行结算时，此时填制委托结算单。

委托出库单可通过销售订单进行生成，还可直接填制。

委托结算单根据委托出库单填制。对委托结算进行收款处理时，可以在收款资料中直接填制收款单，也可以在“现金银行”模块中填制收款单；对于应收账款的核销，可以在收款单中进行核销、冲减应收账款，还可以直接在结算单中对应收账款进行核销；结算单生成凭证后，在结算单中可直接关联凭证。此外，填写委托结算单时，必须指定对应的委托出库单，否则，系统不允许保存。

5. 委托调拨

委托调拨主要应用于各受托代销的购货单位之间的商品调拨。因此，当各受托代销的购货单位之间由于业务需要，互相调动委托代销商品时，企业就应当填制委托调拨单。

委托调拨单是根据委托出库单来填制的，而且委托调拨单必须指定相应的委托出库单，否则，系统不允许保存，同时调出单位与调入单位不能相同。

委托调拨的单价，系统自动默认为调出单价。如果用户对此单价进行了修改，那么结算时将按照修改后的单价与调入单位进行结算。

6. 销售发票

销售发票是记录企业给购货单位的票据。

在实际销售中，会出现销售同时开票、先销售后开票、先开票后销售三种情况。因此，在进行“商品销售”操作时，“销售同时开票”可在填制销售单的同时做上开票标志，其余两种情况均需要单独填制销售发票。

单独填制发票，系统认为是开票未销售；单独填制销售单，系统认为是销售未开票。因此，对于已经销售但未开发票的商品，在填制销售发票时，应该通过【选择单据】按钮选择具体销售单中的商品，这样，系统才能够准确地知道销售单中的商品哪些已经开票、哪些没有开票。同样，先开发票后填写商品销售单的商品，也要在销售单中进行发票核销，系统才将此商品认定为已销售已开票。

7. 销售凭证

这里的“销售凭证”是指销售收入凭证，而销售成本凭证将在成本计算后，系统进行成本结转时通过向导自动生成。

对于销售收入，系统是根据“账套属性”→“核算选项”中的相关设置来决定收入凭证的依据是销售单据还是销售发票，如图 12-2 所示。

【销售管理实验】

1. 实验目的

掌握销售管理中的商品销售业务处理功能。

2. 实验内容

根据实验案例，完成销售业务处理。

3. 实验案例

（1）业务 A，单位：04 天华商场，日期：2011-01-16。销售订货日期：2011-01-05。销售即开票，明细见表 12-1 所示。

表 12-1　单据明细

商　品	调出货位	单　位	数　量	不含税单价（元/条）
001 宇宙牌	02 批发库	条	1 500	50.427 350
002 太阳牌	02 批发库	条	2 000	17.094 017
003 月亮牌	02 批发库	条	400	38.461 538

（2）业务 B，单位：07 东信风华公司，日期：2011-01-16。销售订单日期：2011-01-10。已经销售未开票，明细见表 12-2 所示。

表 12-2　单据明细

商　品	调出货位	单　位	数　量	不含税单价（元/条）
001 宇宙牌	02 批发库	条	1 600	52.000 000
002 太阳牌	02 批发库	条	2 500	22.500 000
003 月亮牌	02 批发库	条	650	43.900 000
004 星星牌	02 批发库	条	350	3.750

（3）业务 C，2011 年 1 月 20 日业务 B 开出发票，录入发票并核销。

要求：将以上单据生成凭证。生成的凭证如图 12-6 和图 12-10 所示。

4. 实验步骤

（1）销售即开票的业务处理

1）由操作员“销售员”→“刘一江”进入系统，单击“流程图”→“进销存”→“销售管理”→“商品销售”，进入商品销售单录入窗口，如图 12-3 所示。

2）根据业务 A 资料，在“单位”选择框中选择“04 天华商场”，将业务时间修改为2011-01-16，选择“开票标志”复选框，在出现的“发票类型”框中选择“增值税专用发票”，然后根据业务发生时间与单据号录入发票号码，如图 12-4 所示。

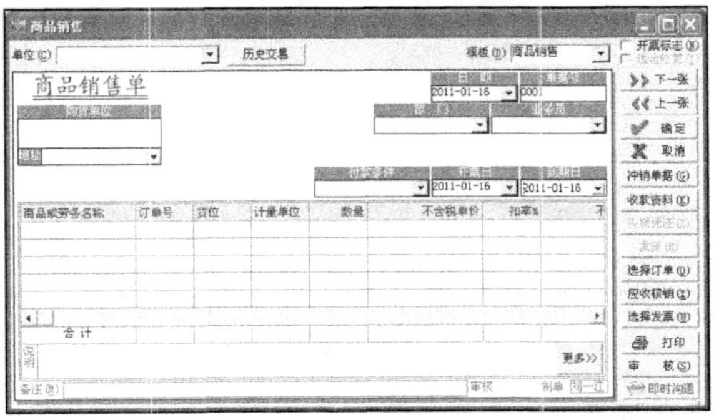

图 12-3　商品销售单录入窗口

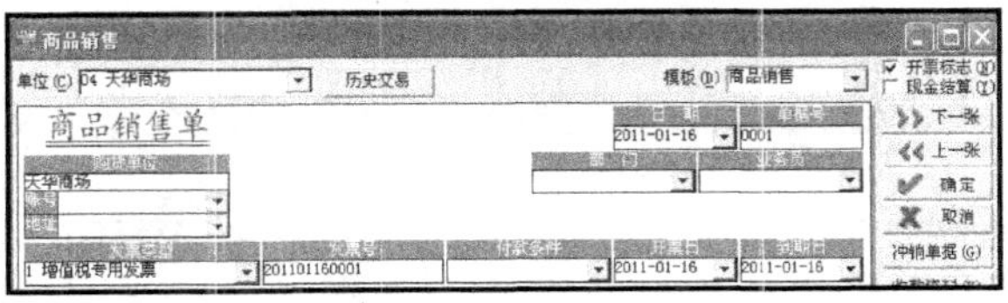

图 12-4　销售即开票时的商品销售单录入信息

3）在单据体中录入业务 A 中显示的销售的商品的信息，如图 12-5 所示。

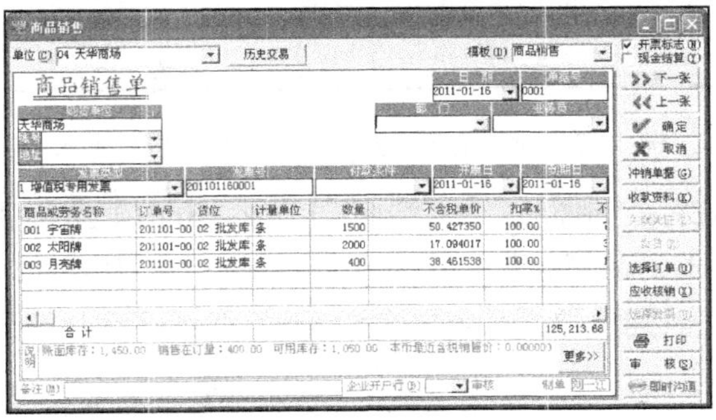

图 12-5　录入完成的商品销售信息

实验提示

如果该销售商品信息事先填制了销售订单，那么此时的商品销售信息录入，可以单击商品销售单窗口右边的【选择订单】按钮，通过已录入的商品销售订单来生成商品销售信息，其步骤与通过商品采购订单生成商品采购单的步骤一样。商品销售订单的填制过程也与商品采购订单的填制过程一样，可以参照“实验 10 采购管理实验”的实验步骤进行操作。

4）切换操作员，由“录入员”→“李东平”单击“流程图”→“进销存”→“销售管理”→“销售凭证”，进入销售凭证生成向导，选择需要生成凭证的商品销售单，设置好其他参数后，单击【完成】按钮，生成商品凭证，如图 12-6 所示。

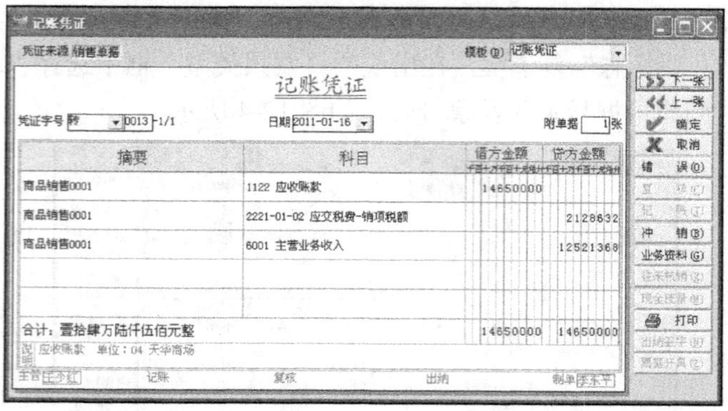

图 12-6　由商品销售单生成的记账凭证

（2）销售未开票的业务处理

1）由操作员“销售员”→“刘一江”进入系统，如同销售即开票的步骤一样，在商品销售单中录入业务 B 的商品销售信息，但不选择“开票标志”复选框，如图 12-7 所示。

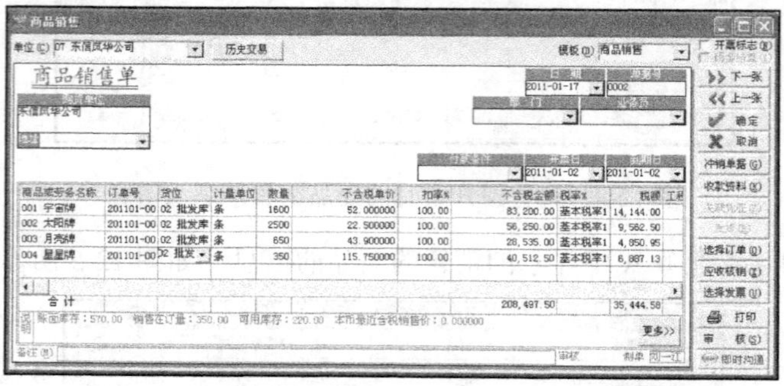

图 12-7　商品销售未开票进的商品销售单录入

2）根据业务 C 的资料，“销售员”→“刘一江”在 2011-01-20 单击“销售发票”，进入发票录入窗口，将业务 C 的商品销售信息作为发票数据录入，如图 12-8 所示。

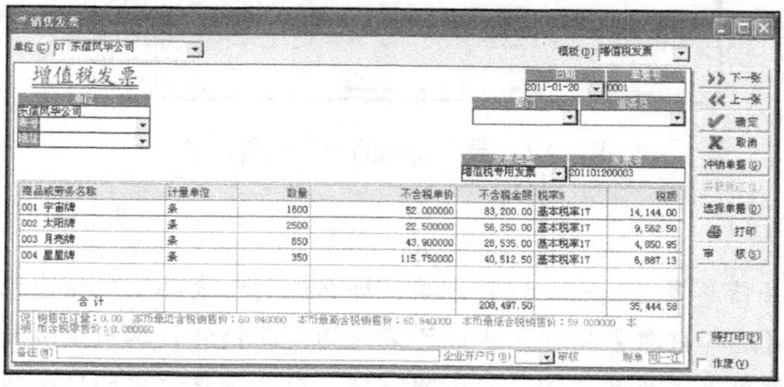

图 12-8　销售发票录入

3）商品销售发票数据录入完毕，选择“001 宇宙牌”，单击【选择单据】按钮，在出现的“选择开票出库单”窗口中选择对应的商品销售信息，将销售发票与商品销售单进行关联，如图 12-9 所示。

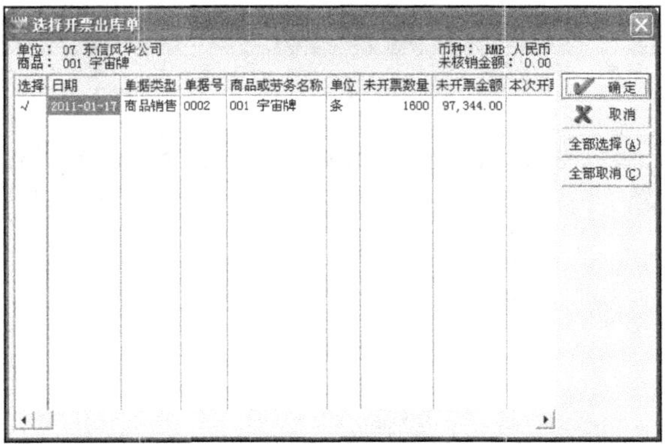

图 12-9　商品销售发票与商品销售单进行关联对应

4）重复步骤 3，将其他商品的销售发票信息与商品销售单上的资料进行一一对应关联，表示商品销售单上的所有商品均已开具了发票。

5）由操作员“录入员”→“李东平”进入销售凭证生成窗口，选择需要生成凭证的商品销售发票，设置好其他参数后，生成销售凭证，如图 12-10 所示。

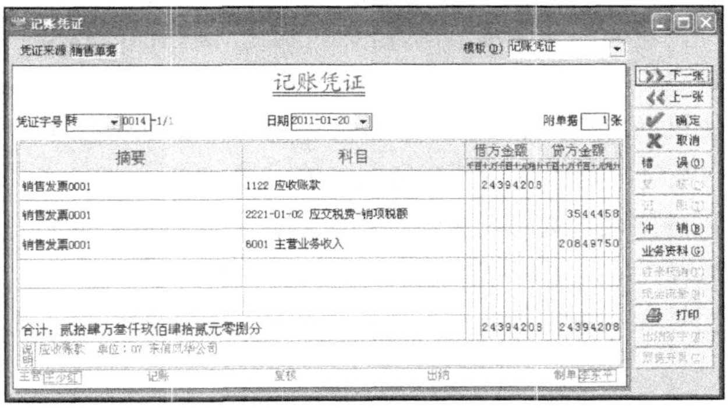

图 12-10　由销售发票生成的记账凭证

实验 13 成本计算与结转

【实验预习】

企业在销售商品后，除了要核算销售收入外，还需要计算并结转成本。成本计算是根据不同的成本计算方法，计算出各个商品的发出成本。系统允许随时进行成本计算，以便及时查阅各种商品的成本。对于采用移动平均、先进先出、后进先出、个别计价方法的商品，还可以查阅成本计算底稿。

通过“菜单树”→“存货核算”→“期末业务”→“存货成本”中的“成本计算”功能，进入到“成本计算”窗口，如图 13-1 所示。

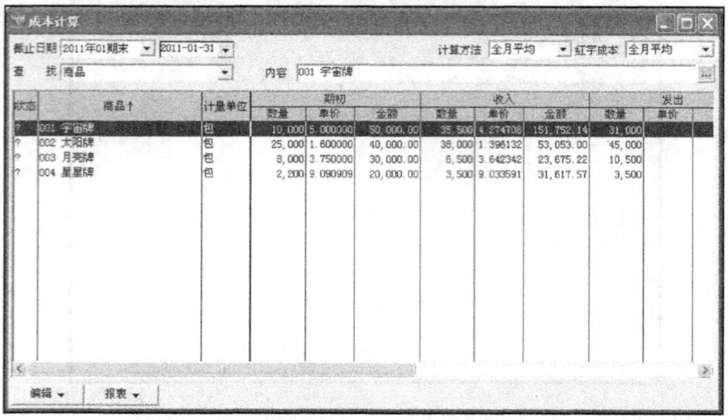

图 13-1 “成本计算”窗口

1. 成本计算方法

金算盘财务软件提供了 8 种成本计算的方法，具体如下。

个别计价法：又称分批实际进价法，是认定每一件或每一批商品的实际进价，计算该件或该批商品销售成本的一种方法。在整批购进分批销售时，可以根据该批商品的实际购进单价乘以销售数量来计算商品销售成本。

全月平均法：即加权平均法，是指在一个计算期内（一般为一个月），综合计算每种商品的平均单价，再乘以销售数量，是计算商品销售成本的一种方法。

移动平均法：指以各次收入数量和金额与各次收入前的数量和金额为基础，计算出移动加权平均单价，再乘以销售数量，是计算商品销售成本的一种方法。

先进先出法：是根据先购进先销售的原则，以先购进商品的价格，先作为商品销售成本的一种计算方法。

后进先出法：与先进先出法恰恰相反，它是根据后购进商品先销售的原则，以后购进商品的价格，先作为商品销售成本的一种计算方法。

最后进价法：指在计算期内选择商品主要进货地区的最后一次进货单价，乘以该种商品的期末结存数量，先计算出期末库存商品的价值，再逆算本期商品销售成本的一种方法。

进销差价率法：仅针对零售企业而言。指先根据各种商品的实存数量，分别乘以销售单价和购进单价，计算出期末商品的进销差价，进而逆算已销商品进销差价的一种方法。

计划成本价法：计划成本价法是指企业存货的收入、发出和结余均按预先制定的计划成本计价，同时另设“材料成本差异”科目，登记实际成本与计划成本的差额。

窗口的“状态”栏中显示的“？”，表示该商品在本期间内未计算成本，或成本计算之后又有新的购销业务发生，需要重新计算成本；显示“√”的，表示该商品在本期间已经进行过成本计算且没有新的业务发生，不需要重新计算。

在商品性质中指定的成本计算方法将在“计算方法”下拉框中罗列出来，如果有红字销售业务（销售数量大于实际库存数量），还需要指定超额部分的红字成本的计算方法。

需要注意的是，只有采用加权平均、移动平均、先进先出、后进先出 4 种成本计算方法的商品，才可以选择红字成本计算方法。系统提供了 7 种红字成本计算方法：不计算成本、最近进价、最高进价、最低进价、平均进价、上月结存价、移动平均价，可根据实际业务需要选择。

设定成本计算的相关参数后，系统会根据商品不同的状态提供两种计算方式：全部计算、快速计算。全部计算指商品无论是否已经进行成本计算，都全部重新计算；快速计算只计算状态栏为“？”的商品成本，状态栏为“√”的商品不再计算。

对于采用移动平均、先进先出、后进先出、个别计价方法的商品，可查阅成本计算底稿。计算底稿是指商品进行成本计算的过程及详细资料，可查询每一笔单据的收发存信息。

另外，在【编辑】按钮中的“成本批次”功能，只对成本计算方法为“个别计价”的商品有效，采用其他计算方法的商品，该功能无效。

2. 自动调整成本

存在以下 4 种情况中的任意一种时，系统都会自动生成成本调整单，且单据号由 CA 开头，由手工填制的成本调整单无法加入这两个字符。由此可区别成本调整单是由系统自动生成还是手工输入的。需要注意的是，只有在成本计算窗口中，通过【编辑】按钮或单击鼠标右键选择“自动调整成本”命令后，才能使用这个功能。

（1）如果上期结存是红字，本期有入库，如果入库成本与上期有差异，系统会自动生成成本调整单。

（2）在先进先出法和后进先出法中，存在只有金额无数量的采购单，而在成本计算时选择这些入库资料计入本期发出成本，系统将自动生成成本调整单，把所选的入库资料计入本期发出成本。

（3）期末结存数量为零，而金额不为零的情况，系统会自动进行成本调整，把金额调整为零。

（4）采购退货时（红字采购单），若退货的单价与当前的发出成本单价之间存在差异，系统会自动进行成本调整（成本计算方式为“最后进价”时，不生成成本调整单）。

3. 成本结转

在每期期末要对销售成本进行结转，生成相应的销售成本凭证。这里需要注意的是，每期期末最后一次成本计算方式必须选择“全部计算”，否则，系统将不允许进行成本结转。并且当前期间结账之后不能进行成本结转。

在成本结转过程中，可选择是“按所有的销售单”还是“按已开发票的销售单”来确定销售成本的结转。

对于采用进销差价率和计划成本价计算方法的商品，应该将本期的成本差异和进销差价结转到销售成本中去。

虽然系统允许随时结转成本，但如果成本结转后，当期又发生了商品的出入库业务，或者调整了以前发生的出入库业务，此时就需要对出库成本重新计算，以便按照成本计算方法得到更准确的成本。但是，由于已经进行过成本结转，因此，在输入、修改或删除出入库单据并保存时，系统会自动进行提示，如图 13-2 所示。

图 13-2　成本结转后对入库单的操作警告

如果保存单据，在期末就应该再次进行成本计算及成本结转。由于在这之前已经进行过成本结转并生成了凭证，为了保证数据的一致性，系统在再次进行成本计算时，会提示删除相关凭证，如图 13-3 所示。

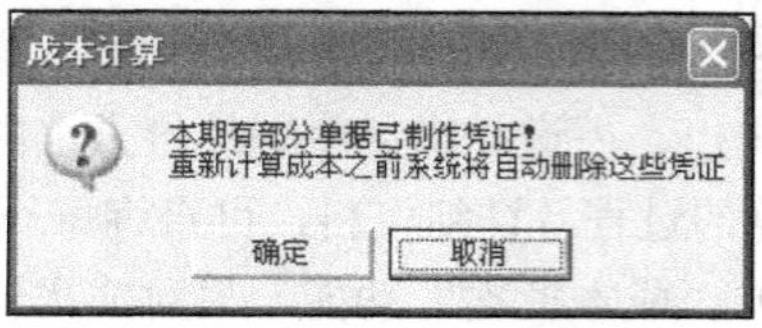

图 13-3　重新计算成本的警告提示

单击【确定】按钮后，系统会自动删除当期已经生成的成本结转凭证。需要注意的是，如果以前成本结转和现在进行成本计算的操作人员不是同一个人，删除就会失败，因为系统不允许非制单人删除本张凭证。同样，如果凭证已经复核记账，删除也会失败，此时就需要通过其他方式来删除有关凭证。因此在成本计算中，最好是平常随时进行成本计算，在所有的单据都确定后，再在期末进行一次成本结转操作。

【成本计算与结转实验】

1. 实验目的

（1）掌握金算盘财务软件的成本计算功能。
（2）完成销售成本的结转。

2. 实验内容

根据实验案例，完成销售成本的计算与结转销售成本。

3. 实验案例

根据采购业务、销售业务的数据资料和在基础设置中设置的商品成本计算方法，完成会计期间的销售成本计算与成本结转。

4. 实验步骤

1）由操作员“录入员”→“李东平”在会计期间期末登录系统，然后选择“窗口”→“导航图”“菜单树”，如图 13-4 所示。

2）在出现系统功能菜单后，选择“存货核算”→“期末业务”→“存货成本”，如图 13-5 所示。

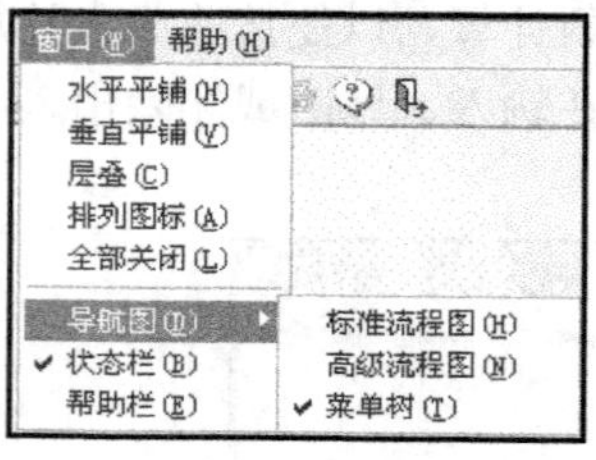

图 13-4　切换导航图显示画面

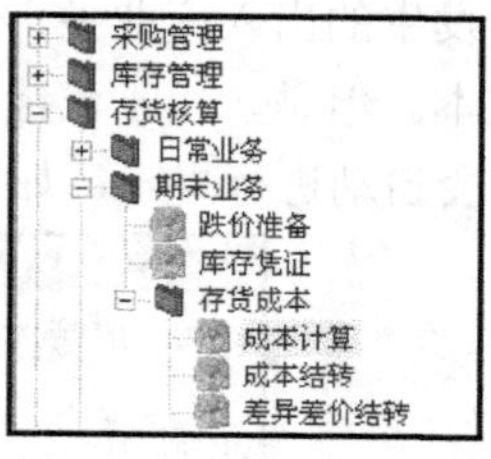

图 13-5　在菜单树中选择存货成本

3）单击“成本计算”，出现“成本计算”窗口，如图 13-6 所示。

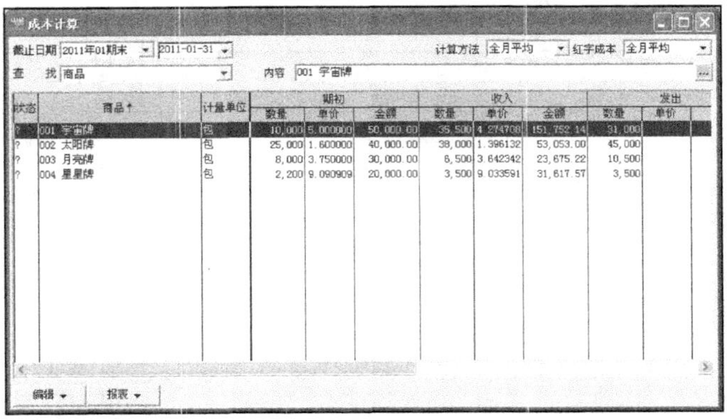

图 13-6　“成本计算”窗口

4）单击【编辑】按钮，选择“全部计算”，系统自动根据确定的计算方法将当期的销售成本计算出来，如图 13-7 所示。

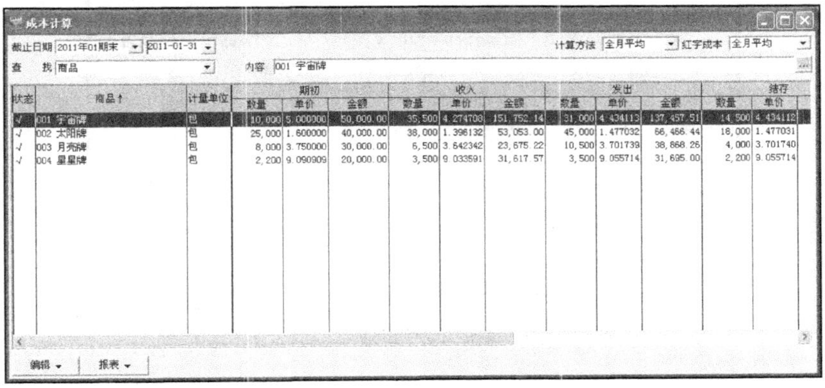

图 13-7　完成销售成本的计算

5）单击【编辑】按钮，选择“成本结转”，或者在左边的菜单树中，选择成本结转功能，出现“结转成本凭证”对话框，如图 13-8 所示。

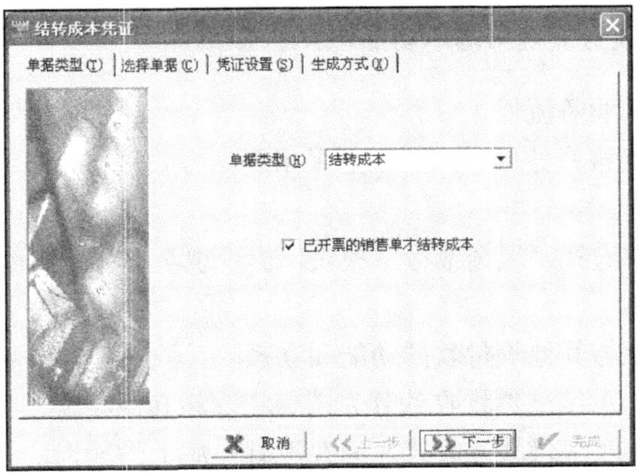

图 13-8　“结转成本凭证”对话框

6）在“选择单据”标签页选择参与成本结转的商品销售资料，并设置好其他参数后，生成销售成本结转凭证，如图13-9和图13-10所示。

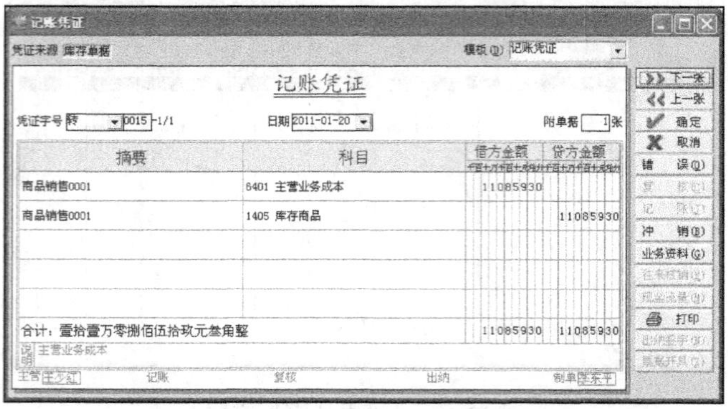

图13-9 生成的销售成本结转凭证1

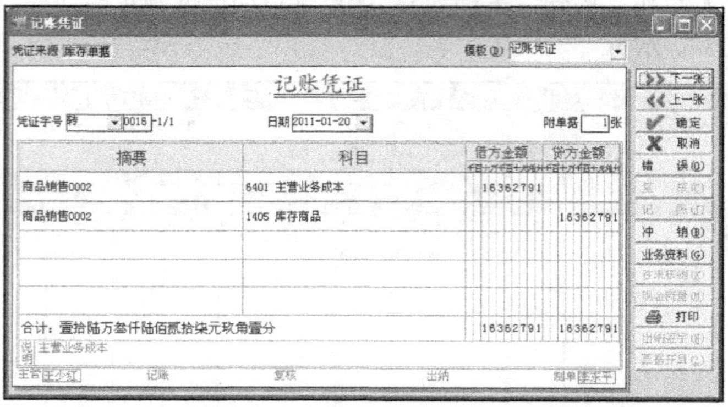

图13-10 生成的销售成本结转凭证2

实验14 购销业务收付款处理

【实验预习】

1. 购销业务收付款业务流程与基本功能

（1）购销业务收付款业务流程

企业发生了采购和销售业务后，只要不是采用现结方式进行结算，就必然涉及后续的付款和收款工作。

在“流程图”窗口中选择“现金银行”模块，出现现金银行业务处理的流程图，如图14-1所示。

（2）购销业务收付款与其他收付款的功能和联系

在现金银行模块中，系统虽然将收款分为销售收款和其他收款，将付款分为采购付款和其他付款，但实际上两种收款（付款）方式之间并没有实质上的区别，并不是说销售收款（采购付款）就是针对销售（采购）业务的收（付）款，其他收款（其他付款）就是针对非销售（采购）业务收（付）款。其实，两者都适用于销售收款（采购付款）业务，只是其他收款（其他付款）的业务范围更广一些。同时还需要注意的是，销售收款（采购付款）和其他收款（其他付款）的单据是统一编号，而不是分别编号。例如，输入了一张销售收款单，该单据编号为 0001，再输入一张其他收款单时，该单据将自动编为 0002 号。

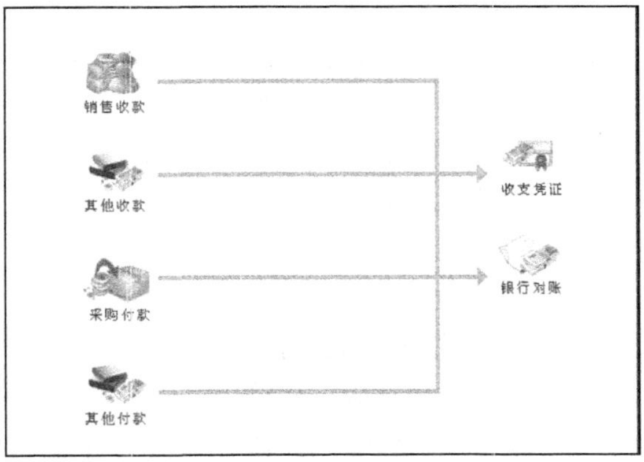

图 14-1　现金银行业务处理流程图

但是，这两种收款（付款）方式也是有区别的，主要表现在以下几个方面。

1）填写的内容不同。例如，填制销售收款单时，只需填制单据头内容，单据体的内容则由系统根据商品销售单自动填制，反映的是该被收款单位尚未付款的每笔销售业务；而填制其他收款单时，除了要填写单据头内容外，还必须指定收款科目的对方科目。

2）生成的凭证不同。例如，因为填制销售收款单时不需要填写收款科目的对方科目，系统自动将对方科目设置为“应收账款”，因此，生成凭证的借方为现金、银行科目，贷方为“应收账款”；其他收款单中可自行设置现金、银行科目的对方科目，如企业规定先收货款应该在财务凭证中记入“预收账款”科目，那么这时就只能填制其他收款单反映该业务。

3）在商品销售或采购单中查询收付款资料时，单击【收款】或【付款】按钮，系统将进入“销售收款单”或“采购付款单”窗口填制收款或付款金额，而不是进入“其他收款单”或“其他付款单”窗口填制。

系统此时会在单据体内显示当前业务单据的应收款或应付款信息，在填写了金额后，将单据中的“选择”栏做上标志，可直接核销应收或应付账款，无需再使用业务单据中的“应收核销”或“应付核销”功能。

4）单据头与单据体的对应关系不同。在其他收款单和其他付款单中，单据头与单据体中的金额必须相等，否则，系统将不允许存盘。而填写销售收款单或采购付款单时，单据头的金额与单据体的金额不一定相等。例如，销售货物后再填制销售收款单，那么该收款单中将以单据头的金额为标准，单据体中的“本次收款金额”总额只能小于或等于单据头中的金额；若在填制商品销售单时在收款资料中收款，那么，该收款单将以单据体中的金额为标准，单据头的金额只能小于或等于单据体中的“未收款金额”。

2. 销售收款

因销售业务收到用户的一笔货款，无论是否实现销售，都需要填制销售收款单或其他收款单来反映该收款业务。可在现金银行模块中填制销售收款单或其他收款单，也可在商品销售单的收款资料窗口中单击【收款】按钮，填制销售收款单。

填制销售收款单时，只需指定现金/银行科目，无须指定对方科目，对方科目由系统自动定为“应收账款”，因此，销售收款单登记的账册是现金或银行账、应收账款两本账。

在填写销售收款单时，需要指定往来单位、现金/银行科目以及填写本张收款单的收款金额。系统根据指定的往来单位的商品销售单，在销售收款单中自动填列相应的销售资料。在对应的销售资料前的“选择”栏中做上“√”标志，如果当前销售资料的未收款金额小于本收款单的收款金额，系统将默认收款金额与“未收款金额”相等；如果未收款金额大于本收款单的金额，那么该销售资料只按收款单金额收款，差额留待下次继续收款。

3. 采购付款

与销售收款相对应，因采购材料或商品而支付货款时，无论货物是否抵达，都需要填制采购付款单或其他付款单反映该业务。可在现金银行模块中填制采购付款单或其他付款单，也可在商品采购单的付款资料中单击【付款】按钮，填制采购付款单。

同样，采购付款单也只需指定现金/银行科目，对方科目由系统自动记入“应付账款”中，因此，采购付款单登记的是现金/银行账和应付账款。

采购付款单的操作同销售收款单类似。

4. 其他收款和其他付款

参见“实验7现金银行”中“其他收款和其他付款”部分的介绍。

5. 收支凭证

参见“实验7现金银行”中“收支凭证”部分的介绍。

【购销业务收付款实验】

1. 实验目的

（1）了解购销业务收付款的处理流程。
（2）熟练掌握销售收款单、采购付款单的填制，并核销对应的往来业务。
（3）熟练掌握根据收、付单据自动生成收支凭证。

2. 实验内容

根据实验案例资料进行购销业务收、付款单填制，核销往来业务，并生成对应的收支凭证。

3. 实验案例

（1）1月21日收到东信风华公司的转账支票一张，为货款150 000元，工商银行支票号为587135；

借：银行存款一工行存款　150 000
　　贷：应收账款　　　　　　150 000

（2）1 月 22 日收到天华商场货款转账支票两张，分别为 50 000 元、80 000 元，工商银行支票号为 631258、631592；

借：银行存款－工行存款　50 000

　　贷：应收账款　　　　　　　50 000

借：银行存款－工存款行　80 000

　　贷：应收账款　　　　　　　80 000

（3）1 月 23 日开出转账支票一张 150 000 元，付联星批发部货款，工商银行支票号为 456322。

借：应付账款　　　　150 000

　　贷：银行存款－工行存款　150 000

（4）1 月 24 日开出转账支票一张 40 000 元，付海华集团公司货款，工商银行支票号为 456324。

借：应付账款　　　　40 000

　　贷：银行存款－工行存款　40 000

4. 实验步骤

（1）销售收款单

1）以“赵小兵”登录系统。

2）在“现金银行”模块中，单击“销售收款”，进入销售收款单窗口。

3）在“单位”栏中选择“东信风华公司”；日期修改为 2011-01-21；现金/银行科目选择“1002-01 工行存款”；付款方式选择“转账支票”；支票号为 587135；金额 150 000。

4）在显示出的该公司未收款的销售资料中，按照业务发生的先后顺序，逐笔在选择栏中打上“√”标志，直至“本次收款金额”合计栏中的数字等于 150 000，如图 14-2 所示。

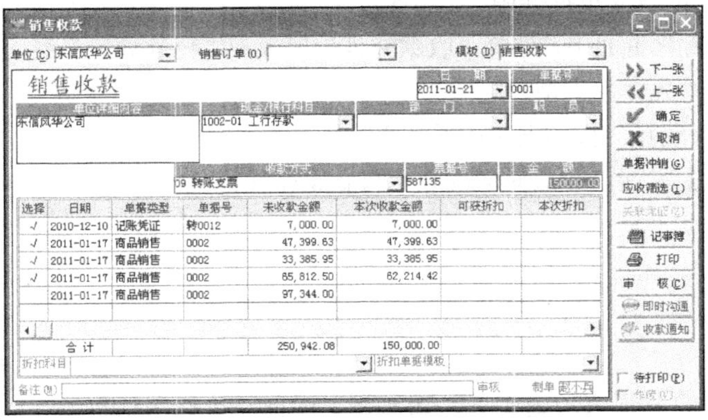

图 14-2　填制销售收款单并核销未收款业务

5）单击【下一张】按钮，保存当前录入的收款单信息并继续新增销售收款单，或者单击【确定】按钮，保存当前信息并退出销售收款单的录入。

6）按以上步骤完成其他销售收款单的填制。

（2）采购付款

1）以“赵小兵”登录系统。

2）在“现金银行”模块中，单击“采购付款”，进入采购付款单窗口。

3）在“单位”栏中选择“联星批发部”；日期修改为2011-01-23；现金/银行科目选择“1002-01 工行存款”；付款方式选择“转账支票”；支票号为456322；金额150 000。

4）在显示出的该公司未付款的采购资料中，按照业务发生的先后顺序，逐笔在选择栏中打上“√”标志，直至“本次付款金额”合计栏中的数字等于150 000，如图14-3所示。

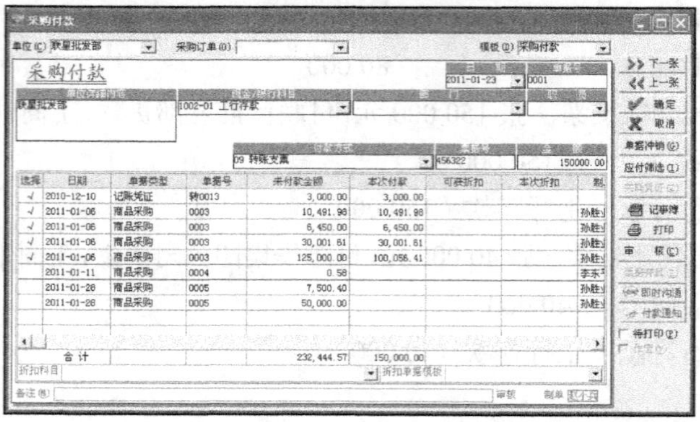

图14-3 填制采购付款单并核销未付款采购业务

5）单击【下一张】按钮，保存当前录入的付款单信息并继续新增采购付款单，或者单击【确定】按钮，保存当前信息并退出采购付款单的录入。

6）按以上步骤完成其他采购付款单的填制。

（3）收支凭证

1）以录入员“李东平”登录系统。

2）进入“现金银行”模块，单击“收支凭证”，在“收支凭证”窗口的“选择单据”页面中，将需要生成凭证的收支单据选中。

3）在“凭证设置”页面中，选择“收款凭证”模板或“付款凭证”继而选择相应的“收 收款凭证”或“付 付款凭证”类型。

4）“生成方式”选择“按单据生成凭证”。

5）单击【完成】按钮，生成对应的收、付款记账凭证。

思考题

1．对于采购中的货到票未到业务，当发票上的商品价格与估价不一致时，处理的方式有哪两种？

2．简述采购业务发生暂估差额时，采用红冲调整与差额调整两种方法的区别。

3．简述票先到货后到时的处理流程及涉及的会计分录。

4．简述商品销售订单的作用。

5．金算盘财务软件提供的成本计算方法有哪些？具体内容是什么？

第 6 章　电子报表

实验 15　根据模板自动编制报表

【实验预习】

1. 电子报表基本操作

在金算盘财务软件中，电子表格采用嵌入式通用电子表格软件的方式，它既是金算盘财务软件的一个模块，也是一个电子表格软件，能单独使用。

这种新型的会计报表系统可使用户在不需要软件设计人员的帮助下，生成会计工作中所需的各种会计报表。对于报表的大小、格式都可以自由定义，而报表中数据来源既可以从账务数据库中来，也可以从其他数据库中来。例如，可以从其他报表中取数据，从各类账簿中取数据，从日常的业务资料中取数据等。报表编制的工作流程如图 15-1 所示。

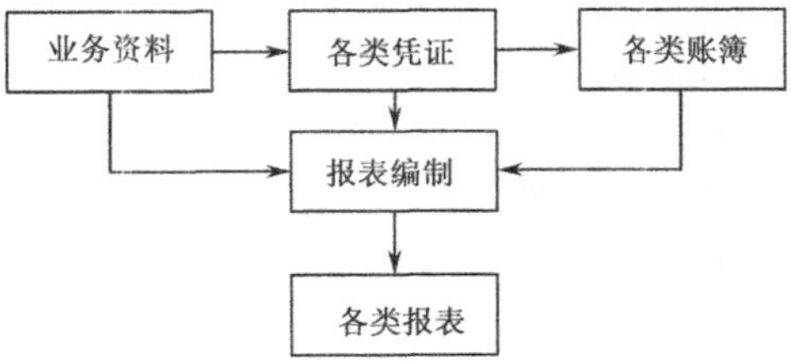

图 15-1　报表编制的工作流程

要启动金算盘电子表格，可以在进入金算盘财务软件后，选择“流程图”→“分析查询”模块中的“报表”标签页，如图 15-2 所示。

单击“电子表格”图标，就可进入电子报表窗口，也可以在此窗口中单击“资产负债表”或者“利润表”等图标，直接进行相关报表的制作。另外，要启动金算盘电子表格，也可以单击“开始”→“程序”→“金算盘软件”→“金算盘 eERP-B 金算盘电子表格”命令，或者直接双击桌面上的“金算盘电子表格”图标，进入电子报表窗口，如图 15-3 所示。

图 15-2　报表管理

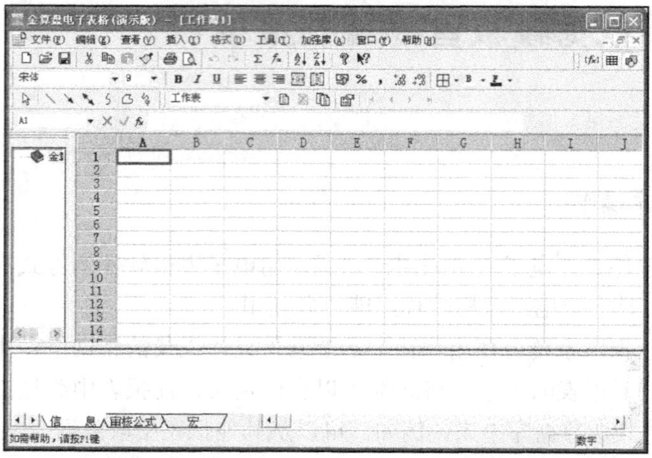

图 15-3　金算盘电子表格－工作簿

启动金算盘电子表格后，首先看到的就是名为“工作簿 1”的工作簿，“工作簿 1”是一个新建的而且还未保存过的默认工作簿。

在金算盘电子表格中，一个表格文件就是一个工作簿。工作簿包含一个或多个工作表。金算盘电子表格不限制工作簿中工作表的数量。

工作表由单元格组成，与用纸印刷的账目表的格式非常相似。由行和列构成的单元格用于存储数字、文本和公式，也可包含图形对象，如图表、箭头和图像等。

从理论上来讲，通常是把相关的工作表放在一个工作簿里。例如，可以把每个月的资产负债表放在一个工作簿里，每个月的资产负债表各是一个工作表，全年汇总是另一个工作表；也可以把每个下属单位的利润表放在一个工作簿里，每个下属单位的利润表各建一个工作表，各单位利润表的汇总表放在另一个工作表中。

工作表的切换通过“工作表”栏实现，如图 15-4 所示。

图 15-4　“工作表”栏

在工作表中，行和列相交就组成了单元格，单元格里可以输入文字、数字和公式及图形对象。金算盘电子表格允许的最大行数为 15 000 行，最大列数为 3 200 列。

2. 自动制表

金算盘财务软件提供了非常丰富的报表模板，要利用系统提供的报表模板，只需对相应的栏目进行修改，便可完成报表的编制工作。

下面以利润表为例，介绍如何使用系统提供的报表模块来生成需要的报表。根据“自动制表”功能进行报表编制时，主要工作流程如图 15-5 所示。

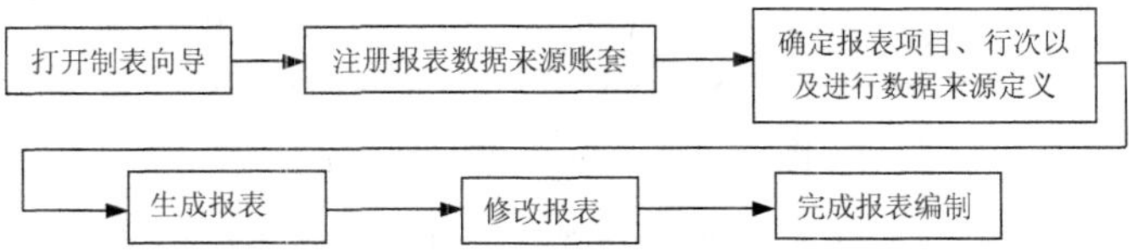

图 15-5　自动制表工作流程

（1）账套注册设置

账套的注册过程，如图 15-6 所示。

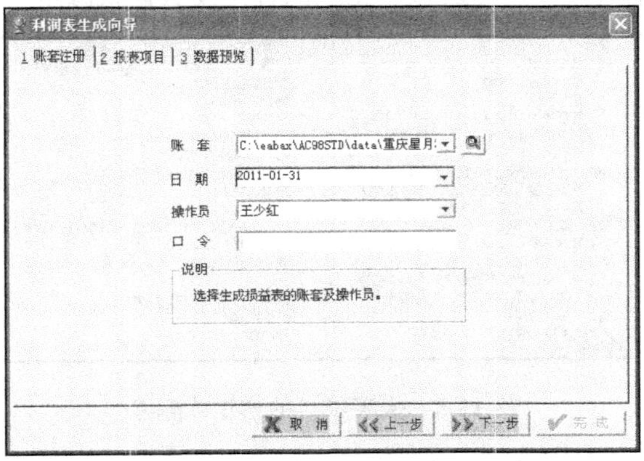

图 15-6　“账套注册”界面

在该界面中，注册报表数据的来源账套。这一步是对目前进行编制的报表数据来源及操作人员权限的定义。

1）账套：指明所要编制的报表数据是来自于哪个账套，也就是由哪个账套的数据来加工产生目前的这张报表，可以通过右边的浏览按钮进行选择。

2）日期：系统默认的是计算机系统的当前日期，报表编制中会根据这一日期进行相关会计期间的报表编制，因此，在实际工作中，要根据编制报表的会计期间对这一日期进行修改。例如，要编制 2010 年 1 月份的利润表，就要将日期修改为 2010-01-31。

3）操作员：指明是由谁来编制生成的这张报表，这里的操作员只能是在前面指定的账套中出现过的，对此类报表有操作权限的操作员。

4）口令：即操作员的口令，这样设置可以避免没有相关操作权限的人员通过电子表格来查看账套中的数据。

（2）报表项目设置

报表项目的设置，如图 15-7 所示。

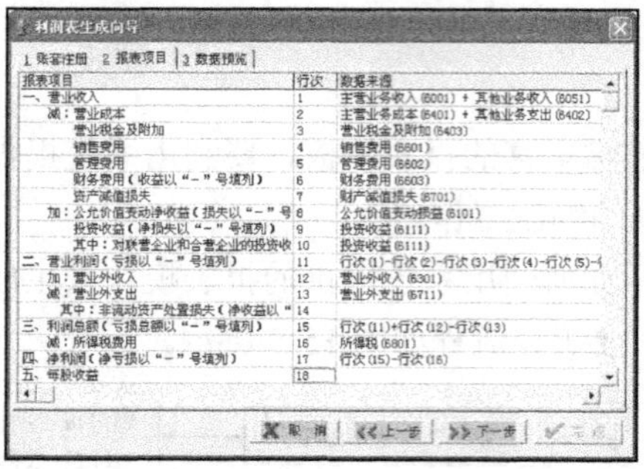

图 15-7 “报表项目”界面

该窗口中包含“报表项目”、“行次”和“数据来源”三列数据，这些数据都是由金算盘电子表格系统按照相应的标准预先设置的。

1）报表项目：指明编制的报表所包含的经济项目。如果实际报表项目与预设项目不同，可以在要增减的项目上单击鼠标右键，在弹出的快捷菜单中根据需要选择“插入行”或“删除行”命令，进行相应项目的增减操作，然后调整相应的行次及数据来源定义，如图 15-8 所示。

图 15-8 报表项目的增加或删除

2）行次。指明当前项目在报表中所处的行次。

3）数据来源。指明当前项目所表示的经济数据的来源。

对“报表项目”、“行次”及“数据来源”进行修改的方法是，双击要修改的项目，该处颜色发生变化后，对“报表项目”和“行次”可以直接进行录入修改，对“数据来源”则需要单击右面的按钮，在系统弹出的“定义数据来源”对话框中进行修改，如图 15-9 所示。

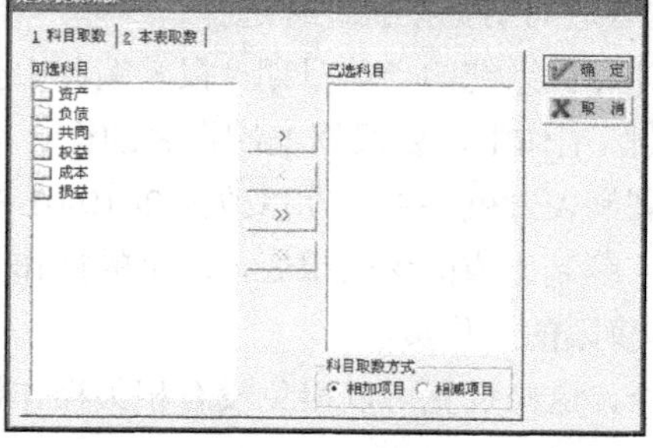

图 15-9 “定义数据来源”对话框

这时可以根据具体情况进行相应的数据来源定义。金算盘电子表格提供了两种数据来源：一是通过科目取数，取数函数定义可参考“实验16 自定义报表编制”中“取数公式定义”部分；二是通过本表的相关数据取数，如图15-10所示。

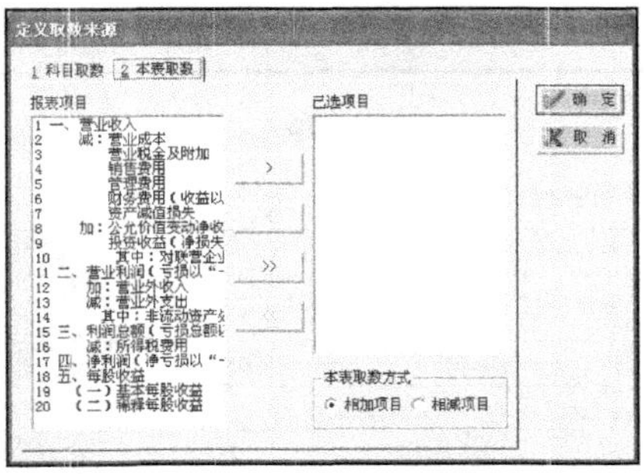

图15-10　两种取数来源

报表单元中的数据，如果是根据多个科目或本表的多个单元加减得来的，则需要在选择了相应的科目或项目后，对该科目或项目的加减属性进行选择标记。如图15-11所示，表示在选择了报表项目“一、营业收入”后，进行本表数据来源的定义。单击【确定】按钮，则该报表项目的数据来源定义完毕。

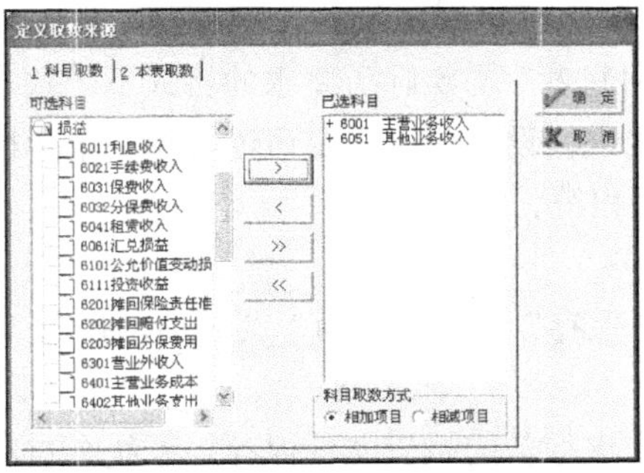

图15-11　定义取数来源

（3）数据预览

系统根据在“账套注册”中指定的账套、会计期间以及数据来源公式，按照“报表项目”中定义的报表内容，自动计算出报表数据供预览检查，如图15-12所示。

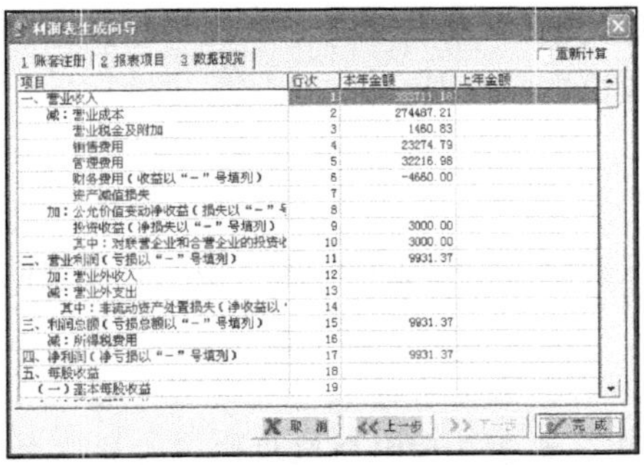

图15-12　生成的报表数据

（4）生成报表

如果通过预览发现报表数据有误，可以返回到“账套注册”或“报表项目”选项卡，重新对报表的相关要素进行修改定义。如果确认报表格式及数据正确，单击【完成】按钮，即可生成报表，如图 15-13 所示。

利润表

2011年1月31日 会 02表
编制单位：重庆星月科贸有限责任公司 单位：元

项目	行次	本年金额	上年金额
一、营业收入	1	333,711.16	
减：营业成本	2	274,487.21	
营业税金及附加	3	1,460.83	
销售费用	4	23,274.79	
管理费用	5	32,216.98	
财务费用（收益以“－”号填列）	6	-4,660.00	
资产减值损失	7		
加：公允价值变动净收益（损失以“－”号填列）	8		
投资收益（净损失以“－”号填列）	9	3,000.00	
其中：对联营企业和合营企业的投资收益	10	3,000.00	
二、营业利润（亏损以“－”号填列）	11	9,931.37	
加：营业外收入	12		
减：营业外支出	13		
其中：非流动资产处置损失（净收益以“－”号填列）	14		
三、利润总额（亏损总额以“－”号填列）	15	9,931.37	
减：所得税费用	16		
四、净利润（净亏损以“－”号填列）	17	9,931.37	
五、每股收益	18		
（一）基本每股收益	19		
（二）稀释每股收益	20		

图 15-13 生成的利润表

（5）修改报表

如果电子表格生成的“利润表”与实际所要求的格式不一致，或是为了让报表更便于阅读和美观，还必须对报表的格式进行设置。这需要通过对相关单元格的属性进行调整修改，使最后打印出来的报表与实际要求相符。

（6）完成报表编制

选择“文件”菜单中的“保存”或“另存为”菜单项，弹出“保存”对话框，在“文件名”处输入保存的文件名称即可。

如果是在已有的工作簿中进行新的报表文件保存，系统会自动使用当前的工作簿名称进行文件存盘，不再出现“保存”对话框。

【根据模板自动编制报表实验】

1. 实验目的

（1）了解报表编制的原理及流程。
（2）掌握如何利用报表模板生成报表。

2. 实验内容

根据金算盘财务软件的报表向导，完成利润表、资产负债表的编制。

3. 实验案例

引用金算盘财务软件的账务数据，利用金算盘电子表格中的报表模板生成利润表与资产负债表。

4. 实验步骤

1）单击金算盘财务软件“流程图”→“分析查询”模块中的“报表”标签页，选择其中的“利润表”，启动金算盘电子表格程序后，选择“加强库”→“利润表生成向导”命令，弹出“利润表生成向导”对话框，如图15-14所示。

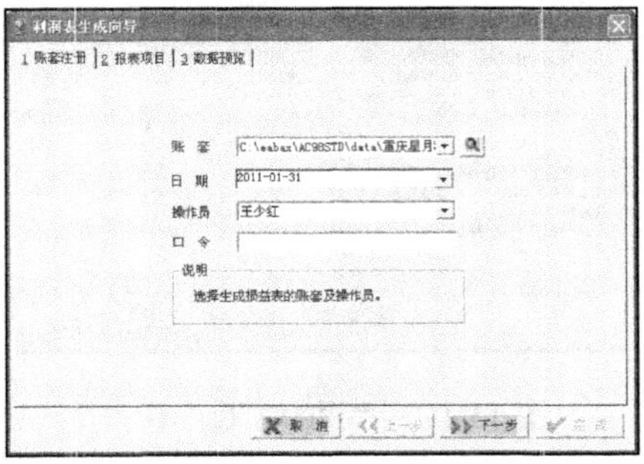

图15-14 “利润表生成向导”对话框

2）在“1账套注册”标签页中，单击按钮，在出现的“打开”对话框中选择账套文件，如图15-15所示。

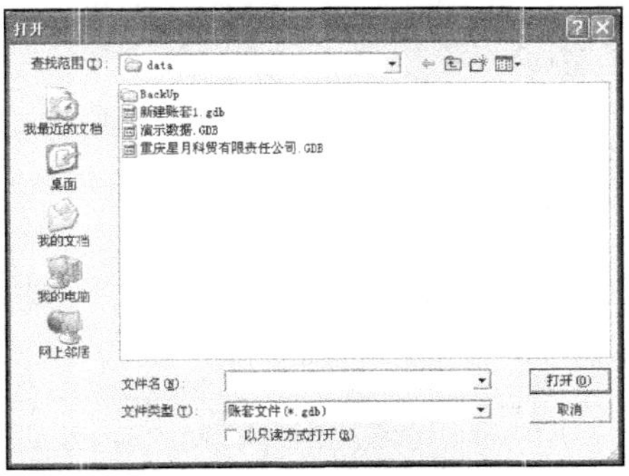

图15-15 选择账套文件

3）修改日期：根据实验资料要求编制2011年1月份的利润表，因此将日期修改为2011-01-31。

4）确定报表编制的操作员及口令，完成账套注册，如图15-16所示。

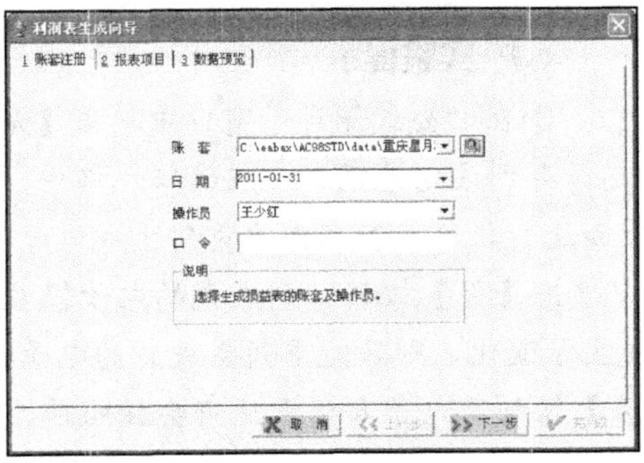

图15-16 完成账套注册

5）单击“2 报表项目”标签页或单击【下一步】按钮，进入“报表项目”窗口，如图 15-17 所示。

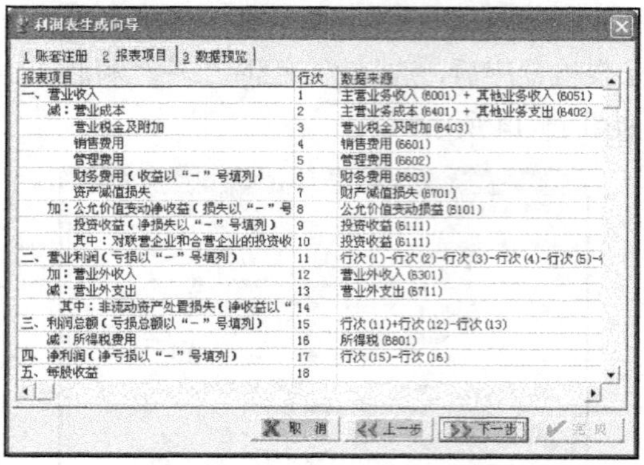

图 15-17 “报表项目”窗口

6）单击“3 数据预览”标签页或单击【下一步】按钮，出现“数据预览”窗口，如图 15-18 所示。

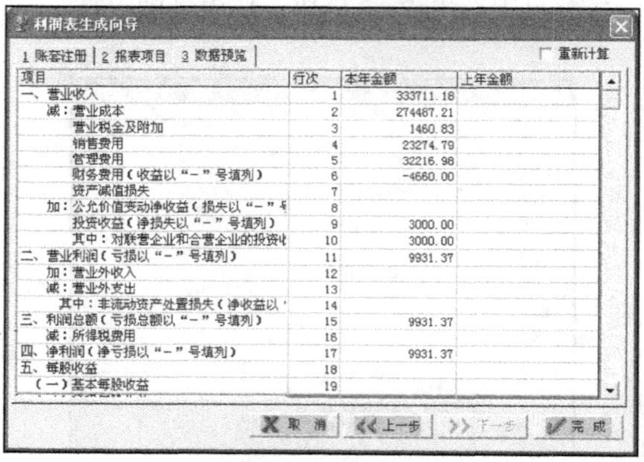

图 15-18 “数据预览”窗口

图 15-19 公式保存

7）单击【完成】按钮，出现提示窗口，如图 15-19 所示。

根据实际需要单击【是】或【否】按钮，生成“利润表”，如图 15-13 所示。

实验提示

①在“公式保存”窗口中单击【是】按钮，则将报表的公式一起保存到该电子报表对应的单元格中。如果以后账套数据发生了变化，则可以打开该电子报表重新进行计算，而不需要重新生成电子报表，就可以获得新的数据。

②在“公式保存”窗口中单击【否】按钮，则生成的电子报表数据是固定的，只有数字而不包含公式，如果账套数据发生了变化，则只能重新生成新的电子报表才能得到新的财务信息。

③不管单击【是】或【否】按钮，电子表格系统都会按照前面“报表项目”中所显示的内容与定义，产生一张利润表。

8）根据以上步骤，生成资产负债表，如图 15-20 所示。

				2011年1月31日		会 01表	
编制单位：重庆星月科贸有限责任公司						单位：元	
资　　产	行次	年初数	期末数	负债和所有者权益（或股东权益）	行次	年初数	期末数
流动资产：				流动负债：			
货币资金	3	522,675.21	348,685.21	短期借款	37	79,000.00	79,000.00
交易性金融资产	4	15,000.00	10,000.00	交易性金融负债	38		
应收票据	5			应付票据	39	20,000.00	
应收账款	6	29,300.00	139,742.08	应付账款	40	29,800.00	86,514.18
预付款项	7			预收款项	41		
应收利息	8			应付职工薪酬	42	80,071.95	58,986.21
应收股利	9			应交税费	43		22,329.84
其他应收款	10	2,700.00		应付利息	44		
存货	11	140,000.00	76,465.08	应付股利	45		
一年内到期的长期债券投资	12			其他应付款	46		
其它流动资产	13			一年内到期的长期负债	47		
流动资产合计	14	709,675.21	574,892.37	其它流动负债	48		
非流动资产：				流动负债合计	49	208,871.95	246,830.23
可供出售金融资产	16		100,000.00	非流动负债：			
持有至到期投资	17			长期借款	51		
长期应收款	18			应付债券	52		
长期股权投资	19			长期应付款	53		
投资性房地产	20			专项应付款	54		
固定资产	21	499,196.74	573,097.98	预计负债	55		
在建工程	22			递延所得税负债	56		
工程物资	23			其他非流动负债	57		
固定资产清理	24		8,771.25	非流动负债合计	58		
生产性生物资产	25			负债合计	59	208,871.95	246,830.23
油气资产	26			所有者权益（或股东权益）：			
无形资产	27			实收资本（或股本）	61	1,000,000.00	1,000,000.00
开发支出	28			资本公积	62		
商誉	29			减：库存股	63		
长摊待摊费用	30			盈余公积	64		
递延所得税资产	31			未分配利润	65		9,931.37
其他非流动资产	32			所有者权益（或股东权益）合计	66	1,000,000.00	1,009,931.37
非流动资产合计	33	499,196.74	681,869.23				
资产总计	34	1,208,871.95	1,256,761.60				
				负债和所有者（或股东权益）合计	68	1,208,871.95	1,256,761.60

图 15-20　资产负债表

实验提示

① 在“账套注册”标签页中，“日期”栏显示的是启动报表程序时的计算机系统时间，报表编制中会根据这一日期进行相关会计期间的报表编制。因此，在实际工作中，要根据编制报表的实际会计期间对这一日期进行修改。

② 在“账套注册”标签页中，“操作员”只能是在所指定的账套中具有报表编制权限的人员。

③“报表项目”标签页中的“报表项目”、“行次”和“数据来源”三列数据，都是由金算盘电子表格系统按照相应的标准预先设置的。如果实际报表项目与预设项目不同，可以进行修改。

④“数据预览”标签页中的数据，是系统根据指定的账套、会计期间以及数据来源公式，自动计算出报表各项目的数据。如果计算出的报表数据与实际核对有误，可以单击【上一步】按钮，返回到“报表项目”页面，重新对报表的相关要素进行修改定义。

实验 16　自定义报表编制

【实验预习】

在实际工作中，我们面对的报表格式千差万别，许多报表格式都无法预先确定。因此，在实际工作中，很多时候不能利用系统预置的报表模板来自动生成需要的报表，而只能采用手工制表方式，按照我们的要求来编制自由格式的报表。

手工制表的流程，如图 16-1 所示。

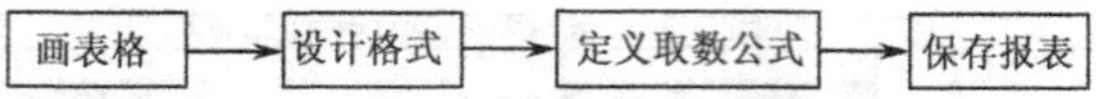

图 16-1　手工制表的流程

1. 画表格

（1）计算表格行列数

对于一张比较复杂的电子报表来说，首先应对它的结构进行全面了解，知道该表共有多少行、多少列。

（2）选择单元格区域

知道了报表的行列数后，在电子表工作区，用鼠标选中某一单元格，然后按下鼠标左键不放并拖动鼠标，选择符合报表所需要的单元格区域。例如，用鼠标选中 B 列 3 行的单元格，然后拖动到 D 列 11 行，松开鼠标左键，即标注了区域 B3：D11，表明该报表有 3 列 9 行，如图 16-2 所示。

（3）设置报表边框

单击工具栏上的边框按钮旁的下拉三角箭头，在弹出可选边框中单击需要的边框样式，则所选区域显示出加了边框的表格。

（4）设置列宽

将鼠标移动到工作簿窗口的顶部两列标号之间的分隔线处，如 B 列和 C 列，鼠标光标变为双箭头，按住鼠标左键向右拖动鼠标可以改变 B 列的宽度。按照这样的操作方法，可以将报表列调整到合适的宽度。

（5）报表项目录入

报表项目的录入，是指在所选择的报表单元区域中，输入报表名称、编制单位、编制日期、制表人等信息。其操作是：选择需要输入信息的单元格，直接输入有关的信息，按回车键，该单元格就保存了所输入的信息了。以后选择该单元格时，“编辑栏”的公式框中也会显示该单元格中的内容，如图 16-3 所示。

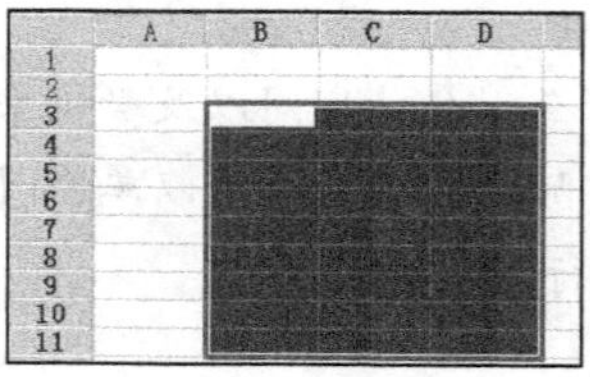

图 16-2　选择单元格区域

图 16-3　报表项目录入

2. 报表格式设计

为了让报表显示、打印出来美观，符合日常查阅习惯，还需要对已经画好的报表进行格式修饰，主要内容如下。

1）数据居中：单击“格式栏”工具栏上的自动居中按钮，可以使选中的单元格的内容自动居中。

2）字体加粗：单击【字体加粗】按钮，可以让所选单元格或区域中的字体自动加粗。

3）调整字体格式：单击“格式栏”上的“字体框”右边的倒三角符号，系统将弹出“字体列表框”，单击字体列表框中所需要设置的字体，即可改变该单元格内的字体格式。字体大小的改变与设置字体一样。如果设置字体格式的单元格或区域所在行的高度小于字体的高度，行高将自动调整。

4）跨列居中：通常情况下，报表名称需要居中，整张报表看起来才会美观漂亮。单击“格式栏”上的跨列对齐按钮，所选单元格区域中的信息将自动居于所选区域的中间。

3. 取数公式定义

制作报表最重要的步骤是确定报表的数据来源，决定如何快速准确地生成报表每个单元的数据。

（1）选择函数库

选中需要进行取数公式定义的单元格后，选择“插入”→“函数”命令，或者单击工具栏上的函数向导按钮 *fx*，弹出“函数向导”对话框，如图 16-4 所示。

选择“Access 版财务取数函数”，单击【确认】按钮，进入“取数公式”。如果是第一次使用财务取数函数，系统会弹出“系统注册”窗口，如图 16-5 所示。

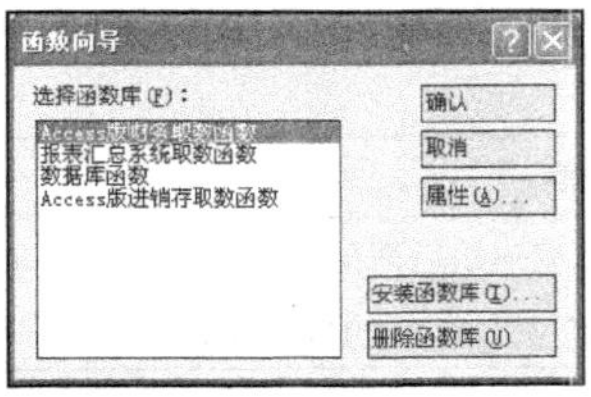

图 16-4 “函数向导”窗口

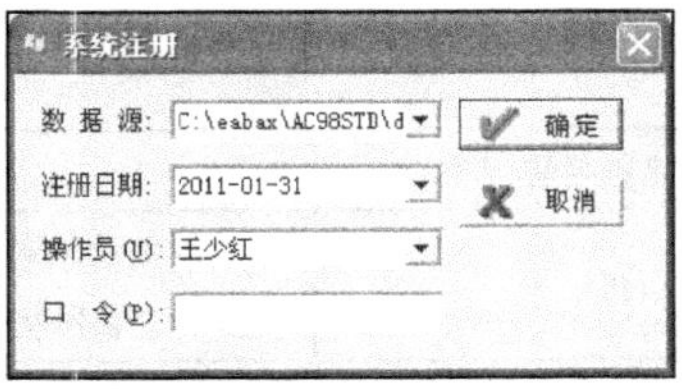

图 16-5 “系统注册”窗口

（2）定义取数公式

系统注册完成后，单击【确定】按钮，弹出“取数公式“窗口，如图 16-6 所示。

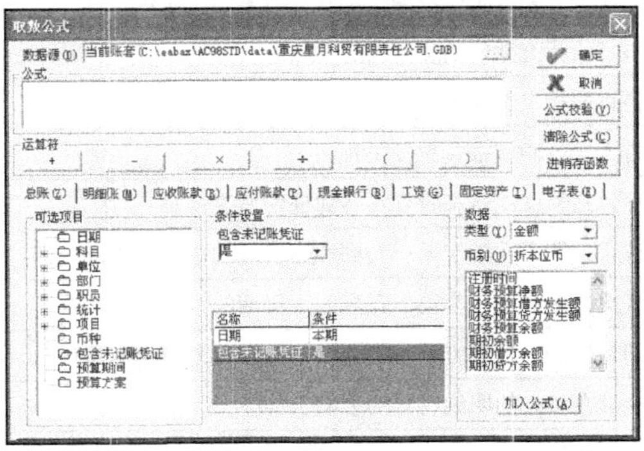

图 16-6 “取数公式”窗口

在“取数公式”窗口进行账套取数的定义主要包括以下几个方面。

1）在账表栏中选择相关账表，系统提供了总账、明细账、应收账款、应付账款、现金银行、工资、固定资产和电子表 8 种类型的账表。

2）选择账表后，在“可选项目”列表中将列出对应账表的可选项目，单击一个项目，在“条件设置”对话框中，可对所选择项目设置相应的条件。

3）在“类型”对话框中选择“数据”或“金额”类型；在“币别”框中选择“折本位币”或“原币”类别；在函数列表框中选择函数。

4）单击【加入公式】按钮，则在公式框中出现设置的公式；单击【清除公式】按钮可将已设置的公式清除；单击【公式校验】按钮，系统可自动检验公式的正确性；单击任意一个运算符，即可将多个函数值进行算术逻辑运算；最后，单击【确定】按钮，公式设置完成；单击【取消】按钮，则取消设置公式。此外，一个单元格中的公式可以由多个函数结合四则混合运算符连接起来。

5）为了保证公式的正确性，可单击“公式校验”按钮进行检查，准确无误后单击【确定】按钮，返回工作表区，此时单元格内便会出现账上现有的具体数字，在编辑栏上便会出现相应的函数。

（3）报表中的主要函数

在金算盘电子表格中，不论采用自动报表还是手工报表方式，都需要进行相关的取数函数定义，才能让计算机自动从数据源中进行正确取数计算。因此，准确选择函数是完成计算机制表的一个重要步骤。表 16-1 简单介绍了金算盘电子表格中常用的函数及其含义。

表 16-1　报表函数

函数名称	函数说明
期初余额	该函数反映账套启用前的科目期初余额加上账套启用后截至上一期间期末的科目借方发生额合计再减去账套启用后截至上一期间期末的科目贷方发生额合计
期初借方余额	该函数反映各明细科目期初借方余额的合计
期初贷方余额	该函数反映各明细科目期初贷方余额的合计
期初借方累计发生额	起始日期所在年度第一天到起始日期前一天的借方发生额合计
期初贷方累计发生额	起始日期所在年度第一天到起始日期前一天的贷方发生额合计
期初累计发生净额	期初借方累计发生额减去期初贷方累计发生额
借方发生额	科目的指定期间的借方发生额合计
贷方发生额	科目的指定期间的贷方发生额合计
发生净额	借方发生额减去贷方发生额
实际发生额	不包括损益结转和收支结转凭证的发生净额
借方累计发生额	截止日期所在年度第一天到截止日期的借方发生额合计
贷方累计发生额	截止日期所在年度第一天到截止日期的贷方发生额合计
期末余额	期初余额加上借方发生额再减去贷方发生额
期末借方余额	余额在借方的明细科目的余额合计
期末贷方余额	余额在贷方的明细科目的余额合计
借方发生额明细	满足条件的借方发生额明细
贷方发生额明细	满足条件的贷方发生额明细

续表

函数名称	函数说明
期初应收余额	在应收期初界面录入的期初余额加上从账套启用日期到当期起始日期的前一天的应收金额合计再减去从账套启用日期到当期起始日期的前一天的已收金额合计
期初应收借方余额	应收科目各单位辅助核算中，期初余额为借方的往来单位的期初应收余额的合计
期初应收贷方余额	应收科目各单位辅助核算中，期初余额为贷方的往来单位的期初应收余额的合计
本期应收金额	应收借项、应收贷项、应付借项、应付贷项、其他收款单、其他付款单、销售发票、手工填制的记账凭证等单据的单据头、单据体中（销售发票取单据体金额合计），指定的应收科目的本期的借方发生额合计
本期已收金额	应收借项、应收贷项、应付借项、应付贷项、其他收款单、其他付款单、手工填制的记账凭证等单据的单据头、单据体中，指定的应收科目的本期的贷方发生额合计
本期应收净额	本期应收金额减去本期已收金额
期末应收余额	期初应收余额+本期应收金额－本期已收金额
期末应收借方余额	应收科目各单位辅助核算中，期末余额为借方的往来单位的期末应收余额的合计
期末应收贷方余额	应收科目各单位辅助核算中，期末余额为贷方的往来单位的期末应收余额的合计
期初应付余额	在应付期初界面录入的期初余额加上从账套启用日期到当期起始日期的前一天的应付金额合计再减去从账套启用日期到当期起始日期的前一天的已付金额合计
期初应付借方余额	应付科目各单位辅助核算中，期初余额为借方的往来单位的期初应付余额的合计
期初应付贷方余额	应付科目各单位辅助核算中，期初余额为贷方的往来单位的期初应付余额的合计
本期应付金额	应收借项、应收贷项、应付借项、应付贷项、其他收款单、其他付款单、采购发票、手工填制的记账凭证等单据的单据头、单据体中（采购发票取单据体金额合计），指定的应付科目的本期的贷方发生额合计
本期已付金额	应收借项、应收贷项、应付借项、应付贷项、其他收款单、其他付款单、手工填制的记账凭证等单据的单据头、单据体中，指定的应付科目的本期的借方发生额合计
本期应付净额	本期应付金额减去本期已付金额
期末应付余额	期初应付余额加上本期应付金额再减去本期已付金额
期末应付借方余额	应付科目各单位辅助核算中，期末余额为借方的往来单位的期末应付余额的合计
期末应付贷方余额	应收科目各单位辅助核算中，期末余额为贷方的往来单位的期末应付余额的合计
现金银行期初余额	现金银行科目在科目期初界面输入的期初余额加上从账套启用日期到当期起始日期前一天的收款发生额合计再减去从账套启用日期到当期起始日期前一天的付款发生额合计
收款发生额	本期的其他收款单单据头发生额合计加上手工凭证现金银行科目借方发生额合计
付款发生额	本期的其他付款单单据头发生额合计加上手工凭证现金银行科目贷方发生额合计
现金银行发生净额	收款发生额减去付款发生额
现金银行期末余额	现金银行期初余额加上收款发生额再减去付款发生额

（4）报表计算

当定义完数据来源公式之后，报表单元格内会自动根据公式定义，从相应的数据来源中进行数据加工并显示出来。

如果数据来源发生了变化，则执行“工具”→“重算工作表”命令，对选定的工作表重新计算，或选择“重算工作簿”，对该工作簿包含的所有工作表都重新计算。

4. 报表审核

（1）对单个单元格的审核

执行“工具”→“审核”→“显示审核工具栏”命令，如图 16-7 所示。

将在工具栏上显示出审核功能按钮，如图 16-8 所示。

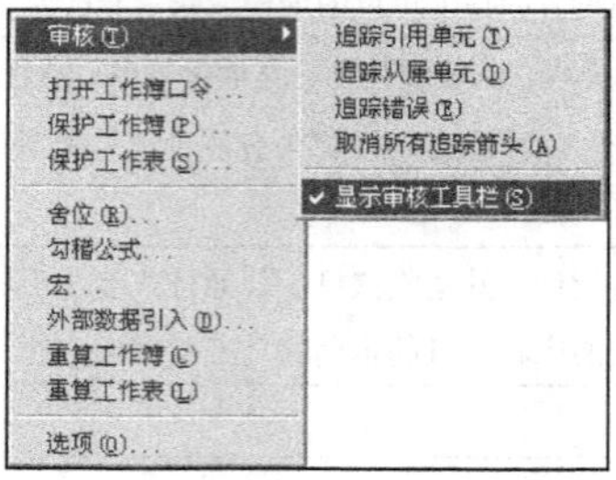

图 16-7 “审核”子菜单

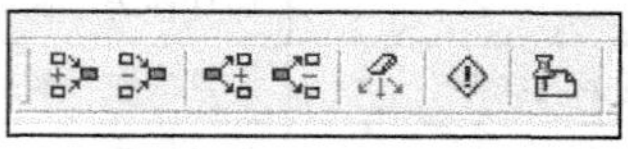

图 16-8 审核功能按钮

每个按钮的功能如下。

：追踪引用单元，用箭头表示当前单元格数据由何处提供。如选中利润表的 D17 单元格，单击按钮，此时在损益表从 D7 至 D16 单元格中，将会出现一个向下的箭头，表示 D17 单元格数据由 D7 到 D16 单元格内的数据提供，如图 16-9 所示。

：取消追踪引用单元，单击此按钮，将取消出现的数据引用指示箭头。

：追踪从属单元，用箭头表示当前单元格数据被何处引用。如选中损益表的 D12 单元格，单击按钮，此时 D12 单元格中会出现箭头指向 D17 单元格，表示 D12 的数据被 D17 单元格所引用，如图 16-10 所示。

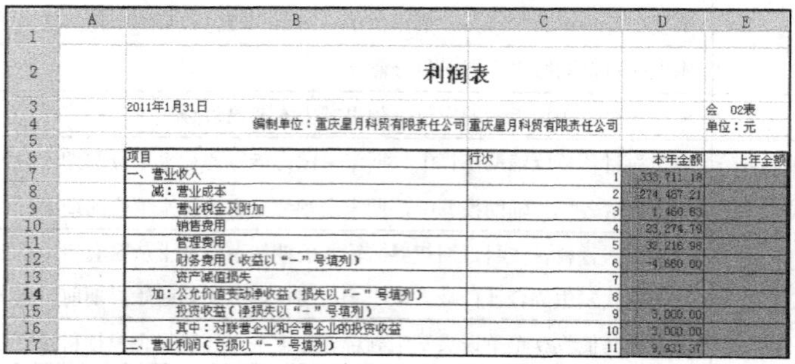

利润表

2011年1月31日　　会 02表

编制单位：重庆星月科贸有限责任公司 重庆星月科贸有限责任公司　　单位：元

项目	行次	本年金额	上年金额
一、营业收入	1	333,711.18	
减：营业成本	2	274,487.21	
营业税金及附加	3	1,460.83	
销售费用	4	23,274.79	
管理费用	5	32,216.98	
财务费用（收益以“-”号填列）	6	-4,680.00	
资产减值损失	7		
加：公允价值变动净收益（损失以“-”号填列）	8		
投资收益（净损失以“-”号填列）	9	3,000.00	
其中：对联营企业和合营企业的投资收益	10	3,000.00	
二、营业利润（亏损以“-”号填列）	11	9,931.37	

图 16-9 追踪引用单元

：取消追踪从属单元，单击此按钮，将取消出现的数据引用指示箭头。

：取消所有追踪箭头，单击此按钮，将取消所有的数据引用指示箭头。

和：分别是追踪错误与添加附注按钮。

（2）勾稽关系审核

金算盘电子表格，不仅能对单个单元格进行审核，还可以对整张报表及报表间的逻辑关系、数据正确性进行审核，即进行报表的勾稽关系审核。

单击“工具”→“勾稽公式”命令，将打开一个“审核公式”对话框，如图 16-11 所示。

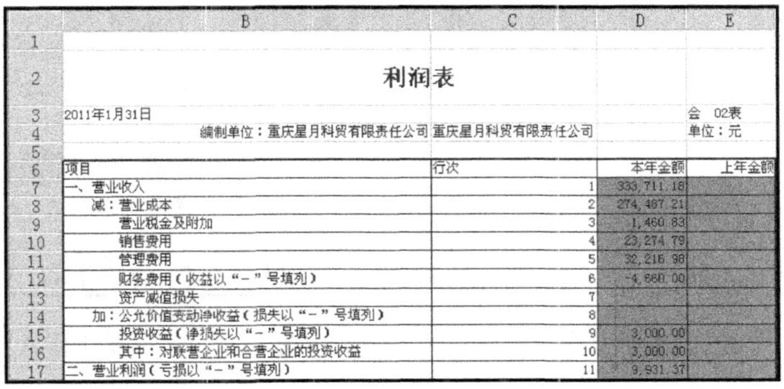

图 16-10　追踪从属单元

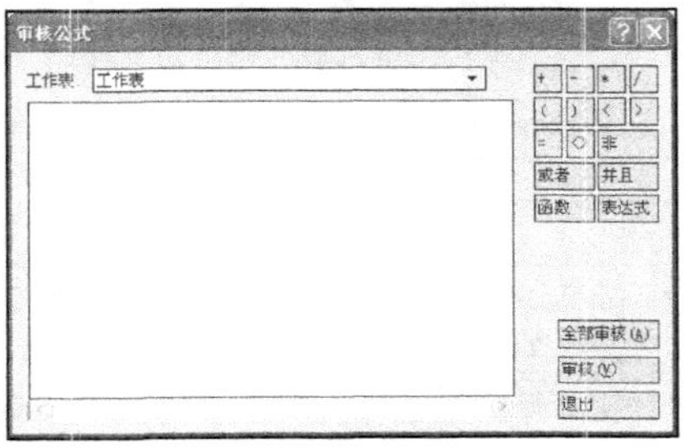

图 16-11　审核公式

在图 16-11 中，首先需要选择是对工作簿中的哪张工作表进行审核公式定义，然后针对该工作表进行审核公式设置，公式的输入可以直接在公式框内输入，也可以利用窗口右边按钮进行设置。在这里定义审核公式，不仅可以定义单张工作表的简单审核公式，还可以利用【函数】按钮，进行复杂的审核公式，以及工作表之间的勾稽关系定义。

将公式定义完成后，单击【审核】按钮，将对进行定义的工作表进行审核，如果报表数据有错，系统将在公式框下方给出错误警告提示；单击【全部审核】按钮，将对工作簿中所有定义了审核公式的工作表进行审核检查。

5. 数据保护

金算盘电子表格系统提供了多重安全性保护功能，可以对工作簿和工作表进行保护。

（1）对工作簿的保护

执行“工具”→“保护工作簿”命令，如图 16-12 所示。

系统弹出“保护工作簿”对话框（如图 16-13 所示），要求输入被保护工作簿的口令，单击【确定】按钮以后，系统要求再次输入口令进行校验，如果两次口令一致，工作簿就被保护起来。工作簿在保护状态下，不能对它进行修改。

以后要对被保护的工作簿进行修改，执行“工具”→“取消工作簿保护”命令，然后在“取消工作簿保护”对话框中输入正确的口令，单击【确定】按钮，就可以取消对工作簿的保护，重新对工作簿进行修改、调整。

（2）对工作表的保护

整张工作表的保护操作与工作簿保护操作基本一致。金算盘电子表格还提供了对工作表中的单元格进行保护的功能。

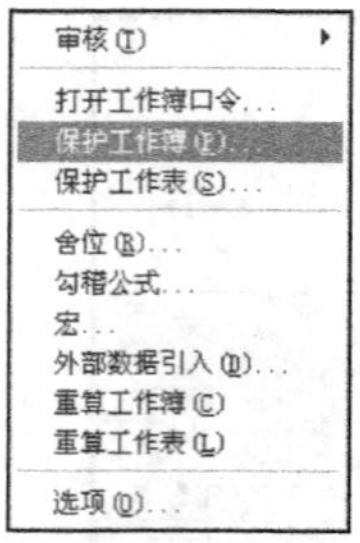

图 16-12　选择“保护工作簿”命令

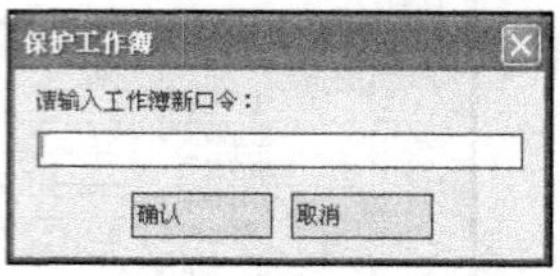

图 16-13　“保护工作簿”对话框

选中需要保护的单元格，如 D7：D16 单元格区域，如图 16-14 所示。

图 16-14　选中 D7：D16 单元格区域

单击鼠标右键，在弹出的快捷菜单中选择“单元格格式”命令，或者选择“格式－单元格”命令，出现“单元格格式”窗口，如图 16-15 所示。

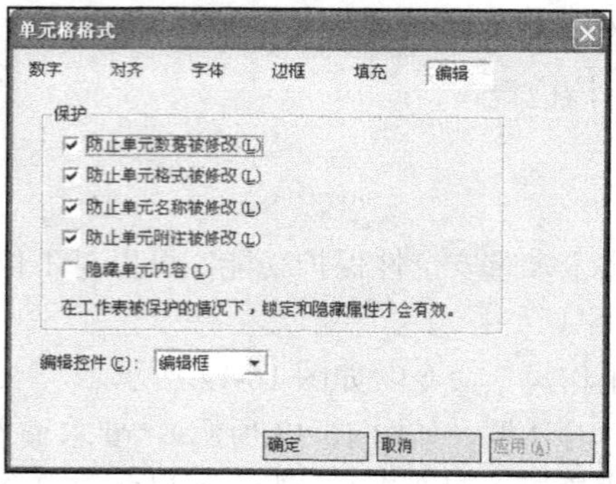

图 16-15　“单元格格式”窗口

在“单元格格式”窗口中，选择“编辑”标签。在打开的选项卡中根据需要选择适当的复选框，然后单击【确定】按钮，就完成了对单元格的保护。

6. 报表打印输出

在报表设置、修改完毕，确认数据无误后，就可以将报表从打印机上打印输出了。在打印前单击工具栏中的按钮或执行“文件”→“打印预览”命令，就可在屏幕上显示报表打印出来的全貌。单击工具栏中的按钮或选择“文件”→“打印”命令，就可以从打印机上将报表打印输出。

【自定义报表编制实验】

1. 实验目的

（1）掌握报表格式定义、公式定义的操作方法。
（2）掌握报表公式的用法。
（3）掌握报表数据处理操作。

2. 实验内容

自定义生成一张报表。

3. 实验案例

引用实验 5、实验 6、实验 7 中的账务数据，生成如图 16-16 所示的“费用统计表”。

4. 实验步骤

1）启动金算盘电子表格后，在新工作簿中的新工作表内 A1 单位格直接输入报表名称，或先选中 A1 单元格，然后在编辑框内输入报表名称，再按回车键或单击编辑框左边的按钮，如图 16-17 所示。

	费用统计表	
单位名称：重庆星月科贸公司		单位：元
行次	项目	本期金额
1	差旅费	
2	工资	
3	福利费	
4	折旧费	
5	业务招待费	
6	办公费	
7	其他	
	合计	
		编制人：李东平

图 16-16　费用统计表

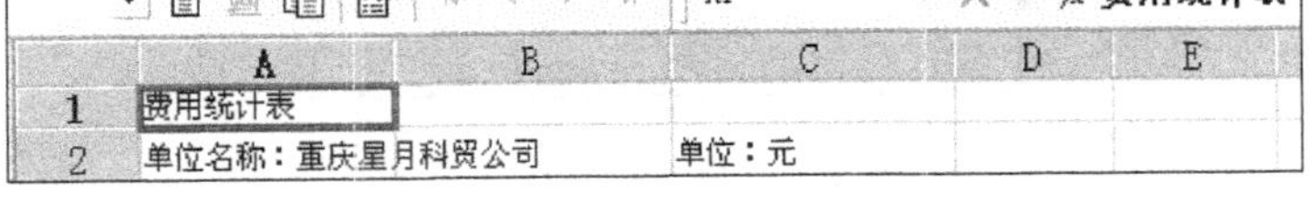

图 16-17　报表名称输入

2）在 A2 单元格输入“单位名称：重庆星月科贸公司”，C2 单元格输入“单位：元”，在 C12 单元格输入“编制人：李东平”。

3）在 A3～A10 单元格中，分别输入“行次”、“1”、“2”、“3”、“4”、“5”、“6”、“7”； 在 B3～B11 单元格中，分别输入“项目”、“差旅费”、“工资”、“福利费”、“折旧费”、“业务招待费”、“办公费”、“其他”、“合计”；在 C3 单元格中输入“本期金额”，如图 16-18 所示。

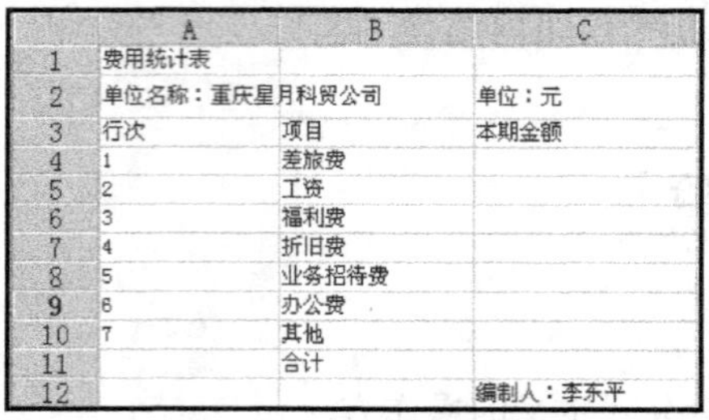

	A	B	C
1	费用统计表		
2	单位名称：重庆星月科贸公司		单位：元
3	行次	项目	本期金额
4	1	差旅费	
5	2	工资	
6	3	福利费	
7	4	折旧费	
8	5	业务招待费	
9	6	办公费	
10	7	其他	
11		合计	
12			编制人：李东平

图 16-18　报表项目

4）选择 A3～C11 区域，然后执行“格式”→“单元格”命令，将显示“单元格格式”窗口，在此窗口中选择“边框”标签页，如图 16-19 所示。

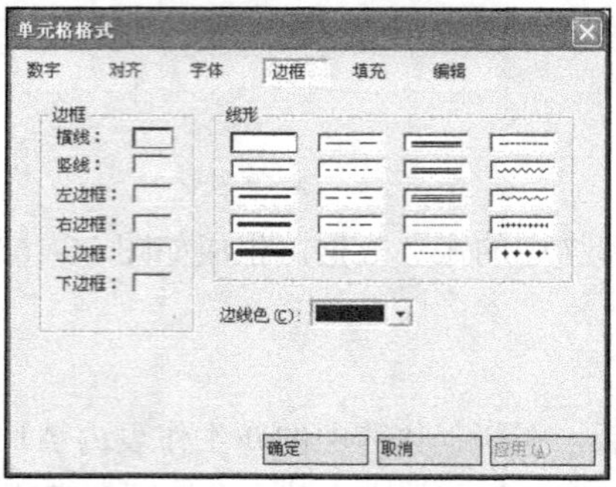

图 16-19　“边框设置”界面

5）选择“线形”中的“单线型”框，然后在窗口左边的“边框”中，单击“横线”、“竖线”、“左边框”、“右边框”、“上边框”、“下边框”，如图 16-20 所示。

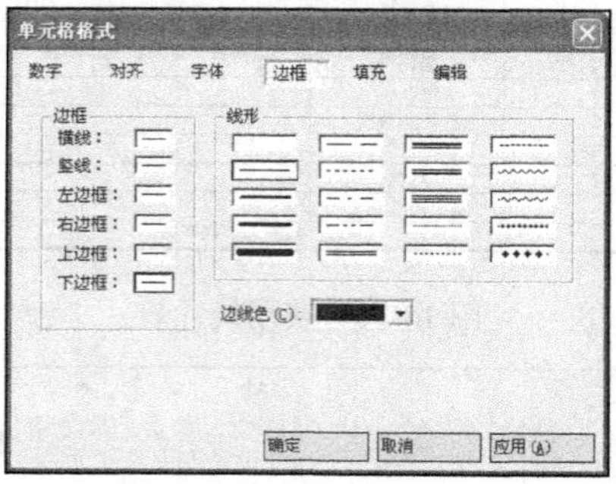

图 16-20　表格边框的选择与设置

边线设置完成后，单击【确定】按钮，完成表格边线的设置。

6）选择 A3～C11 区域，单击【居中】按钮，使有关报表项目排列居中。

7）选择 A1～C1 区域，单击【跨列居中】按钮，使报表标题居中，如图 16-21 所示。

图 16-21　标题跨列居中

至此，报表格式已基本定义完毕，其他如字体大小等，可以自行参照帮助文档进行设置。格式设置完成后，就进行报表公式设置。这里选择C4单元格“差旅费”来说明报表公式定义。

8）单击C4单元格，执行“插入”→“函数”命令，或者单击工具栏或编辑栏上的函数向导按钮，弹出“函数向导”对话框，如图16-22所示。

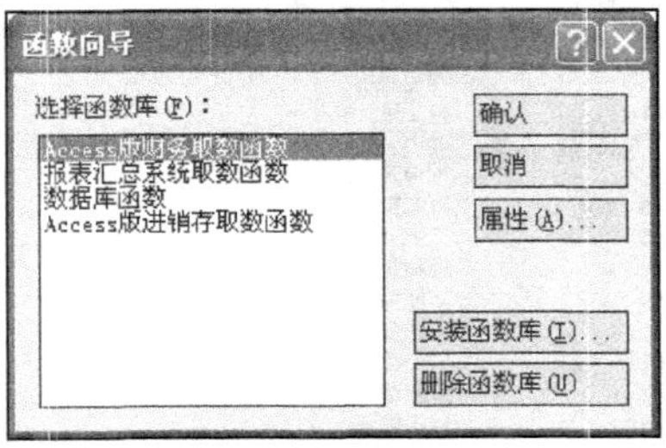

图16-22 “函数向导”对话框

选择“Access版财务取数函数”，单击【确认】按钮。

9）如果是初次进行报表的取数公式定义，此时系统还会弹出要求选择账套的“系统注册”窗口，其数据源、注册日期、操作员、口令的设置参见“实验15 根据模板自动编制报表实验”的相关操作步骤。

10）系统注册完成后，单击【确认】按钮，出现“取数公式”窗口。如果不是初次进行报表的取数公式定义，则在操作步骤10中单击【确认】按钮后，直接出现“取数公式”窗口，如图16-23所示。

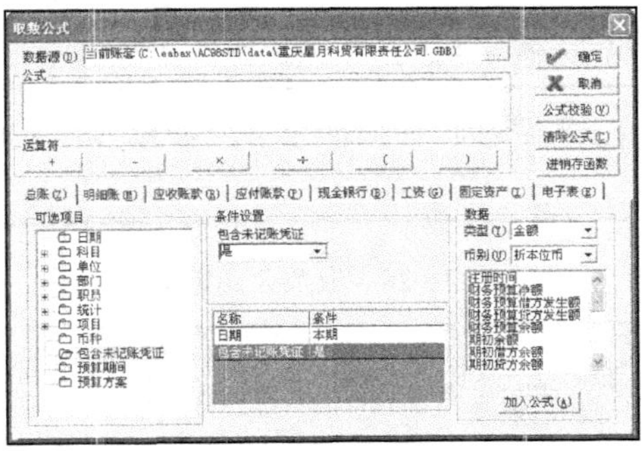

图16-23 “取数公式”窗口

11）在“取数公式”窗口中，选择“条件设置”中的日期，根据所制作报表的要求，进行日期定义，如图16-24所示。

12）将“条件设置”中的“包含未记账凭证”改为“否”，如图16-25所示。

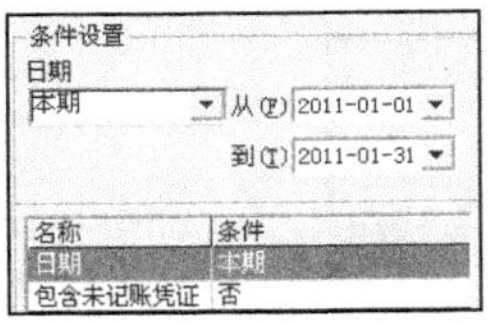

图16-24 报表日期定义

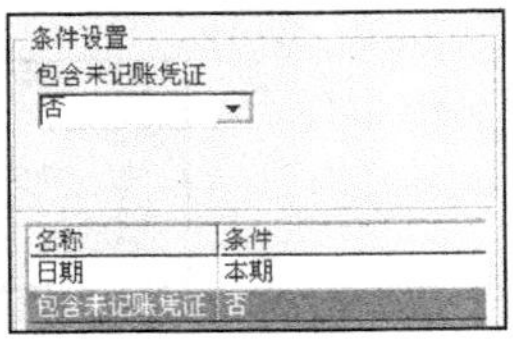

图16-25 凭证条件定义

13）选择“取数公式”窗口左下侧的“可选项目”中，单击“科目”，进行科目设置。目前要运算的单元格内容为“销售费用－差旅费”，因此，选择科目“6601-02 差旅费”，如图 16-26 所示。

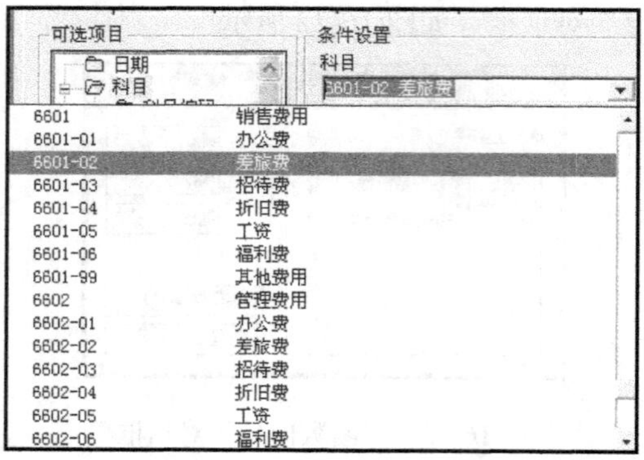

图 16-26　科目选择

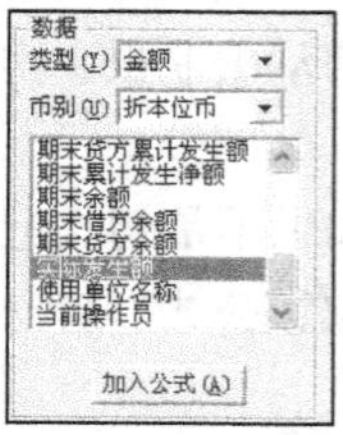

图 16-27　公式选择

14）在“取数公式”窗口的右下侧“数据”中，选择“实际发生额”，如图 16-27 所示。

15）公式选择确定后，单击【加入公式】按钮，则在“取数公式”窗口的“公式”框中，出现所定义的取数公式，如图 16-28 所示。

16）由于管理费用在本期也有发生差旅费，需再按照步骤（11）～（15），确定管理费用—差旅费的公式，二者相加，便是差旅费用的实际发生总额。如图 16-29 所示。

图 16-28　取数公式定义

图 16-29　差旅费公式定义

17）公式定义完成后，可单击“取数公式”窗口右侧的【公式校验】按钮，对所定义的公式进行格式验证。无误后，单击【确认】按钮，返回报表窗口，公式所在的 C4 单元格自动计算出数据，如图 16-30 所示。

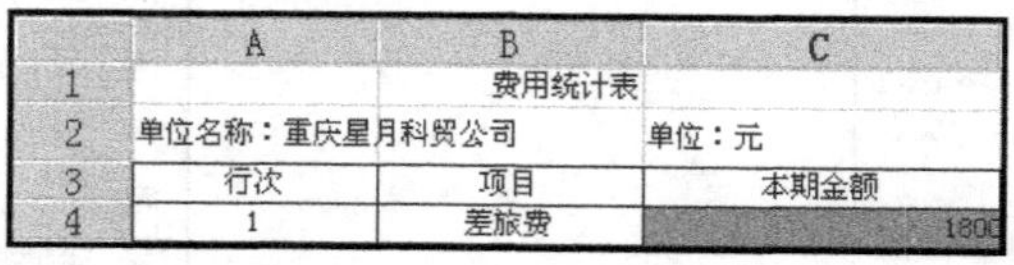

图 16-30　单元格数据计算

18）按照以上（10）～（17）的步骤，完成“合计”单元格以外的其他单元格的取数公式定义。

19）单击C11单元格，在“编辑工具栏”输入框中直接输入“=C4+C5+C6+C7+C8+C9+C10”，然后单击“编辑工具栏”中的按钮，此时单元格内就显示出经过计算的数据，如图16-31所示。

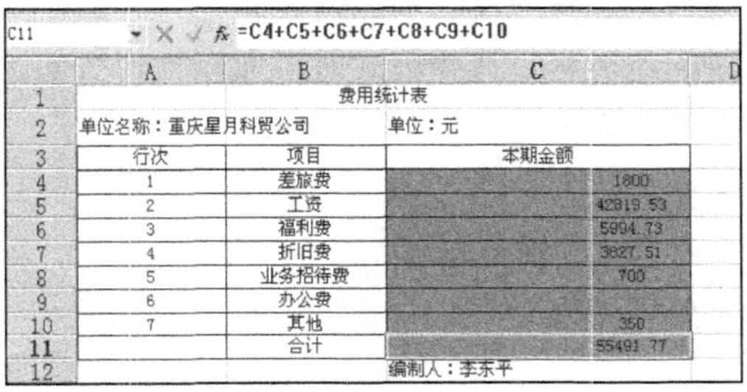

C11 =C4+C5+C6+C7+C8+C9+C10

	A	B	C
1		费用统计表	
2	单位名称：重庆星月科贸公司		单位：元
3	行次	项目	本期金额
4	1	差旅费	1800
5	2	工资	42819.53
6	3	福利费	5994.73
7	4	折旧费	3827.51
8	5	业务招待费	700
9	6	办公费	
10	7	其他	350
11		合计	55491.77
12			编制人：李东平

图16-31 “合计”单元格数据定义

20）完成“合计”单元格的公式定义，最终完成该公司一月份发生的期间费用，如图16-32所示。

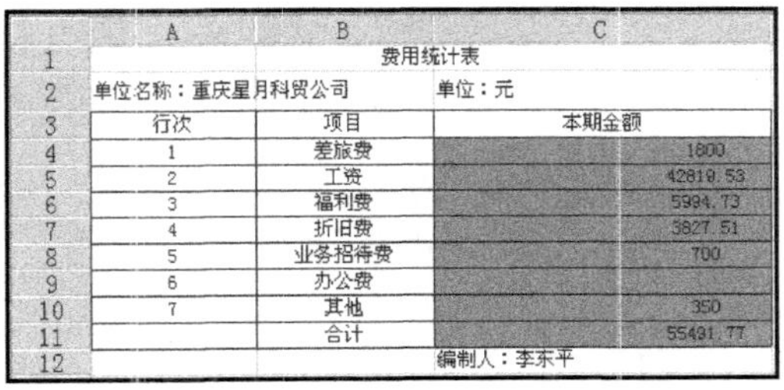

	A	B	C
1		费用统计表	
2	单位名称：重庆星月科贸公司		单位：元
3	行次	项目	本期金额
4	1	差旅费	1800
5	2	工资	42819.53
6	3	福利费	5994.73
7	4	折旧费	3827.51
8	5	业务招待费	700
9	6	办公费	
10	7	其他	350
11		合计	55491.77
12			编制人：李东平

图16-32 完成的费用统计表

实验提示

1）报表取数公式窗口中的日期选择，对于资产负债表来说，期初余额一栏的时间应该选择为“本年”，取数公式为“期初余额”，而期末余额则应为“本年至今日”，取数公式为“期末余额”。

2）报表中如果含有损益类科目，则取数公式应选择“实际发生额”，原因在于：

① 由于损益类科目的性质，期末无余额，因此对损益类科目的取数不能使用期末余额的相关公式。

② 损益类科目发生业务事项时，既可处理在借方，也可处理在贷方，如销售收入，退货冲减当期销售收入时，第一是可出红字凭证冲销，第二是做相反分录进行调整，即冲减的销售收入记入“商品销售收入”科目的借方。如果所有的损益类科目都是按第一种方法进行会计处理，那么取数公式选择期末贷方（或借方）累计发生额也能获得正确的数字；但如果会计处理采用第二种情况，那么使用期末贷方（或借方）累计发生额公式取数就会出现该科目的数字错误。因此，对于损益类科目，应该选择“实际发生额”公式进行取数。

思考题

1. 定义取数公式时，对日期选择应注意什么问题？
2. 定义取数公式时，对损益类科目选择公式时，应注意什么问题？
3. 简述金算盘自动制表的工作流程。
4. 账套注册时应定义哪些项目？
5. 取数公式的保存与否，会产生哪些影响？
6. 简述电子报表的基本处理流程。

附录　实验案例资料

一、基础设置

（一）新建账套

建账的基本参数如下：

单位名称：重庆星月科贸有限责任公司

会计制度：采用新会计准则

行　　业：采用企业会计制度的行业

记账本位币：RMB 人民币

会计年度：2011 年 1 月 1 日－2011 年 12 月 31 日，账套启用日期为 2011 年 1 月 1 日，会计分期按自然月份划分为 12 个期间。

控制科目：不使用控制科目

（二）设置账套属性

1. 基本情况

重庆星月科贸有限责任公司是一个批发企业，一般纳税人，采用数量进价金额核算法。

2. 账套属性相关参数

（1）基本参数

单位法人：孙正，联系人：孙正，办公室电话：023-686699999，邮政编码：401147。

纳税人类型：一般纳税人，会计主管：王少红。

联系人职务：总经理，税务登记号：123456。

（2）业务参数

除系统已有的默认参数外，进行以下设置：

数量小数位：2，数量单价小数位：6。

（三）设置用户

会计工作分工和各岗位权限资料如表附-1所示。

表附-1　财务分工

电算化岗位	操作员姓名	主要操作权限	操作员组	权限组名称
录入员	李东平	“账务处理”模块中除复核外的其他功能，“现金银行、采购、销售、库存、工资管理”模块中的所有查询功能以及收支凭证、采购凭证、销售凭证、库存凭证、工资凭证功能，“固定资产”、“存货核算”模块的全部功能	会计组	录入员权限组
审核员	张中扬	“账务处理”模块中的查询、复核功能	会计组	审核员权限组
会计主管	王少红	“系统管理”模块、“管理模式”模块中的全部功能，“账务处理”模块中除录制凭证、复核外的其他功能，“出纳管理”模块中的银行对账功能	会计组	会计主管权限组
出纳员	赵小兵	“工资管理”模块中除工资凭证外的其他功能、“出纳管理”模块中的票据管理功能、“现金银行”中除收支凭证外的功能	出纳组	出纳员权限组
采购员	孙胜业	“采购管理”模块中除采购凭证外的其他功能	采购组	采购员权限组
销售员	刘一江	“销售管理”模块中除销售凭证外的其他功能	销售组	销售员权限组
库管员	李天华	“库存管理”模块中除库存凭证外的其他功能	库房组	库管员权限组

（四）设置凭证类型

凭证类型（凭证字）如表附-2所示。

表附-2　凭证类型

凭证字	科目范围限制
收	借方必有：1001-1002
付	贷方必有：1001-1002
转	借和贷必无：1001-1002

（五）设置外币及汇率

币种编号：USD；币种名称：美元；折算方式：原币×汇率＝本位币；期初汇率6.80。

（六）设置核算项目

1. 部门及职员

资料如表附-3所示。

表附-3 部门及职员

部门编码	部门名称	职员编码	职员名称	职员类型	职务	入职日期	银行	工资账号
01	行政部	0101	张文峰	管理人员	主任	1986-05-06	工行	510222720128
01	行政部	0102	李天华	管理人员	科员	2000-02-01	工行	510222721234
01	行政部	0103	孙 正	管理人员	总经理	1985-02-01	工行	510222721235
01	行政部	0104	黄文胜	管理人员	科员	2009-06-07	工行	510222721249
02	财务部	0201	李东平	管理人员	科员	2000-07-08	工行	510222728561
02	财务部	0202	王少红	管理人员	经理	1999-03-05	工行	510222721115
02	财务部	0203	张中扬	管理人员	科员	2007-10-11	工行	510222721248
02	财务部	0204	赵小兵	管理人员	科员	2002-01-05	工行	510222720001
03	销售部	0301	周 力	经营人员	主任	1994-03-15	工行	510222720002
03	销售部	0302	刘一江	经营人员	科员	2004-01-20	工行	510222720003
03	销售部	0303	朱小明	经营人员	科员	2010-03-25	工行	510222721250
04	采购部	0401	赵希文	经营人员	主任	2002-01-21	工行	510222720004
04	采购部	0402	孙胜业	经营人员	科员	1994-09-16	工行	510222720005
04	采购部	0403	杨 真	经营人员	科员	2005-07-08	工行	510222720006

员工的工资卡均在工商银行开户。

2. 往来单位

往来单位资料见表附-4 所示。

（七）设置付款方式

付款方式有许多种类，见表附-5 所示。

表附-4 往来单位

性质	编码	单位名称
供应商	01	海华集团公司
供应商	02	大元商贸公司
供应商	03	联星批发部
客户	04	天华商场
客户	05	大江集团公司
客户	06	大坤商贸公司
客户	07	东信风华公司

表附-5 付款方式

结算方式	结算方式名称
01	现金
02	现金支票
03	信用卡
04	电汇
05	信汇
06	银行汇票
07	商业汇票
08	银行本票
09	转账支票

（八）会计科目

科目和余额见表附-6 所示。

表附-6 会计科目及期初余额

编码	名称	借方余额	贷方余额	备注（辅助核算设置）
1001	库存现金	5,000.00		
1002	银行存款	475,000.00		
1002-01	工行存款	407,000.00		
1002-02	中行存款	68,000.00		期末调汇，美元 10,000
1012	其他货币资金	42,675.21		
1012-01	外埠存款	42,675.21		
1101	交易性金融资产	15,000.00		
1101-01	成本	15,000.00		
1101-02	公允价值变动			
1122	应收账款	29,300.00		单位
1123	预付账款			单位
1221	其他应收款	2,700.00		
1221-01	其他应收个人款	2,700.00		职员＋部门
1221-02	其他应收单位款			
1231	坏账准备			
1402	在途物资			
1405	库存商品	140,000.00		
1406	发出商品			
1408	委托加工物资			
1503	可供出售金融资产			
1503-01	成本			
1503-02	利息调整			
1503-03	应计利息			
1503-04	公允价值变动			
1601	固定资产	645,000.00		
1602	累计折旧		145,803.26	
1604	在建工程			
1701	无形资产			
1702	累计摊销			
2001	短期借款		79,000.00	
2201	应付票据		20,000.00	
2202	应付账款		29,800.00	单位
2203	预收账款			单位
2211	应付职工薪酬		80,071.95	
2211-01	工资		70,000.00	
2211-02	职工福利		10,071.95	
2221	应交税费			
2221-01	应交增值税			
2221-01-01	进项税额			

续表

编码	名称	借方余额	贷方余额	备注（辅助核算设置）
2221-01-02	销项税额			
2221-02	应交城市维护建设税			
2701	长期应付款			
4001	实收资本		1,000,000.00	
4103	本年利润			
6001	主营业务收入			
6051	其他业务收入			
6101	公允价值变动损益			
6111	投资收益			
6401	主营业务成本			
6403	营业税金及附加			
6601	销售费用			
6601-01	办公费			部门
6601-02	差旅费			部门
6601-03	招待费			部门
6601-04	折旧费			部门
6601-05	工资			部门
6601-06	福利费			部门
6601-99	其他费用			部门
6602	管理费用			
6602-01	办公费			部门
6602-02	差旅费			部门
6602-03	招待费			部门
6602-04	折旧费			部门
6602-05	工资			部门
6602-06	福利费			部门
6602-99	其他费用			部门
6603	财务费用			
6603-01	利息支出			
6603-02	利息收入			
6603-03	汇兑损益			

（九）设置仓库、商品和计量单位

1. 仓库

设有两个仓库，如表附-7 所示。

2. 商品类型

商品类型分为两种，如表附-8 所示。

表附-7　仓库

代码	名称
01	总库
02	批发库

表附-8　商品类型

代码	名称
01	市内销售
02	市外销售

3. 商品性质

名称：库存商品，类别：存货，税率：17%（进项税科目—2221-01-01，销项税科目—2221-01-02），成本计算方法—全月平均（加权平均）

其他科目依次为：6001—主营业务收入、6401—主营业务成本、1402—在途物资、1405—库存商品、1406—发出商品、1408—委托加工物资

税额计算公式：税额＝含税金额÷（1＋税率）×税率。

4. 商品

共有 4 种商品，如表附-9 所示。

表附-9　商品目录

编码	名称	类型	基本单位	商品属性	其他单位	常用单位
001	宇宙牌	市内销售	包	库存商品	1 箱＝5 件＝250 条＝2500 包	条
002	太阳牌	市内销售	包	库存商品	同上	条
003	月亮牌	市外销售	包	库存商品	同上	条
004	星星牌	市外销售	包	库存商品	同上	条

最高库存量均为 1000000 条，最低库存量为 0。

（十）设置固定资产编码

1. 固定资产类别

具体设置见表附-10 所示。

表附-10　固定资产类别

类别编码	类别名称	折旧类型	折旧方法	预计使用年限	净残值率	编码规则
1	通用设备	正常计提折旧	平均年限法	3	3%	TY000
2	专用设备	正常计提折旧	平均年限法	5	3%	ZY000
3	交通运输设备	正常计提折旧	工作量法	200000 千米（总工作量）	5%	YS000
4	电气设备	正常计提折旧	双倍余额递减法	5	3%	DQ000
5	电子产品及通讯设备	正常计提折旧	平均年限法	5	3%	DZ000
6	仪器仪表	正常计提折旧	平均年限法	5	3%	YQ000
7	家具用具及其他	正常计提折旧	年数总和法	5	3%	JJ000
8	房屋及建筑物	正常计提折旧	平均年限法	30	5%	FW000
9	土地	不计提折旧	不计提折旧			TD000

是否计提折旧，均由使用状态决定。平均年限法均设为“基于入账净值和入账剩余使用期间”。

2. 固资变动方式

将“购入”变动方式中的对应科目设置为“1604 在建工程”，凭证类型设置为“转账凭证”；将“出售”变动方式的对应科目设置为“1606 固定资产清理”，凭证类型设置为“转账凭证”，其他变动方式不变。

二、初始数据

（一）输入科目数据

1. 科目数据

见表附-6 会计科目及期初余额。

2. 客户往来

应收账款科目余额表如表附-11 所示。

表附-11 客户往来

日 期	单位名称	摘 要	金 额
2010.12.10	天华商场	售宇宙牌商品款	4,000.00
2010.12.03	大江集团公司	售月亮牌商品款	8,000.00
2010.12.25	大坤商贸公司	售宇宙牌商品款	10,300.00
2010.12.10	东信风华公司	售太阳牌商品款	7,000.00
合计			29,300.00

凭证类型和凭证号自定。

3. 供应商往来

应付账款科目余额表见表附-12 所示。

表附-12 供应商往来

日 期	单位名称	摘 要	金 额
2010.12.20	海华集团公司	购宇宙牌商品款	21,000.00
2010.12.25	大元商贸公司	购月亮牌商品款	5,800.00
2010.12.10	联星批发部	购太阳牌商品款	3,000.00
合计			29,800.00

凭证类型和凭证号自定。

4. 个人往来

其他应收个人款（科目代码：1221-01）科目余额表如表附-13 所示。

表附-13 个人往来

部 门	姓 名	金 额
销售部	周力	1,000.00
采购部	赵希文	1,700.00
合 计		2,700.00

5. 期初库存

商品期初库存如表附-14 所示。

表附-14　期初库存

商　品	货　位	单　位	数　量	单　价	金　额
001　宇宙牌	01 总库	条	1000	50.000000	50000.00
002　太阳牌	01 总库	条	2500	16.000000	40000.00
003　月亮牌	01 总库	条	800	37.500000	30000.00
004　星星牌	01 总库	条	220	90.909091	20000.00

（二）固定资产初始数据

期初数据如表附-15 所示。

表附-15　固定资产期初数据

卡片编号	固资编码	固资名称	固资类别	原值	累计折旧	已提折旧期间	使用部门	折旧费用科目
001	TY001	DELL 计算机	通用设备	13500	4365.00	12	财务部	管理费用－折旧费
002	TY002	HP 计算机	通用设备	15000	1212.51	3	行政部	管理费用－折旧费
003	YQ001	验钞机	仪器仪表	3000	242.50	5	财务部	管理费用－折旧费
004	FW001	办公楼	房屋及建筑物	500000	105555.20	80	行政部（40%） 财务部（40%）	管理费用－折旧费 80%
							销售部（10%） 采购部（10%）	销售费用－折旧费 20%
005	JJ001	沙发	家具用具及其他	2000	485.01	9	行政部	管理费用－折旧费
006	JJ002	办公桌	家具用具及其他	1500	873.00	24	财务部	管理费用－折旧费
007	DQ001	格力空调	电气设备	8000	4000.04	17	销售部	销售费用－折旧费
008	YS001	长安汽车	交通运输设备	102000	29070.00	60000 计量单位：千米	采购部	销售费用－折旧费

说明：使用状态均为正常使用中。增加方式均为购入。

三、账务处理

1）1 月 2 日，收到工商银行通知，用银行存款支付到期的商业承兑汇票 20000 元，转账支票号 456321。

借：应付票据　　20000

　　贷：银行存款－工商银行　　20000

2）1 月 2 日，收到工商银行通知，将利息收入 5000 元入账。

借：银行存款－工行存款　　5000

　　贷：财务费用－利息收入　　5000

3）1 月 4 日，在工行提取现金备用，现金支票号 658741。

借：库存现金　　100000

　　贷：银行存款－工行存款　　100000

4）1 月 5 日，发放上月工资。

借：应付职工薪酬－工资　70000

　　贷：库存现金　　70000

5）1 月 7 日，用工商银行存款购买某公司股票，公允价值为 100000 元，预计持有两年后将出售，转账支票号 456323。

借：可供出售金融资产--成本　　100000

　　贷：银行存款－工行存款　　100000

6）1 月 12 日，处置交易性金融资产（即原取得成本）5000 元，处置时的市场公允价值为（即出售价）8000 元。

借：银行存款－工行存款　　8000

　　贷：交易性金融资产－成本　　5000

　　投资收益　　3000

7）1 月 17 日，销售部周力报销去年预借的差旅费 800 元，退回现金 200 元。

借：销售费用－差旅费　　800

　　库存现金　　200

　　贷：其他应收款－其他应收个人款（周力）　1000

8）1 月 22 日，采购部赵希文报销差旅费 1000 元，招待费 700 元。

借：销售费用－差旅费　　1000

　　销售费用－招待费　　700

　　贷：其他应收款－其他应收个人款（赵希文）　1700

9）1 月 26 日，付水电费 350 元，其中：行政部 200 元，财务部 150 元。

借：管理费用－其他费用（行政部）　　200

　　管理费用－其他费用（财务部）　　150

　　贷：库存现金　　350

四、固定资产

（一）固定资产增加

1）1 月 25 日，用中行美元账户存款购买计算机一台，价格 8000 美元，当天汇率为 1 美元

=6.77元人民币，同时用工行存款支付关税3000元，运费9340元，工行转账支票号456325，中行转账支票号151521。折旧按原值和预计使用期间计提折旧，详细资料见表附-16。

表附-16 固定资产信息表

卡片编号	固资编码	固资名称	固资类别	原值	使用状态	增加方式	使用部门	折旧费用科目
009	TY003	HP服务器	通用设备	66500	使用中	购入	财务部	管理费用—折旧费

① 支付相关款项（“总账管理”模块处理）：

借：在建工程　　12340

　贷：银行存款—工行存款　　12340

借：在建工程　　54160

　贷：银行存款—中行存款　　54160　（美元：$8000）

② 增加固定资产（“固定资产”模块中自动生成）：

借：固定资产　　66500

　贷：在建工程　　66500

2）1月26日用工商银行存款购入办公用空调一台（转账支票号456326），折旧计算按原值和预计使用期间计提折旧，具体资料见表附-17。

表附-17 固定资产信息表

卡片编号	固资编码	固资名称	固资类别	原　值	使用状态	增加方式	使用部门	折旧费用科目
010	DQ002	海尔空调	电气设备	20000	使用中	购入	财务部	管理费用—折旧费

如下凭证“固定资产”模块中自动生成：

借：固定资产　20000

　贷：在建工程　　20000

支付相关款项（“总账管理”模块处理）：

借：在建工程　　20000

　贷：银行存款—工行存款　　20000

（二）计提折旧

1）1月29日，录入长安运输车本期工作量：3000千米。

2）1月30日，按固定资产的使用部门计提折旧（由固定资产模块自动生成）。

借：管理费用—折旧费（财务部）　　858.72

　管理费用—折旧费（行政部）　　880.28

　销售费用—折旧费（财务部）　　105.56

销售费用－折旧费（行政部）　105.56
销售费用－折旧费（销售部）　186.39
销售费用－折旧费（采购部）　1479.88
管理费用－折旧费（销售部）　105.56
管理费用－折旧费（采购部）　105.56
贷：累计折旧　　3827.51

（三）固定资产变动

1 月 31 日，将固资编码为 TY001 的固定资产出售，款未收到，暂时只作清理凭证（“固定资产”模块中自动生成）。

借：固定资产清理　8771.25
　　累计折旧　4728.75
　　贷：固定资产　　13500

五、采购管理

1. 业务 A

（1）2011 年 1 月 1 日订货，预计交货时间 2011 年 1 月 3 日，具体资料见表附-18。

（2）票货同到，单位：01 海华集团公司，日期：2011-01-03，具体商品见表附-18。

表附-18　采购信息

商　品	货　位	单　位	数　量	不含税单价
001 宇宙牌	01 总库	条	50	43.589744
002 太阳牌	01 总库	条	1300	16.153847

含税价格＝买价×（1＋税率）

2. 业务 B

（1）2011 年 1 月 3 日订货，预计交货时间 2011 年 1 月 10 日。

（2）发票到货未到，单位：02 大元商贸公司，日期：2011-01-05，具体商品见表附-19。

表附-19　采购信息

商品	单位	数量	不含税单价
003 月亮牌	条	500	36.324800
004 星星牌	条	250	90.598280

3. 业务 C

（1）2011 年 1 月 4 日订货，预计交货时间 2011 年 1 月 8 日。

（2）货到票未到，单位：03 联星批发部，日期：2011-01-06，具体见表附-20。

表附-20　采购信息

商　品	货　位	单　位	数　量	不含税单价
001 宇宙牌	01 总库	条	2500	42.735044
002 太阳牌	01 总库	条	2000	12.821200
003 月亮牌	01 总库	条	150	36.752133
004 星星牌	01 总库	条	100	89.675000

4. 业务 D

2011 年 1 月 10 日“业务 B”货物到，单据与发票据数据一致，请填制该单据并核销对应单据。两种商品存放货位均为 01 总库。

5. 业务 E

2011 年 1 月 11 日“业务 C”发票到，发票上商品 004 星星牌 不含税单价 89.680000，其他数据一致，请填制该发票并核销对应单据。

要求：将“业务 D”、“业务 E”单据生成对应凭证，暂估回冲不走在途物资科目，暂估差额采用差额调整。

6. 业务 F

（1）2011 年 1 月 25 日订货，预计交货时间 2011 年 1 月 28 日。

（2）货到票未到，单位：03 联星批发部，日期：2011-01-28，具体商品见表附-21。

表附-21　采购信息

商品	货位	单位	数量	不含税单价（暂估价）
001 宇宙牌	01 总库	条	1000	42.735043
002 太阳牌	01 总库	条	500	12.821202

到月末，本业务发票未到。将以上单据生成凭证，暂估入库。

注意：

（1）业务发生时就制作相关的凭证。

（2）发票没有特别说明，采用年月日＋业务编号来代替。如业务 2，则发票号为 2011010502。也可采用自动编号方式。

六、库存管理

（一）入库

按照前面的资料，进行入库。

（二）调拨

库房调拨业务。日期：2011-01-15，具体调拨信息见表附-22。

表附-22 调拨信息

商品	调出货位	计量单位	调入货位	调拨数量
001 宇宙牌	01 总库	条	02 批发库	3500
002 太阳牌	01 总库	条	02 批发库	5000
003 月亮牌	01 总库	条	02 批发库	1200
004 星星牌	01 总库	条	02 批发库	460

七、销售管理

1. 销售业务 A

（1）销售订货。日期：2011-01-05。

（2）销售即开票。单位：01 天华商场，日期：2011-01-16，具体销售信息见表附-23。

表附-23 销售信息

商品	调出货位	单位	数量	不含税单价
001 宇宙牌	02 批发库	条	1500	50.427350
002 太阳牌	02 批发库	条	2000	17.094017
003 月亮牌	02 批发库	条	400	38.461538

2. 销售业务 B

（1）销售订单。日期：2011-01-10。

（2）已经销售未开票。单位：07 东信风华公司，日期：2011-01-17，具体见表附-24。

表附-24 销售信息

商 品	调出货位	单 位	数 量	不含税单价
001 宇宙牌	02 批发库	条	1600	52.000000
002 太阳牌	02 批发库	条	2500	22.500000
003 月亮牌	02 批发库	条	650	43.900000
004 星星牌	02 批发库	条	350	115.750000

附年 1 月 20 日，销售业务 B 开出发票，录入发票并核销

八、存货核算实验

（1）前面录入的相关资料。

（2）结转销售成本（自动生成）

001 商品销售：

借：主营业务成本 110859.30

贷：库存商品 110859.30

002 商品销售：

借：主营业务成本　163627.91

　　贷：库存商品　　163627.91

九、购销业务收付款

（一）销售收款业务

1）1 月 21 日收到东信风华公司的转账支票一张，为货款 150000 元，工商银行支票号为 587135。

借：银行存款－工行存款　150000

　　贷：应收账款　　150000

2）1 月 22 日收到天华商场货款转账支票两张，分别为 50000 元、80000 元，工商银行支票号为 631258、631592。

借：银行存款－工行存款　50000

　　贷：应收账款　　50000

借：银行存款－工行存款　80000

　　贷：应收账款　　80000

（二）采购付款业务

1）1 月 23 日开出转账支票一张 150000 元，付联星批发部货款，工商银行支票号为 456322。

借：应付账款　　150000

　　贷：银行存款－工行存款　150000

2）1 月 24 日开出转账支票一张 40000 元，付海华集团公司货款，工商银行支票号为 456324。

借：应付账款　　40000

　　贷：银行存款－工行存款　40000

十、工资管理

（一）基础资料设置

1. 工资项目

基本工资、职务工资、工龄、工龄工资、书报费、病假天数、病假扣款、事假天数、事假扣款、应发合计、养老保险、代扣税额、扣款合计、实发合计。其中清零项目有：病假天数、病假扣款、事假天数、事假扣款。

2. 计算公式

（1）职务工资：职务为“主任”或“部门经理”的职务工资为 500，职务为“职员”的职务工资为 300，职务为“总经理”的职务工资为 800。

（2）书报费：职员类别为“管理人员”的“书报费”为 80，职员类别为“经营人员”的“书报费”为 50。

（3）工龄的计算方法

以“入职日期”为准，到第二年的当月的工龄算作 1，到第三年的当月的工龄算作 2，以此类推。比如“入职日期”为 1996 年 5 月 20 日，到 1997 年 5 月时工龄就应该为 1。超过当月，不足一年的增加一年。（按月计提）

工龄工资＝工龄×10。

（4）病假扣款：当“工龄≤5 时，病假扣款＝病假天数×基本工资÷21×0.8”，当“10≥工龄＞5 时，病假扣款＝病假天数×基本工资÷21×0.7”，当“工龄>10 时，病假扣款＝病假天数×基本工资÷21×0.6”。

（5）事假扣款＝事假天数×基本工资/21。

（6）应发合计＝基本工资＋职务工资＋工龄工资＋书报费－病假扣款－事假扣款。

（7）养老保险＝应发合计×0.05。

（8）计算个人所得税的扣税项目为“应发合计”，每个职员需选择“征收个人所得税”，扣税标准：每月 2000 元（本标准会随着国家政策的变化而变化）。个人所得税计算方法见表附-25。

表附-25　工资、薪金所得适用个人所得税九级超额累进税率表

级数	全月应纳税所得额（含税所得额）	税率%	速算扣除数（元）
一	不超过 500 元	5	0
二	超过 500 元至 2000 元	10	25
三	超过 2000 元至 5000 元	15	125
四	超过 5000 元至 20000 元	20	375
五	超过 20000 元至 40000 元	25	1375
六	超过 40000 元至 60000 元	30	3375
七	超过 60000 元至 80000 元	35	6375
八	超过 80 000 元至 100000 元	40	10375
九	超过 100000 元	45	15375

（9）扣款合计＝养老保险＋代扣税额。

（10）实发合计＝应发合计-扣款合计。

（二）工资录入

基本工资及考勤资料，见表附-26。

表附-26　基本工资及考勤资料表

序号	职员代码	职员姓名	基本工资	病假天数	事假天数
1	0101	张文峰	3000	1.5	
2	0102	李天华	2000		2
3	0103	孙　正	5000		
4	0104	黄文胜	2500		5

续表

序号	职员代码	职员姓名	基本工资	病假天数	事假天数
5	0201	李东平	2600		
6	0202	王少红	3200	0.5	3
7	0203	张中杨	2100		3
8	0204	赵小兵	2900	3	
9	0301	周　力	3500		2
10	0302	刘一江	2200	4	1
11	0303	朱小明	1900	6	
12	0401	赵希文	4000	3	
13	0402	孙胜业	2000		0.5
14	0403	杨　真	1500		

（三）工资费用分配

工资费用分配凭证项目设置如表附-27 所示。

表附-27　工资费用分配

部门	职员类别	工资项目	费用科目	核算项目类别及明细	工资科目	核算项目
行政部	管理人员	应发合计	管理费用—工资	（部门）行政部	应付职工薪酬—工资	无
财务部	管理人员	应发合计	管理费用—工资	（部门）财务部	应付职工薪酬—工资	无
销售部	经营人员	应发合计	销售费用—工资	（部门）销售部	应付职工薪酬—工资	无
采购部	经营人员	应发合计	销售费用—工资	（部门）采购部	应付职工薪酬—工资	无

借：管理费用—工资（行政部）　14445.71
　　管理费用—工资（财务部）　11797.15
　　销售费用—工资（销售部）　7944.29
　　销售费用—工资（采购部）　8632.38
　　贷：应付职工薪酬—工资　　42819.53

十一、期末结账

（一）期末业务

1 月 31 日，按当月应缴增值税额计算应交的城市维护建设税（税率 7%，20869.01×7%）。

借：营业税金及附加　1460.83
　　贷：应交税费—应交城市维护建设税　1460.83

（二）期末调汇

1 月 31 日，期末汇率调整，期末汇率为 1 美元＝6.75 元人民币。

借：财务费用－汇兑损益　340
　　贷：银行存款－中行存款　340

（三）通用转账

按当月应发工资总额的 14%，计提职工福利费。【注：采用通用转账功能自动生成】
借：销售费用－福利费（采购部）　1208.53
　　销售费用－福利费（销售部）　1112.20
　　管理费用－福利费（财务部）　1651.60
　　管理费用－福利费（行政部）　2022.40
　　贷：应付职工薪酬－职工福利　5994.73

（四）结转损益

1 月 31 日，结转损益。【注：由结转损益功能自动生成】

（1）转账收入

借：6001 主营业务收入	333711.18	
贷：4103 本年利润		333711.18

（2）结转投资收益

借：6111 投资收益	3000.00	
贷：4103 本年利润		3000.00

（3）结转成本

借：4103 本年利润	274487.21	
贷：6401 主营业务成本		274487.21

（4）结转税金

借：4103 本年利润	1460.83	
贷：6403 营业税金及附加		1460.83

（5）结转销售费用

借：4103 本年利润	23274.79	
贷：6601-02 差旅费/03 销售部		800.00
6601-02 差旅费/04 采购部		1000.00
6601-03 招待费/04 采购部		700.00
6601-04 折旧费/01 行政部		105.56
6601-04 折旧费/02 财务部		105.56
6601-04 折旧费/03 销售部		186.39
6601-04 折旧费/04 采购部		1479.88
6601-05 工资/03 销售部		7944.29
6601-05 工资/04 采购部		8632.38
6601-06 福利费/03 销售部		1112.20
6601-06 福利费/04 采购部		1208.53

（6）结转管理费用

借：4103 本年利润　32216.98

贷：6602-04 折旧费/01 行政部　880.28

6602-04 折旧费/02 财务部　858.72

6602-04 折旧费/03 销售部　105.56

6602-04 折旧费/04 采购部　105.56

6602-05 工资/01 行政部　14445.71

6602-05 工资/02 财务部　11797.15

6602-06 福利费/01 行政部　2022.40

6602-06 福利费/02 财务部　1651.60

6602-99 其他费用/01 行政部　200.00

6602-99 其他费用/02 财务部　150.00

（7）结转财务费用

借：4103 本年利润　-4660.00

贷：6603-03 汇兑损益　340.00

6603-02 利息收入　-5000.00

十二、银行对账

（一）银行对账初始化

1. 开户行资料

工商银行（账号：111-222-333）

中国银行（账号：222-333-444）

2. 银行期初资料

工商银行期初资料如表附-28 所示。

表附-28　2010 年 12 月末工商银行存款余额调节表

项目	金额	项目	金额
银行账账面余额	407,000.00	对账单账面余额	407,376.44
加：银行已收，企业未收		加：企业已收，银行未收	
1:2010-12-26	2,000.00	1:2010-12-27	1,498.20
减：银行已付，企业未付		减：企业已付，银行未付	
1:2010-12-30	125.36		
银行账调节后余额	408,874.64	对账单调节后余额	408,874.64

中国银行户无银行未达账。

（二）银行对账

（1）工商银行 2011 年 1 月对账单数据，见表附-29。

表附-29　银行对账单

日期	摘要	票据号	付款方式	借方	贷方
2011-01-02	支付到期商业承兑汇票	456321	转账支票	20000	
2011-01-02	工行利息				5000
2011-01-04	提取现金备用	658741	现金支票	100000	
2011-01-05		456322	转账支票	58500	
2011-01-06					1498.20
2011-01-10	购买某公司股票	456323	转账支票	100000	
2011-01-13	处置交易性资产收入				8000
2011-01-18		587135	转账支票		35100
2011-01-20		456325	转账支票	4340	
2011-01-22		456326	转账支票	20000	
2011-01-30		000358	现金支票		40000

（2）中行存款期初及期末均无未达账,不进行银行对账。

十三、报表与分析

（一）自定义报表编制

自定义报表具体格式见表附-30。

表附-30　费用统计表

单位名称：重庆星月科贸有限责任公司　单位：元

行次	项目	本期金额
1	差旅费	
2	工资	
3	福利费	
4	折旧费	
5	业务招待费	
6	办公费	
7	其他	
	合　计	

编制人：____________

编制说明：按照“销售费用”和“管理费用”对应明细科目进行汇总计算。

（二）预置报表编制

生成利润表、资产负债表。

参 考 文 献

[1] 杨周南．会计信息系统．沈阳：东北财经大学出版社，2006.
[2] 庄明来．会计信息化教程，北京：北京师范大学出版社，2008.
[3] 陈旭，毛华扬．会计信息系统分析与设计．北京：清华大学出版社，2009.
[4] 艾文国．会计信息化．北京：高等教育出版社，2008.
[5] 张瑞君．会计信息系统（第二版）．北京：中国人民大学出版社，2009.
[6] 欧阳电平．会计信息系统．北京：科学出版社，2008.
[7] 毛华扬，陈旭．会计电算化原理与应用（第二版）．北京：清华大学出版社，2009.
[8] 金算盘软件有限公司，金算盘 eERP-B 软件，2010.